KB220787

박성배 교수의 불교 철학 강의

깨침과 깨달음

Sung Bae Park

Buddhist Faith and Sudden Enlightenment

카르마총서 6

박성배 교수의 불교 철학 강의

깨침과 깨달음

윤원철 옮김

예문서원

카르마총서 6

박성배 교수의 불교 철학 강의
깨침과 깨달음

지은이 박성배
옮긴이 윤원철
펴낸이 오정혜
펴낸곳 예문서원

편집 허경희 · 김효경
인쇄 주) 상지사 P&B
제책 주) 상지사 P&B

초판 1쇄 2002년 8월 5일
초판 5쇄 2010년 8월 20일

주소 서울시 동대문구 용두2동 764-1 송현빌딩 302호
출판등록 1993. 1. 7 제6-0130호
Homepage http://www.yemoon.com
E-mail yemoonsw@empas.com
ISBN 89-7646-156-8 03220

YEMOONSEOWON 764-1 Yongdu 2-Dong, Dongdaemun-Gu Seoul, KOREA 130-824
Tel) 02-925-5914, 02-929-2284 Fax) 02-929-2285

값 9,800원

아내에게 이 책을 바친다

일러두기

1. 옛 중국 인물과 문헌, 개념 등은 편의상 한자의 한국식 발음 그대로 표기하였다. 그러나 현대 인물은 가능한 한 외국 인명 표기법에 따라 표기하는 것을 원칙으로 하였다.
2. 문헌 제목은 한국어로 번역하여 제시하였다. 그러나 주와 참고문헌 목록에서는 모든 문헌의 원제를 그대로 표기하였다. 단 주에서의 일본 문헌은 원제와 한국어 번역 제목을 함께 밝혀 두었다.
3. 출전이 영문 이니셜로 표시되어 있는 부분은 이 책 뒤의 줄임말 일람에 밝혀 두었다.
   (예) *T*『大正新脩大藏經』
        HPC『韓國佛教全書』
4. 필요한 경우에는 옮긴이의 주를 첨가하였으며, 그 앞에 *표시를 해두었다.

한국어판 서문

1. 깨침과 깨달음

이 책의 원제인 *Buddhist Faith and Sudden Enlightenment*(SUNY Press, 1983)를 우리말로 의역한다면, '불교인은 무엇을 믿는가—돈오頓悟 사상과 관련하여'라고 해도 좋을 것이다. 이 책을 쓴 가장 중요한 이유는 '깨침과 깨달음'이 어떻게 다른가를 밝히기 위해서였다. 나에게 처음으로 '깨침과 깨달음'의 문제를 던져 준 분은 지금 인천 용화사에 계신 송담스님이었다. 1962년 동국대학교에서 박사학위 논문의 일환으로 「보조국사의 돈오사상 연구」라는 논문을 썼을 때, 당시 나는 지도교수인 김잉석 박사와 의견 충돌이 있었다. 송광사 출신의 김 박사는 보조국사의 권위에 도전하는 어떠한 발언도 용납하지 않았고, 나는 이를 받아들일 수 없었다. 무엇보다도 충돌의 핵심은 보조스님의 돈오를 어떻게 이해하느냐에 있었다. 그 때 나의 고민을 지켜보던 송담스님은 "돈오란 깨치지 않고서는 모른다……"라는 조언을 해주었다. "돈오를 문제삼는 한 텍스트를 통해 아는 것은 수박 겉 핥기에 불과하다"는 송담스님의 말씀을 나는 받아들일 수밖에 없었다. 그럼에도 불구하고 나는 "모르기 때문에 쓴다"
는 항변으로 여러 해를 버텼다. 그러다가 성철스님을 만났
다. 1966년의 일이었다. "깨달음은 깨침이 아니다. 깨침과
깨달음을 혼동하지 말라"는 성철스님의 일갈에 나의 버팀
은 무너졌다. 그 길로 나는 동국대학교에 사표를 내고 선승
이 되었다. '깨달음의 길'을 버리고 '깨침의 길'을 가기 위해
서였다.

참선하는 선승의 언어는 일반 사람들의 언어와 달랐다.
그들은 '깨쳤다'는 말과 '깨달았다'는 말을 구별해서 썼다.
'깨달음'이란 말은 지적 세계에서 종래에 몰랐던 것을 이제
는 좀 알았다는 정도의 말인데 비하여, '깨침'이란 말은 지
적 세계 자체가 난파하는 대목을 두고 하는 말이다. 전자가
일종의 보태는 행위에 불과하다면, 후자는 보탤 자리 자체
가 없어졌다는 말이다. 이러한 차이는 『육조단경』에서 신수
의 시와 혜능의 시가 판연히 구별되는 것과 비슷하다. 신수
는 거울에 먼지가 앉지 않도록 부지런히 닦자고 말하는데
반하여, 혜능은 거울 자체가 없는데 어디에 먼지가 앉겠느
냐고 말하는 것과 같다. 흔히 사람들은 자기 잘못을 뉘우칠
때 '나는 내 잘못을 깨달았다'고 말하지만, 그 사람은 똑같
은 잘못을 또 저지른다. 여기서 우리는 깨달았다는 말의 무
게를 알 수 있다. 그러나 깨쳤다는 말은 잘못을 저지르는 주
체가 죽어 버렸기 때문에 똑같은 잘못을 되풀이할 수 없다.
'깨달음'은 퇴전退轉의 언어인 반면, '깨침'은 다시는 물러
서지 않는 불퇴전不退轉의 언어이다. 깨달았다고 큰소리쳤

8

다가 다시 어두워지는 경우는 얼마든지 있지만, 깨쳤는데 다시 어두워졌다는 말은 선방의 어법에서는 있을 수 없는 말이다. 그러므로 깨달음이 업業의 연장에 불과하다면 깨침은 업이 깨지고 부서지는 일을 말한다. 깨져야 깨친다. 깨짐 없는 깨침은 없다.

우리말의 '깨지다'와 '깨치다'는 모두 '깨다'라는 말의 뿌리에서 나온 것 같다. '유리창을 깨다' 또는 '판을 깨다' 같은 파괴적인 뜻과, '잠을 깨다' 또는 '국문을 깨다'처럼 건설적인 뜻이 함께 쓰이는 것이 우리말의 '깨다'라는 말이다. 부정과 긍정, 파괴와 건설이 함께 하는 자리가 '깨침'인 것이다. 안과 밖이 다르고 앞과 뒤가 다른 특정한 시간과 공간에 묶인 개체의 경우는 부정과 긍정, 파괴와 건설의 동시 공존이 불가능하다. 그러나 '하나'이면서 '여럿'이고 '여럿'이면서 '하나'인 연기緣起의 세계에서는 이질적인 여럿의 동시 공존이 가능하다. 그러므로 불교의 깨침은 본래 연기적 존재인 인간이 잘못하여 비연기적으로 살다가 그 잘못됨이 송두리째 부서지고 깨지면서 동시에 다시 연기적인 삶으로 되살아나는 것을 의미한다. 이러한 '깨달음과 깨침의 차이'가 좀더 뚜렷이 밝혀졌으면 하는 것이 나의 소망이다.

2. 몸과 몸짓

1983년 이 책이 처음 출판된 이래 20년이라는 짧지 않은 세월이 흘렀다. 그 동안 나는 미국에서 살면서 여러 가지 색

다른 체험을 했고, 따라서 내 사상도 상당한 변화를 겪었다. 특히 불교 교리상의 여러 가지 어려운 문제를 풀어 가는 과정에서 우리 선배들의 '체體와 용用의 논리'가 얼마나 중요한 일을 했는지를 깨닫게 된 것은 적지 않은 수확이었다.

'체용體用'이란 원래 한자말이다. 나는 미국에서 한자를 모르는 사람들을 상대로 체용을 이야기하는 과정에서 우리말의 '몸과 몸짓'이란 말을 선호하게 되었다. 처음엔 체용사상을 그저 알아듣기 쉽도록 몸과 몸짓의 관계를 예로 들어 풀이했을 뿐이었다. 그러나 그 뒤 계속 '몸과 몸짓'이란 말을 되풀이하는 과정에서 나 자신 일상생활을 통해 체용논리적인 사색을 하게 되었다. 사람의 삶이란 원래 '몸과 몸짓의 놀이'일 뿐이라고 받아들였기 때문인 것 같다. 몸과 몸짓의 논리는 그 동안 나에게 불분명했던 것을 많이 분명하게 해 주었다. 이 책이 우리 독자에게 '몸과 몸짓의 논리'를 몸에 익히는 계기가 되었으면 좋겠다.

동양 사람들이 '체體'를 발견한 것은 서양 사람들이 '신神'을 발견한 것만큼이나 중요한 정신사적인 사건이었다. 나는 오랫동안 '서양에서 그토록 절대적인 영향력을 행사했던 유일신唯一神 사상이 왜 동양에서는 그렇게 각광을 받지 못했을까' 하고 항상 궁금했었다. 체용을 연구하면서 내 궁금증은 조금씩 풀려 나갔다. '동양 사람들은 이미 체를 발견했기 때문이다'라는 것이 최근에 내가 찾은 해답이다. 그러나 행여 이 말을 체 사상이 신 사상보다 우월하다는 말로 오해해서는 안 될 것이요, 또는 함부로 '동양의 체는 곧 서양의 신'이라고 속단해서도 안 될 것이다. 다만 지금 내가 말할 수 있는 것은 동양의 '체體 사상'을 이해하는 데 서양의 '신神 사상' 이해가 크게 도움이 될 수 있으며, 역으로 서양의 신 사상을 이해하는 데도 동양의 체 사상 이해가 크게 도움이 될 수 있다는 것이다. 양자는 여러 가지 점에서 재미있는 대조를 보이면서 동시에 상당히 많은 공통점을 가지고 있기 때문이다.

동양에서는 체를 '일하는 체'로 보았다. 그러므로 체를 말하는 마당에서는 반드시 '체의 일함'이란 뜻의 용用이라는 말을 함께 썼다. 이것은 동양 사상의 중요한 특징이라고 말해야 할 것이다. 따라서 체만을 이야기하고 용을 말하지 않는다든지 또는 용만을 말하고 체를 이야기하지 않는다면, 그것은 이미 동양의 체용 사상이라고 할 수 없을 것이다. 그래서 체와 용은 둘이 아니라는 뜻의 '체용불이體用不二'라는 전문용어가 나오게 되었다. 여기서 우리는 기독교의 신학자들이 예수와 하나님의 관계를 설명하면서 성육신成肉身이니 삼위일체三位一體니 하는 신학적인 전문용어를 사용한다는 사실에 주목할 필요가 있다. 예수와 하나님의 관계도 체용으로 풀 수 있는 가능성이 있기 때문이다. 다만 주의할 점은 불교의 경우 어느 특정인만을 하나님의 성육신으로 보아서는 안 된다는 것이다. 그래서 불교에서는 하나님 앞에서만 경건할 것이 아니라 하루살이 앞에서도 똑같이 경건해야 하는 것이다. 다시 말하자면 불교의 경건은 대상에 따라 나타나는 것이 아니고 사람 자체가 경건 덩어리로 변하는 것이기 때문에 하루살이 앞이든 하나님 앞이든 똑같이 경건할 수밖에 없는 것이다.

기독교 신앙의 핵심을 건드리는 부활론에서 부활한 예수가 여러 가지 다른 모습으로 나타난다는 사실을 어떻게 설명하고 있을까? 예수와 함께 살았던 그의 제자들조차도 부활한 예수를 잘 알아보지 못했다고 하는데, 기독교인들은 이를 어떻게 설명하는지 모르겠다. 그러나 불교의 체용론體用論으로 이를 풀어 보면 오히려 못 알아 봐야 당연한 것이다. 몸이라는 보편자를 몸짓이라는 개별자에 가두는 것은 애초에 잘못된 생각에서 나온 것이기 때문이다. 또한 보편자와 개별자라는 이원론적인 도식에 따라 몸인 하나님과 그의 몸짓인 예수를 따로 나누어 억지로 갖다 붙인다면 이것 역시 잘못된 것이라고 할 수 있을 것이다.

일반적으로 말해서 사람들은 자기들의 오관에 잡히는 몸짓은 잘 볼 수 있지만, 그런 몸짓이 나오는 체는 잘 보지 못하는 경우가 많다. 그와 반대로 체를 관념적인 사변철학으로 익힌 사람들은 곧잘 체를 이야기하면서도 그 체의 용은 보지 못한다. 옛날 선비들이 흔히 하는 말로 '리理에는 밝지만 사事에는 어둡다'는 말이 바로 그것일 것이다. '체용불이'는 정녕 이러한 폐단을 바로잡기 위한 하나의 약방문임에 틀림없다. 문제는 둘이 아니라는 뜻의 '불이不二'라는 말을 제대로 이해하는 데 있다. 둘이 아니라니까 '그럼, 하나지!'라고 해버리면 그 또한 십중팔구 어리석은 관념론 내지 얄팍한 유물론으로 떨어지고 만다. 우리는 여기서도 단절斷

絶과 항상恒常이라는 두 극단으로 치닫지 말라는 불경의 경고를 상기할 필요가 있다. 그래서 원효元曉(617~686) 같은 경우는 '하나도 아니고 둘도 아니다' 또는 '같지도 않고 다르지도 않다'는 뜻의 '불일불이不一不二(異)'라는 말을 즐겨 썼다. 같다 하면 같은 것에 갇히고 다르다 하면 다른 것에 묶이는 인간의 고질을 잘 들여다보고 있는 것이다.

'체'라 하면 사람들은 항상 사람의 '몸'을 맨 먼저 연상한다. 사람의 몸이란 '태어났다 죽는' 존재이기 때문에 무상한 것 또는 불완전한 것, 더 나아가서는 조건지어져 있는 것 또는 누군가에 의하여 만들어진 피조물이라는 생각을 하게 된다. 말이야 어떻게 하든 인간에게 이러한 모습이 있는 것은 사실이다. 그러므로 여기서는 그것에 대해 시비할 생각은 없다. 문제는 발목이 끈에 묶인 새처럼 사람의 의식이 이러한 생각에 묶여 소중한 자유를 잃어버리는 데에 있다. 동양의 사상가들이 체를 발견했다는 말은 발목을 묶은 끈을 끊은 새가 창공으로 훨훨 날아가듯 생멸이란 생각에 묶인 사람이 그 생각의 사슬을 끊고 해탈한 대자유인이 되어 생멸에서 바로 불생불멸을 보는 것을 의미한다. 원효가 말한 것처럼 생멸과 불생불멸은 같지도 않고 다르지도 않은 것이다. 하나도 아니요 둘도 아니라는 말이다. 사람의 몸을 이렇게 볼 줄 안다면 그 사람은 체를 발견한 사람이라고 말할 수 있을 것이다.

그러나 불행히도 동양의 체용 사상은 변질되고 말았다. 언제부터인지는 알 수 없지만, 체용은 말장난으로 떨어지고 본래의 종교적인 성격이 사라지고 만 것이다. 유교의 성리학자들이 즐겨 썼던 체용론을 모두 말장난이라고 매도할 수는 없지만, 거기에서 종교적인 성격을 찾아보기 힘든 것만은 사실이다. "바람이 용이라면 부채는 체다. 붓이 체라면 글씨는 용이다." 이것은 퇴계退溪 이황李滉(1501~1570) 선생이 즐겨 인용한 체용의 예이다. 수학이나 논리학이 사람의 생각을 정리해 주듯이, 자기의 눈에 보이는 것을 안 보이는 것과 연결시켜 주는 지적 훈련이나 전혀 별개의 이질적인 것처럼 보이는 어떤 두 개의 것이 사실 알고 보면 서로 떨어질 수 없는 존재라는 것을 깨닫게 해 주는 사색의 훈련이 바로 조선 시대 유학자들의 체용론이었다. 우리는 이들의 체용론에서 어떤 교육적 노력의 흔적을 역력히 엿볼 수 있다. 그러나 문제는 이들의 노력에도 불구하고 변질은 역시 변질이라는 사실에 있다. 체용론이 원래 가지고 있었던 종교적 성격의 증발이 바로 변질이다.

이러한 변질은 도처에서 여러 가지 형태로 나타났다. 체용론을 중국의 본말론本末論이나 인도의 진속론眞俗論과 혼동하는 것도 간과할 수 없는 변질의 예들이다. 중국에서는 근본적인 것과 지엽적인 것의 관계를 따지면서 나무의 비유를 들었다. "나무의 가지는 용이요 뿌리는 체다. 뿌리 없는 가지가 없듯이 체 없는 용은 없는 것이다." 눈에 보이는 가지가 무성하려면 눈에 안 보이는 뿌리가 튼튼해야 한다는 실용주의적인 슬기가 번득이는 말들이다. 여기서 체용론은 곧 근본적인 것과 지엽적인 것을 따지는 본말론이라는 주장이 나오게 되었다. 이리하여 체용론에서 종교적인 성격은 사라지고 그 대신 공리적功利的인 성격이 판을 치게 되었다. 어떤 사람들은 이러한 현상을 사상의 대중화요 공리공론을 탈피하고 현실적인 실용의 단계로 넘어간 것이라고 말하지만, 이것은 하나만 알고 둘은 모르는 소리와 같다. 서양에서 신을 발견하고 그 다음에 신을 인간이 만든 공리적인 질서에 두들겨 맞추려다 암흑시대가 되고 말았듯이, 동양에서 체를 발견하고 그 다음에 이를 억지로 인간생활에 유용하게 쓰려다가 결국 체는 사라지고 남은 것이 잔재주 말장난 아니면 신 비슷하나 신도 아닌 미신만 횡행하게 되었던 것이다. 애석한 노릇이다.

인도의 중관 계열 학자들은 진眞과 속俗은 둘이 아니라는 소위 '진속불이眞俗不二' 사상을 고취하는 데 커다란 공헌을 하였다. 중관 학자들이 대승불교 운동을 시작하고 열매 맺는 데에 결정적인 역할을 한 사실을 과소평가할 생각은 없다. 그러나 이들의 진속불이를 그대로 체용불이라고 주장하는 것은 매우 위험한 후대의 발상이다. 여기에서도 문제는 종교적인 성격의 결여에 있다. 종교적인 성격이 증발하면 어떠한 고담준론高談峻論도 결국은 말장난으로 떨어지고 만다. 거기에는 지적으로 높아진 자기를 깨는 힘이 없기 때문이다.

지눌知訥(1158~1210)은 그의 『간화결의론看話訣疑論』에서 화엄 사상을 극찬하면서 이 세상에 어떠한 이론도 화엄 사상만큼 높을 수는 없다고 말했다. 그러나 지눌이 볼 때 화엄학의 이론을 다 안다고 할지라도 '그 앎이 바로 큰 장애물'이라는 사실에 아무런 겁냄이 없고 불감증에 걸려 있다는 것은 아쉬운 일이었다. 그리하여 지눌은 이러한 화엄의 허를 찌르고 나온 것이 다름 아닌 활구선活句禪임을 지적하였다. 문제를 똑바로 지적한 것이다. 내가 이제까지 말한 체용 사상이 가진 종교적인 성격이란 바로 활구선이 가지고 있는 '나 깨짐'의 사상이라고 말해도 좋을 것이다. 체용을 한낱 사색의 도구로 전락시킬 때 거기에서 '깨짐'은 일어나지 않을 것이다. 몸을 등진 몸짓의 세상에서 하나 하나의 몸짓을 제아무리 절묘하게 설명해 봤자 거기에서 나오는 것은 물질적인 연장뿐이다. 다시 말하지만 깨짐 없는 깨침은 없다. 체용의 논리가 사색의 도구로 전락하는 한, 종교성이 결여한 '깨달음의 세계'는 펼쳐질지언정 깨짐이 본질인 '깨침의 세계'는 사라지고 말 것이다. 용수龍樹나 세친世親의 철학 체계가 종교적인 차원과 무관하다는 말이 아니다. 이들을 내세우는 아류들의 비종교적 사고방식이 문제인 것이다.

3. 삭제 당한 두 장의 글

이 책을 쓰면서 나는 많은 애를 썼다. 마치 나의 모든 것을 여기에 다 쏟아 내놓는 것 같은 기분이었다. 그것은 뼈를 깎는 듯한 힘든 작업이었다. 며칠 밤을 새면서 죽을힘을 다해 써놓은 글은 불과 서너 줄도 못 되는 경우가 비일비재하였다. 다 쓰고 나니 모두 19장, 그 가운데 두 개의 장이 유난히 힘들었다. 하나는 지눌의 돈오점수설頓悟漸修說을 비판하는 글이었고, 또 하나는 부처님의 사제법문四諦法門(the Four Noble Truths)을 '생멸生滅의 논리'로 보면 안 된다는 글이었다. 힘들었던 만큼 애착도 생기고 흐뭇한 자부심 같은 것도 생겼다. 그런데 애석하게도 뉴욕주립대학교 출판사의 편집인들이 내가 가장 아끼는 이 두 장을 빼달라는 것이었다. 출판사의 심사위원들이 모두 혼란스러워한다는 것이 이유였다. 이러한 배경 속에서 모두 19장으로 된 내 원고는 두 개의 장이 삭제된 채 17장으로 줄어서 출판되었다.

그로부터 20년이 지난 오늘까지 '지눌 비판'과 '사제 해석'의 문제는 한시도 나에게서 떠나 본 적이 없었다. 왜 나의 지눌 비판이 그들에게 받아들여지지 않는 것인가? 사제법문을 생멸生滅과 인과因果로 해석하려 할 때 부처님의 참뜻이 증발해 버린다는 사실을 왜 받아들이지 못하는가? 오매불망, 그 뒤 나의 20년은 이 책에서 빠져 버린 두 장을 다시 살려내는 20년이었다고 말해도 좋을 것이다. 내가 지난 20여 년간 '불교의 돈점頓漸 문제'를 가지고 집요하게 씨름했던 까닭이 여기에 있다. 그리고 그 동안 '체와 용의 논리'를 크게 문제삼은 까닭도 그 내막을 살펴보면 '돈과 점의 관계'를 밝혀내기 위한 노력의 일환이었다고 말할 수 있다. 결국 돈점 관계가 나에게 던져진 문제였다면, 체용의 논리는 그 문제를 푸는 열쇠였다. 사람을 그 체적인 면에서 보면 돈頓이라고 말할 수밖에 없고, 그 용적인 면에서 보면 점漸이라고 말할 수밖에 없다. 문제는 용은 곧 체이기 때문에 점은 곧 돈이라는 사실에 있다. 그러나 항상 용밖에는 보이지 않는 눈먼 사람에게 '용이 곧 체요, 점이 곧 돈'이란 말을 백날 해 봤자 아무 소용이 없다. 그러므로 눈멂에서 눈뜸으로의 질 적인 전환의 문제가 불교의 교리발전사상敎理發展史上 항 상 크게 문제되었던 것이다. 내가 쓴 모든 글에서 "지적인 깨달음은 불교의 깨침이 아니다. 거기에는 깨짐이 없기 때 문이다. 깨짐이 없는 깨침은 불교의 깨침이 아니다"라고 역 설한 것도 모두 이러한 배경에서 나온 말이다. 사람들이 부 처님의 사제법문을 생멸의 논리로만 해석하고 불교의 깨침 문제를 돈오점수로만 보는 까닭은, 한 마디로 말해 그들이 체용의 논리를 잘 모르기 때문이 아닌가 한다.

어쨌든 문제의 핵심은 돈종과 점종의 대결인데, 이 대결 을 푸는 방식이 각각 다르다. 대부분의 학자들은 역사적인 접근을 강조한다. 역사를 알면 돈과 점의 관계도 알게 된다 는 식이다. 이들은 어찌할 수 없이 문헌을 소중히 여긴다. 그래서 나온 것이 문헌비판학적 또는 문헌해석학적 접근이 다. 이들에게 역사란 곧 문헌이다. 그리고 문헌이란 정치, 경제, 사회, 예술, 문화 등등 여러 가지 사항들과 관련시켜 야 제대로 이해할 수 있다는 지적 접근을 중요시한다. 뉴욕 주립대학교 출판사 편집인들이 내 원고를 읽고 혼란스럽다 고 말한 까닭도 알고 보면 그들의 이러한 지적 훈련 때문에 생겨난 현상이었다. 지적 훈련만을 공부의 전부라고 생각하 는 사람들의 공통적인 특징은 '깨달음의 세계'만을 강조할 뿐 종교적인 '깨침의 세계'를 불고한다는 데 있다.

이밖에도 돈점 문제를 다루는 태도는 말로 다 할 수 없을 정도로 각양각색이다. 돈종과 점종을 둘로 나누어 비교론적 도표를 만드는 데 열중하는 사람도 있고, 싸움을 싫어하여 어느 쪽에도 편들지 않고 중립절충주의적 발언만 되풀이하는 사람도 있으며, 남이야 뭐라 하든 나는 이렇게 생각한다고 한 마디 내뱉어 놓고 잊어버리고 사는 사람도 있다. 이리하여 1980년대부터 한국 불교계에 뜨겁게 불타오르던 소위 돈점 논쟁은 갈수록 오리무중이 되어 이제는 사람들의 관심사 밖으로 사라져 버린 것 같은 인상을 주고 있다.

지금 돈점 논쟁의 주변에 감도는 혼란의 주요 원인 중 하나는 사람들이 돈점 논쟁에 동원된 언어에 익숙하지 않다는 데 있는 것 같다. 논쟁에 동원된 언어에 익숙하지 않으면 불꽃 튀기는 쟁점이 부각될 수 없고, 따라서 사상 발전 또한 기대할 수 없다. '점漸'이란 말을 들을 땐 그게 무슨 말인지 곧장 알아듣고 여러 가지 생각이 피어나지만, '돈頓'이라 하면 아무 것도 느껴지는 게 없고, 따라서 말문도 막히고 생각도 막혀 버리는 경우를 자주 본다.

이들은 그 태도에 따라 대강 두 부류로 나누어진다. 하나는 모르기 때문에 알려고 애쓰는 사람들이고, 다른 하나는 돈의 의미를 제멋대로 해석하여 거기에 위험한 가치 판단을 내리는 사람들이다. 후자는 분명 사상에 흥미가 없는 사람들이다. 논쟁이라 하면 귀를 막는 사람들도 많다. 공자 당시에도 공자를 비웃는 사람들이 있었다. 너무 따진다는 것이었다. 공자의 정명正名 작업은 일종의 따지는 작업이었다. 석가도 자기 자신을 따지는 사람이라고 말한 적이 있다. 소크라테스도 예수도 너무 따지다가 변을 당했다고 말할 수 있을 것이다. 중요한 것은 그들이 '무엇을 따졌는가' 그리고 '왜 따졌는가'를 바로 아는 데 있다. 그들 모두 자기 자신이나 자기가 속한 집단의 사사로운 이해 관계 때문에 그렇게 죽음을 무릅쓰고 따지지는 않았을 것이다. 중요한 것은 속을 들여다보는 일일 것이다. 역사상 사상을 문제삼은 사람 치고 논쟁을 피하는 사람이 있었던가? 이런 점에서 볼 때, 한국 불교사상사에서 성철의 '돈점논쟁'을 빼버리면 무엇이 남을까? 한국 유교사상사에서 퇴계의 '사칠논쟁'을 빼버린다면 무엇이 남을까? 오늘날 한국의 지성사를 쓰면서 유교의 '사칠논쟁'과 불교의 '돈점논쟁'을 깊이 있게 다룬 책이 몇 권이나 되는가? 이러한 결과는 우리 학계가 반성해야 하는 일이라는 생각이 든다.

4. 몰록의 세계

돈점 논쟁에서 가장 중요한 것은 '돈頓'의 의미를 바로 아는 데 있다. 불교에서는 이 글자를 '몰록 돈'이라고 가르친다. '몰록'이란 '갑자기'라는 뜻으로 영어의 sudden이다. 그래서 영어권 사람들은 '돈오頓悟'를 'sudden enlightenment' 라고 한다. 그런데 문제는 바로 여기에 있다. 우리말의 '갑자기'든 영어의 'sudden'이든 둘 다 똑같이 그 언어의 성격에 한 가지 공통점이 있다. 그것은 그 말이 무슨 외적 사건을 연상시켜 주면서 그 사건의 발생에 소요되는 시간의 길이가 아주 짧다는 예상을 하게 한다. 예를 들면 '갑자기 죽었다'든지 또는 '갑자기 나타났다'든지 하는 경우와 같다. 그래서 사람들이 불교의 '돈오'란 말을 들을 때도 머릿속은 그와 같은 식으로 전개되는 것이다. 정신을 차려 잘 관찰하면 내 눈에 보이는 어떤 사건이 '돈오'라는 식이다. 불교의 돈오 문제를 다루는 사람이 생각의 방향을 이렇게 잡아 나가면 결과는 백발백중 '나무 위에 올라가 생선을 구하는 격'이 되고 만다.

나는 큰스님이 말하는 '몰록 깨침'과 보통 사람들이 생각하는 '갑작 깨달음'은 다르다고 본다. 어떻게 다른가? 그 차이점을 바로 알기 위해서는 잠정적으로 겉보기에 비슷한 면을 일단 인정하고 들어가는 것이 좋다. 일단 둘 다 똑같은 사건임을 인정하고 시작하자는 말이다. 하지만 '갑자기'라는 형용사가 동원되면 관찰이 가능한 외적 사건이 되어 버리고, '몰록'이란 말이 붙으면 사람의 오관으로는 관찰이 불가능한 내적 사건을 가리키게 된다. 다시 내적 사건은 두 가지로 나누어 볼 수 있다. 보통 사람들이 말하는 내적 경험이란 대개 남은 몰라도 경험하는 자기 자신만은 잘 아는, 그래서 혼자서 미소짓는 그런 경험이다.

그러나 불교의 '몰록 깨침'은 그런 것만을 의미하는 것이 아니다. 예를 들면 활구참선活句參禪하는 선방에서 흔히 하는 말로 '진짜 깨침은 아무도 못 알아본다'면서 꼭 붙이는 말이 있다. '정말 깨치면 깨친 사람 자신도 그것을 모른다'는 것이다. 이런 말은 선방의 깨침이 가지고 있는 독특한 성격을 드러내려고 애쓰는 데서 나온 말일 것이다. 사람 사는 세상에서 일어나는 사건이 외적이든 내적이든 우리의 오관으로 관찰이 가능한 사건이라면, 거기엔 이른바 육하원칙이 적용되어 누가, 언제, 어디서, 무엇을, 어떻게, 왜 등 의문사들이 쏟아져 나오며 그에 알맞은 답변이 있게 마련이다. 그러나 몰록 깨침은 그런 의문사로 분석하려고 할 때 그 본래의 모습이 증발하고 만다. 다시 말하면, 시간과 공간이라는 형식에 담아지지 않는다는 것이다. 인과동시因果同時니 일념만년一念萬年이니 하는 말들이 불가에서 회자되는 까닭도 시간과 공간이라는 틀을 거부하는 정신이 있기 때문이다.

실로 '몰록'이란 부처님 세계를 드러내기 위해서 만들어진 말일 것이다. 우리는 시간과 공간이라는 틀을 가지고 이 세상을 보기 때문에 '모든 것이 동시에 일어난다'는 말은 나사 빠진 소리처럼 들리거나 아니면 신화 또는 미신처럼 들리기 십상이다. 그러나 부처님의 의식은 시간의 틀에 갇혀 그 결과 시공상에 일어난 어떤 사건을 뒤쫓아가면서 관찰하는 사람의 의식이 아니기 때문에 이 세상의 모든 사건을 동시에 본다. 우리는 여기서 부처님의 의식이 보통 사람들의 의식과 하나도 다르지 않음에도 불구하고 아직 깨치지 못한 사람의 의식과는 판이하게 다르다는 사실에 주의해야 할 것 같다. 가령 예를 들어 어떤 사람이 태어나서 80년을 살다가 죽었을 때 전기 작가는 그 사람의 일생을 누가, 언제, 어디서, 무엇을, 어떻게, 왜 등으로 기술할 것이다. 부처님의 의식에 잡힌 그 사람의 일생 또한 그와 같은 식으로 언표할 수 있다. 그러나 우리는 전기 작가의 관점과 부처님 의식과의 같은 점뿐만 아니라 차이점도 함께 보아야 한다. 시간과 공간의 틀을 벗어나 모든 것을 동시에 보는 것과 시간과 공간의 틀에 갇혀 보는 것의 차이는 크다. 다시 말하면, 부처님은 생멸을 보되 불생불멸의 차원에서 보는 것이요 보통 사람은 불생불멸을 생멸로밖에 보지 못하는 차이라고 해야 할 것이다. 거듭 강조하고 싶은 것은 깨친 사람의 의식은 깨치지 못한 사람의 의식과 다르기 때문에 똑같은 세상인데도 깨친 사람이 보면 부처님 세상이요, 깨치지 못한 사람이 보면 사바세계가 되고 만다는 것이다. 우리는 여기서 우리의 의식이 바뀌면 세상도 다른 세상이 된다는 사실을 잊지 말아야 하겠다.

5. 지눌을 어떻게 평할 것인가

그러면 이제부터 뉴욕주립대학교 출판사에서 빼버린 두 장의 글에 대해서 이야기해 보자. 먼저 왜 내가 지눌의 돈오점수설을 비판하는지 그 까닭부터 밝혀야겠다.

지눌의 돈오점수설을 평가하는 데 있어 놓쳐서는 안 될 두 가지 중요한 문제가 있다. 하나는 그의 돈오점수설이 가지고 있는 '돈오'라는 말과 '점수'라는 말의 정의를 어떻게 내리느냐의 문제이고, 또 다른 하나는 그가 세상을 떠나기 직전 돈오점수설에 대한 그의 평가가 크게 바뀌었다는 사실을 어떻게 해석해야 옳으냐 하는 문제이다. 지눌은 돈오를 두 가지로 나누었는데, 하나는 '해오解悟'요 다른 하나는 '증오證悟'다. 증오는 구경각究竟覺을 말하며, 해오는 깨치거나 못 깨치거나에 관계 없이 누구나 얻을 수 있는 것으로 거기엔 잘못도 많기 때문에 반드시 그 뒤에 점수가 뒤따라야 증오를 얻을 수 있다는 것을 말한다. 먼저 해오를 얻고, 그 다음 해오에 의지하여 점수가 완료된 상태가 증오라는 것이다.

돈오점수설을 주장함으로써 지눌은 두 가지 오류를 범했다. 첫째, 지눌은 깨침 아닌 것을 깨침이라고 말한 오류다. 해오는 필요악일지언정 깨침은 아니라고 분명히 말했어야 하는데, 지눌은 이 부분에 대해 명확히 말하지 않음으로써 많은 오해의 소지를 남겨 놓았다. 오悟 아닌 것을 오라 하여 그 뒤 수행자로 하여금 무수한 혼란을 일으키게 한 것이다. 이러한 의미에서 성철스님의 돈오점수설 비판은 때늦은 감이 없지 않지만 백 번 마땅한 비판이라고 생각한다. 둘째, 지눌은 깨침 아닌 것을 깨침이라 규정하고 거기에 의지하여 닦는다고 말함으로써 닦음의 의미마저 변질시켰다. 그는 닦음을 '보림'이니 '보현행'이니 하며 온갖 좋은 말로 수식했으나, 깨침이 아닌 깨달음에 의지한다고 함으로써 닦음의 첫발부터 잘못 내디뎠던 것이다. 이리하여 그의 돈오점수설은 불교의 수도 이론에 지적 체계를 세우고자 하는 사람들로부터 환영받았고, 인간의 언어와 그 언어에 길들여진 의식 및 그 둘의 합동 작품인 지식 체계에 도전할 줄 모르는 안이한 수도자들에게 숨통을 트이게 해 주었다. 그러나 이러한 공로를 무색하게 할 만큼 그는 무수한 혼란을 불러일으켰다. 증오는 닦음의 결과로 얻어지는 것이 아님을 그는 처음부터 철두철미하게 외쳤어야 했다.

1981년 해인사의 성철스님은 『선문정로禪門正路』라는 책을 출판했다. 이 책은 한 마디로 지눌의 돈오점수설을 비판하기 위해서 출판된 책이라고 말할 수 있다. 이 책에서 성철스님은 유명한 돈오돈수설頓悟頓修說을 선양하였다. 그러자 송광사의 보조사상연구원은 1990년에 대대적인 국제불교사상 학술회의를 개최하여 성철스님의 『선문정로』에 맞불을 놓았다. 그 때 나는 「성철스님의 돈오점수설 비판에 대하여」라는 논문을 한 편 발표하였다. 돈오점수설을 지지하는 사람들이나 돈오돈수설을 지지하는 사람들이나 양쪽 다 상대방을 잘 이해하지 못한 가운데 소모적인 논쟁을 하고 있다는 인상을 받았기 때문에 양쪽의 주장을 동등하게 소개하고 양쪽의 문제점을 똑같이 부각시키는 데 노력하였다. 그러나 그 결과는 지눌의 송광사와 성철의 해인사 양쪽을 모두 만족시켜 주지 못했던 것 같다.

그 때 내가 겪은 가장 큰 어려움은 특별한 것이 아니었다. 지눌파는 지눌을 신성시하고 절대화하는가 하면, 성철파는 성철을 신성시하고 절대화한다는 것이었다. 나는 부처님도 예수님도 공자님도 모두 우리와 똑같은 사람으로 보는 입장이다. 누구든 사람을 절대화해 버리면 사상은 나오지 않는다고 믿기 때문이다. 그 누구든 그리고 그 사람이 아무리 훌륭해도 우리 눈에 잡힌 그 사람은 그 사람의 몸짓에 불과하다. 몸짓을 얕잡아보고 하는 말이 아니다. 몸짓은 원래 무상한 것이니 무상한 대로 놓아두자는 것이다. 몸짓은 제 아무리 많고 제 아무리 좋아도 그것이 그대로 몸이 되지는 않는다. 이것은 종교사회학자 에밀 뒤르켕(Emile Durkheim)이 말했듯이, 개인과 사회는 불가분의 관계지만 개인을 아무리 보태어도 그것이 곧 사회는 아니라는 말과 비슷하다. 그리고 사람은 태어날 때부터 '다 되어 나온 존재'가 아니라 태어나서 '되어 가는 존재'로 보아야 한다. 사람을 '다 완성되어 나온 존재'로 보는 것은 사람을 '비인간화'하는 것이다. 어떤 사람을 존경하고 숭배한 나머지 그 사람을 신격화하기 시작하면 나중에는 존경받는 사람만 비인간화되는 데 그치지 않고 존경하는 자기 자신도 비인간화되고 만다. 그러므로 종교계에서 나온 문헌들 가운데서 종종 발견되는 어떤 특정 인물의 절대화는 액면 그대로 받아들여서는 안 된다. 어떤 시대든지 그 지역의 문화나 언어 등의 여러 가지 부득이한 제한과 사정 때문에 위인은 신화적인 탈을 쓰고 나온다. 그러므로 우리는 이러한 모든 무상한 껍질을 과감하게 벗겨 버리고 그 속의 참모습을 보아야 한다.

우리들이 만일 용수, 혜능, 원효, 지눌, 성철 등을 신격화의 분위기 속에서 읽는다면, 이는 백해무익한 일이다. 지눌은 절대로 '다 되어 나온 사람'이 아니다. '다 되어 나온 사람'이란 말은 '비겁한 용사'라는 말처럼 말도 안 되는 말이다. 그러므로 지눌에게도 성철에게도 오류가 있는 것이다.

실수가 있는 것이다. 그래서 참회도 있고 회개도 있다. 개선, 전환, 혁명이 없는 삶은 사람의 삶이 아니다.

6. 『간화결의론』의 진가

1209년 지눌은 『법집별행록절요병입사기法集別行錄節要幷入私記』(이하 『절요사기』)라는 책을 발표했다. 요즈음 학자들은 이 책을 지눌 사상의 총결산으로 보려 한다. 왜냐하면 지눌은 『절요사기』를 출판하고, 그 다음 해 1210년에 세상을 떠났기 때문이다. 그러나 1215년, 그의 제자 진각국사眞覺國師 혜심慧諶(1178~1234)은 스승의 행낭에서 발견되었다고 하는 지눌의 『간화결의론看話訣疑論』을 출판했다. 이 책은 지눌이 『절요사기』에서 집요하게 전개한 돈오점수설을 뒤집어엎은 책이다. 지눌의 이러한 '뒤집어엎음'을 바로 보지 않고는 지눌을 올바로 평가할 수 없다.

『간화결의론』을 잘 읽어 보면 지눌이 수행자의 경지에 대해서 얼마나 세심한 주의를 기울이고 있는지를 곧 알 수 있다. 첫째, 그는 교가의 원돈신해圓頓信解 사상이 제아무리 현묘하고 수승하다 하더라도 공부를 성취하는 데 있어서 선가의 간화경절문看話徑截門에 비할 바가 아니라고 단호하게 말하고 있다. 그 이유는 교가의 길이 수도자의 해애解碍를 제거해 주지 못하기 때문이라고 한다.

지눌은 참선이 무엇인지를 분명히 하기 위해서 같은 선문 안에서 아직도 교가적인 냄새를 풍기는 참의문參意門과 이를 깨끗이 청산한 참구문參句門을 구별하였다. 참의란 숨은 뜻을 캐낸다는 말이요, 참구란 알 수 없는 한 마디의 화두에 몸으로 부딪친다는 말이다. '참의'와 '참구'는 또 다시 하늘과 땅의 차이라고 한다. 참의는 그것이 아무리 현묘하고 수승하다 할지라도 원돈신해문圓頓信解門의 병폐와 똑같은 병폐를 드러내고 마침내 이를 극복하지 못하므로 경절문이라는 이름에 합당한 올바른 길은 참구參句의 길 즉 활구참선活句參禪밖엔 없다고 잘라 말하였다.

그러므로 참선에서 참의와 참구를 구별할 줄 모르고, 사구死句와 활구活句를 똑바로 구별할 줄 모른다는 것은 매우 심각한 문제가 아닐 수 없다. 참선의 정사正邪와 사활死活이 여기에 걸려 있기 때문이다. 지눌의 『간화결의론』은 이 점을 분명히 하고 있다. 특히 『간화결의론』의 결론이라고 말할 수 있는 마지막 문장은 지눌의 이러한 사상을 웅변으로 입증해 주고 있다. 그러나 불행히도 탄허스님의 번역을 위시하여 로버트 버스웰(Robert Buswell)의 영역에 이르기까지 이제까지의 거의 모든 번역들이 한결같이 오역만을 되풀이하였다. 마치 지눌이 참의문 사구를 선양한 것처럼 만들어 놓았다. 이런 오해가 또 어디 있을까. 우리는 만에 하나라도 어떤 독자가 지눌의 결론을 "그렇게 잘 안 되는 참구문 참선일랑 아예 그만두고, 잘 되는 참의문 사구참선이나 하라"는 뜻으로 오해한다면 이는 단순한 경전의 오해에 그치지 않고 역사를 왜곡하는 과오를 저지르게 될 것이다.

『간화결의론』이 과연 지눌의 저작인가를 의심하는 사람

도 있다. 혹시 혜심이 스승의 명예회복을 위해서 자기가 쓴 책을 스승의 이름으로 출판한 것이 아닌가 하고 조심스럽게 말하는 사람도 있다. 나는 이러한 모든 의심에 동조하지 않는다. 이유는 두 가지다. 첫째 화두참선의 생명인 활구 사상이 『절요사기』와 『간화결의론』에 모두 공통적으로 들어 있다는 점이다. 참선은 활구참선이라야 하지 사구참선이어서는 안 된다는 데에 동의하면 돈오점수설은 설자리를 잃고 만다. 뿐만 아니라 『절요사기』의 말미는 『간화결의론』 집필 동기로 보아도 좋을 만큼 이 두 권의 책은 일맥상통하는 바가 있다. 다만 이 두 책 사이에는 이어지면서도 끊기는 대목이 있다는 것이 다를 뿐이다. 그러므로 '이어지는 대목'과 '끊기는 대목'을 동시에 꿰뚫어보는 것이 중요하다. 이어지는 대목은 활구 사상이고, 끊기는 대목은 돈오점수설을 폐기하는 것이다. 이 문제를 놓고 우리는 앞으로 고생을 많이 해야 할 것 같다.

지눌은 『절요사기』를 마무리 지으면서 괴로운 빛을 감추지 않았다. 그 때 그는 자기가 평생 쌓아 올린 학문의 탑을 스스로 무너뜨려 버릴 생각을 하고 있었던 것 같다. 사실상 『간화결의론』을 쓰는 지눌의 근본 동기가 바로 거기에 있었던 듯하다. 다시 말하자면, 『절요사기』와 『간화결의론』은 적체상반으로 서로 끊기는 대목이 있다는 말이다. 우리는 이 '끊기는 대목'에 주목해야 한다. '끊음'으로써 지눌은 백척간두에서 진일보한 것이다. 현애에서 살수한 대장부가 된 것이다. 지눌의 사람됨은 요즘 학자들처럼 학설 하나 내놓고 거기에 묶여 평생 헤어 나오지 못하는 그런 인물이 아니었다고 생각한다.

나는 한때 혜심이 스승의 학문적인 면을 계승하지 아니한 것을 퍽 유감스럽게 생각했었다. 지눌과 혜심은 무릎을 맞대고 '참의문 사구'일랑 하지 말고 맹세코 '참구문 활구' 하자고 다짐했을 것이라고 생각한다. 적어도 이것이 지눌 만년의 모습이었을 것이라고 생각한다. 그래서 혜심은 스승의 『절요사기』 가운데 '참의문 사구'에 해당되는 대목을 자기의 삶 속에서 버려 버린 것이다. 혜심의 이러한 노선은 그의 스승 지눌이 닦아 놓았던 것이다. 그 뒤 서산의 선교결도 나왔고, 경허스님 이래 만공, 전강, 성철 등 많은 고승들의 활구참선이 한국 선불교의 주종을 이루게 되었던 것이다.

그런데 무슨 이유로 지눌의 『절요사기』는 조선 시대에 와서 그렇게 여러 번(20여 회?) 판각되어 널리 유포되었을까? 한 마디로 그것은 '혼선'이라고 볼 수밖에 없다. 진짜 구슬은 알아보지 못 하고 가짜 구슬만 애지중지한 것이다. 그들은 부끄럽게도 지눌의 일대 전환을 보지 못한 것이다. 그러므로 성철스님이 해인사 강원에서 『절요사기』를 가르치지 못 하도록 조처한 것은 올바른 조처라고 보아야 할 것이다. 그런데 성철스님은 이러한 사정을 밝히지 않은 채 『절요사기』를 친다는 것이 '대장부 지눌'을 쳐서 지눌의 『간화결의론』마저 함께 죽여 버리는 결과를 가져 온 것이다. 이 대목은 우리 학자들이 또 한 번 크게 씨름해야 할 대목이라고 생각한다. 우리는 앞으로 지눌의 돈오점수설 비판과 지눌

평가를 혼동해서는 안 될 것이다.

활구와 사구의 구별은 간단한 것 같은데 가만히 보면 많은 사람들이 거기서 갈 길을 잃고 방황하고 있다는 것을 알수 있다. 지눌은 활구를 바로 이해하고 사구를 버렸기 때문에 산 사람이 됐다. 뉴욕주립대학교 출판사 편집인들이 내원고에서 지눌의 돈오점수설 비판을 빼버린 것은 그들이 활구가 무엇인지를 이해하지 못했기 때문이 아닌가 한다. 깨달음의 차원만 강조하고 깨침의 차원을 불고하며, 몸짓의 세계만 들여다보고 몸의 세계를 볼 줄 모르며, 점차의 질서만 알고 몰록의 질서를 모르면 그 결과는 일사백사—事百事로 모두 뒤틀리고 말 것이다.

7. 부처님의 사제법문을 어떻게 이해해야 옳은가

사제를 생멸로만 보면 안 된다는 것은 하나의 상식이다. 적어도 옛날 동양에서는 그것이 상식이었다. 그래서 우리 선배들은 생멸사제生滅四諦와 무생사제無生四諦의 구별을 분명히 했다. 생멸사제란 생긴 고통을 없앤다는 데 초점을 맞추어 설명한 것이고, 무생사제는 무작사제無作四諦라고도 하는데 고통이란 원래 생겨나지 않았다는 것에 초점을 맞춘 것이다. 전자를 소승사제라 하고, 후자를 대승사제라고 말하는 사람도 있다. 문제 해결의 열쇠는 무생사제라는 말이 무슨 말인지를 바로 아는 데 있다. 고통이 생겼다 사라졌다 하는 것은 사람 사는 모습인데, 이런 사람의 삶을 생멸적 사고방식으로 보면 안 된다는 것이 무생사제의 메시지라고 말할 수 있을 것이다. 그렇다면 생멸적 사고방식이란 무엇인가? 그것은 자기의 오관에 잡힌 몸짓을 종합하고 분석하고 이를 다시 체계화시켜 자기 귀에 솔깃한 판단을 내려 거기에 안주하고 사는 사고방식이다. 여기엔 이미 시간의 틀이 자리잡고 있기 때문에 눈에 비친 모든 것은 선후가 있고, 먼저 것은 원인이며 그 결과는 나중에 뒤따라오게 되어 있다. 이것이 선인후과先因後果라는 말이다. 사람들은 좋은 결과를 얻기 위해서 얼마나 열심히 일하는가? 세상에서 소위 성공했다고 하는 사람들을 보면 대개 선인후과를 금과옥조金科玉條로 삼고 인생을 열심히 산 사람들이다. 옛날 부모님들이 우리들에게 읽히고 싶어했던 위인전들은 모두 이러한 착상 아래 쓰여진 책들 아닌가.

그러나 문제는 거기에 있지 않다. 일단 그러한 사고방식을 갖게 되면 그 순간 그 사람은 송장이 되고 만다는 데 문제가 있다. 죽은 송장은 산 것이기에 썩기 시작하고 냄새가 나서 사람들이 얼른 알아볼 수 있지만, 산 송장은 죽은 것이기에 사람들이 영영 못 알아볼 뿐만 아니라 자기 자신도 못 알아보기 때문에 너나 나나 모두 잘 되어 가는 줄 안다. '산 것이 죽은 것이고 죽은 것은 산 것'이란 논리가 여기서 나온다. 선인후과적인 생멸적 사고방식을 몸에 지니고 다닌다는 것이 어째서 산 송장이 되는 것이라고 말하는가? 생겨났다가 없어진다는 소위 생멸 현상은 몸의 몸짓이라 나무랄 것이 없지만, 이것을 공식화하여 거기에 안주하면 그 순간 그 사람은 부자유하게 된다. 여기서 부자유는 구속이요 속박이다. 생명이 생명 노릇을 제대로 못 하게 된다. 생멸이란 말은 한 마디로 무상無常하다는 말인데, 무상을 말하는 사람은 무상 아닌 항상이 되어 있는 웃지 못할 비극이 연출되는 것이다. 생명이 비생명화되면 그 순간 송장이 되는 것이다. 사제의 생멸적 이해는 부처님의 무상법문에도 맞지 않고, 무아無我 사상에도 맞지 않으며, 따라서 연기설에도 어긋나고, 공空 사상과도 모순된다.

부처님의 사제법문을 생멸적으로 해석하는 사람들의 경우를 보자. 말은 그럴 듯한데 기막히게도 그렇게 말하는 본인은 죽어 있는 비극을 연출하면서 스스로는 이 비극을 바로 보지 못한다. 그들은 고제苦諦와 집제集諦는 어리석은 중생의 비참한 모습을 가르쳤고, 멸제滅諦와 도제道諦는 모범적인 수도자들의 성스러운 삶을 가르쳤으니 어서 우리는 중생 세계를 벗어나 부처님 세계로 가자고 말한다. 이런 식으로 부처님의 사제법문을 해설할 때, 나는 여전히 어떤 모순이나 부담감도 갖지 않는다. 다만 이러한 선인후과적인 '생멸적 사고방식'에 안주할 때 생기는 '비생명화 현상'을 걱정할 뿐이다. 그래서 '병 주고 약 줄 필요 뭐 있나? 아예 처음부터 병 주지 말아야지!' 하고 생각하는 것이다. 뿐만 아니라 중생과 부처를 나누고, 성聖과 속俗을 나누고, 그리하여 하나를 버리고 하나를 취한다면 그런 병은 영원히 고칠 수 없는 것이다. 겉병 고치려다 속병 들면 안 된다. 속병 나으면 겉병은 저절로 낫는 법이다.

그들은 또 "고제는 현재의 결과요 집제는 과거의 원인이다. 이것이 중생상이다. 중생상을 벗어나려면 과거의 원인을 없애야 한다. 그래야 현재의 고통이 없어진다. 그리고 멸제는 미래의 결과요 도제는 현재의 원인이다. 이것이 부처님의 세계다. 미래에 부처님의 세계로 가고 싶거든 현재에 부처님 말씀대로 열심히 살아 부처님 세계로 갈 수 있는 원인을 심어야 한다"고 말한다. 나는 여기에서도 눈에 보이는 특별한 문제는 없다고 생각한다. 다만 여기에서도 앞에서와 마찬가지로 눈에 안 보이는 잘못된 사고방식이 생길까 두려울 뿐이다. 그래서 생멸사제로는 안 된다는 말이 나오는 것이다.

부처님이 처음 깨치고 나서 입 열기를 주저했다는 말이 있다. 왜 그랬을까? 결국 입을 열어 사제법문을 해주었으니 다행이지만 문제는 여전히 남는다. 왜 그랬을까? 주저한 까닭이 무엇일까? 무엇이 그로 하여금 입 열기를 주저하게 만들었을까? 사람들이 사제법문을 얼른 못 알아들었다는데 무엇을 못 알아들었을까? 부처님은 사제를 삼전십이행상三轉十二行相으로 풀었다고 한다. 여기서 '삼전三轉'이란 똑같은 법문을 세 바퀴 돌렸다는 말이니 3×4=12로 '십이행상十二行相'이 된 것이다. 그런데 문제는 왜 하필 '세 바퀴냐' 하는 것이다. 첫째 바퀴는 사제를 당위로 해석하여 윤리적 명제처럼 들리고, 둘째 바퀴는 그 시제가 현재진행형으로 되어 수행처럼 들리고, 셋째 바퀴는 진리가 그대로 현현하는 현재완료형으로 되어 있다. 선인후과적인 생멸적 사고방식은 첫 바퀴에 걸려 버린 것이 아닐까? 그리고 세 번째 현재완료형으로 보아야 부처님의 뜻이 드러나는 것이 아닐까?

부처님의 사제법문을 들은 최초의 청중은 함께 출가한 교진여僑陳如 등 다섯 비구로 되어 있다. 다섯 비구 중에서 먼저 교진여가 부처님의 사제법문을 듣고 깨쳤다. 그는 "집제가 바로 멸제로군요!"라고 말하였다. 부처님은 기뻐했다. 그리고 자신의 말을 알아들었다고 하여 교진여를 인가했다. 그렇다면 무엇을 알아들었다는 말인가? 이것은 부처님이 처음 입 열기를 주저한 것과 마지막 알아들었다고 기뻐한 것 사이에 일맥상통하는 문제의식을 보는 것 같다. 이처럼 제2 제3 제4 제5의 비구가 똑같은 방식으로 깨치고, 부처님은 똑같은 방식으로 인가한다. 모두가 '집제즉시멸제集諦卽是滅諦'라고 말함으로써 부처님의 인가를 받는다.

우리는 이것을 다음과 같이 정리할 수 있을 것이다: 부처님이 깨친 것도 '집제즉시멸제'로 표현할 수 있고, 부처님이 설법을 주저한 것도 '집제즉시멸제'의 소식을 못 알아들을까 걱정했기 때문이며, 이제 다섯 비구가 모두 '집제즉시멸제'를 알아들으니 인가했던 것이라고 말이다. 그렇다면 '집제즉시멸제'란 도대체 무슨 말일까? 다른 것은 몰라도 가장 두드러진 것이 생멸적 인과적 사고방식을 철저히 부수고 있다는 사실이다. 생멸사제파들이 "집제는 과거의 원인이고 멸제는 미래의 결과"라고 말한다면, 무생사제파들은 원인이 그대로 결과요 과거가 그대로 미래요 중생의 모습이 바로 부처님의 모습이고 번뇌가 보리이고 지옥이 극락이고…… 등등을 외치고 있는 것이다. 깨진 것이다. 깨질 것이 깨지지 않은 채 거기에 거룩한 옷을 입히고 성스러운 수도상을 연출해 봤자 말짱 헛짓이란 말이다. 거룩하고 성스러운 것이 없다는 말이 아니다. 깨질 것이 깨져야 성스럽다는 말이다.

사제법문을 오해하는 병이나 돈오점수설의 오류를 간파하지 못하는 병이나 둘 다 똑같은 뿌리에서 나온 같은 병이다. 생각하는 능력은 모두 훌륭하게 타고났으며, 그래서 곧잘 훌륭한 사색을 함에도 아깝게 언어의 노예 상태를 극복하지 못하고 언어의 병이 그대로 의식으로 흘러 들어와 다람쥐 쳇바퀴 돌듯 옛 버릇만을 되풀이하고 있는 것이다.

생멸사제에서 무생사제로 가는 길은 막혀 있지만 무생사제를 알면 그 속에 생멸사제가 집착도 모순도 없이 잘 일하고 있음을 발견하게 된다는 것이다. 지눌 사상을 평가하는 경우도 마찬가지다. 생멸사제 같은 돈오점수頓悟漸修에서 교진여의 깨침 같은 돈오돈수頓悟頓修로 가는 길은 막혀 있지만, 일단 돈오돈수가 무엇인 줄 알면 돈오점수는 그 속에 들어 있다는 말이다. 물론 여기서 우리들이 조심해야 할 것은 돈오돈수의 관문을 돌파한 다음의 돈오점수는 관문 돌파 이전의 돈오점수와는 전혀 다르다는 사실이다. 말이 같다고 하여 똑같은 것인 줄 알면 큰일난다. 부디 우리는 막힌 길로 가려고 하지 말고 열린 길로 가야 할 것이다. 몸짓에서 몸으로 가는 길은 막혀 있지만, 일단 몸으로 돌아가면 그 속에 온갖 몸짓이 자유자재로 조화롭게 잘 일하고 있음을 발견할 수 있는 것처럼 불교 공부도 그런 것이다. 몸과 몸짓은 둘이 아님에도 사람의 의식이 몸짓에 머물어 거기에 집착하면 온갖 병이 다 생긴다. 몸짓의 뿌리라고 말할 수 있는 몸이 몸 노릇을 못 하기 때문이다. 이렇게 되면 몸과 몸짓의 관계는 자연스런 생명 본연의 관계가 아니라 적대적 대립 관계로 변해 버린다. 그러므로 나는 말하고 싶다. 몸으로 하여금 몸 노릇하도록 내버려 두라. 이것은 학문하는 사람이든 도 닦는 사람이든 사람이면 누구나 명심해야 할 일일 줄 안다. 몸짓의 속박에서 벗어나 몸이 몸 노릇을 제대로 하는 세계가 바로 깨침의 세계요 몰록 돈頓의 세계요 부처님의 세계가 아닐까 생각해 본다.

2002년 7월
박성배

영문판 서문

　동아시아 불교의 역사에서 가장 두드러진 점이라 할 수 있는 것은 선禪 불교에서 내세운 돈오頓悟 사상, 즉 단박에 몰록 깨친다는 사상이다. 돈오 사상이 전개되면서 그 유명한 '돈오'와 '점수漸修'의 논쟁이 벌어지게 되었다. 이 문제에 대해서 철학적으로 접근하려고 할 때 우리가 제기해야 하는 물음은 '과연 어떻게 몰록 깨침이 가능한가?' 하는 것이다. 본 연구에서 내가 도달한 해답은 이른바 조신祖信을 통해서, 즉 '나는 부처이다'라는 믿음의 확인을 통해서 가능하다는 것이다.

　이 책에서 나는 동아시아 대승불교의 믿음(信), 닦음(行), 깨침(證)이 서로 유기적으로 얽혀 있는 점에 초점을 두었다. 특히 '몰록 깨친다'는 돈오의 교의와 '모든 중생이 부처님이다'라는 믿음 즉 조신의 연관성에 초점을 두었다. 여기에서 취한 연구 방법은 역사학적이거나 문헌학적이라기보다는 철학적인 성격의 것이다. 그리고 이 연구는 다분히 개인적인 체험을 밑바탕에 깔고 있다. 나는 한때 한국 조계종曹溪宗의 선승禪僧이었다. 한국 조계종은 고려 때 선승 지눌知訥(1158~1218)이 역설한 선교일치禪敎一致 사상에서 큰 영향을 받았다. 나는 경상도 합천 해인사海印寺에서 출가하여 임제종臨濟宗의 간화선看話禪을 수련하였다. 이러한 개인적 경험이 이 책에서 불교의 믿음, 닦음, 깨침을 논의하는 데 다분히 영향을 끼쳤다. 그래서 너무 임제선 전통을 중심으로 이야기를 풀어 나가지 않았느냐는 인상을 줄지도 모르겠다. 그러나 여기에서 제시하는 해석은 매우 일반론적 차원이어서 동아시아 대승불교 전반의 사상을 분석하는 데에도 일말의 도움이 될 수 있으리라고 기대한다.

이 책을 쓰게 된 동기는 불교인의 일상적 수행에서 이른바 교신教信이라 하는 것과 조신祖信이라 하는 것 사이에 큰 차이가 있음을 분명히 드러내고 싶은 데 있었다. 말하자면 교신은 '중생은 부처가 될 수 있다', 그러므로 '나도 부처가 될 수 있다'고 하는 믿음으로 이를테면 못 깨친 중생들의 믿음이다. 한편, 조신은 '모든 중생이 그대로 다 부처님이다', 그러니까 '나는 이미 부처님이다'라는 믿음으로 깨친 이들의 믿음이다. 교신은 관념적 이해를 통해서 불교를 파악하려고 하는 반면, 조신은 키에르케고르(Kierkegaard)의 말을 빌리자면 이른바 '신앙의 도약'을 통해 실존적인 차원에서 불교로 들어간다.

내가 승려가 되어 선원禪院에 들어갔을 때 가장 인상 깊었던 점은 선원의 최고 정신적 지도자인 조실祖室 스님의 믿음은 일반 승려들의 믿음과 확연히 다르다는 것이었다. 조실 스님은 제자들을 깨달음으로 이끌고자 하는 태도가 아니었다. 그는 모든 중생이 이미 완벽한 부처님이라고 굳게 믿고 있었다. 더구나 부처님과 보살들이 베푸는 이른바 가피加被(일종의 은총이라고도 할 수 있겠다)라는 것을 믿고 있었다. 하지만 나로서는 그런 것을 믿기 어려웠다. 그 뒤로 나는 동아시아 선 불교의 믿음을 이해하려고 부단히 애를 써왔다. 그러니까 이 책은 특히 깨침을 이룬 조사들의 삶을 통해서 들여다본 불교의 실존적 차원에 대해 그 동안 내가 수행해 온 연구의 중간 보고서쯤 되는 격이다.

　이 책을 내놓게 되기까지 많은 분들의 도움이 있었다. 우선 나를 바른 방향으로 이끌어 주고 인생에 많은 획기적 변화를 일으키게 해 준 한국 불교의 여러 선지식들에게 감사드린다. 나의 학문적 성장을 이끌어 준 분으로 특히 버클리 캘리포니아주립대학교에서 학위 과정을 지도해 준 루이스 랭캐스터 (Lewis Lancaster) 교수에게 감사드린다. 그리고 1977년에 스토니 부룩 뉴욕주립대학교 종교학과에 교수로 부임한 이래 여러 가지로 도움을 많이 준 같은 과의 토마스 얼타이저(Thomas J. J. Altizer), 로버트 네블(Robert C. Neville) 등 동료 교수들에게도 감사드린다. 또한 패트릭 힐런(Patrick Heelan), 피터 맨체스터(Peter Manchester), 데이비드 딜워스(David Dilworth), 안토니오 드 니콜라스(Antonio T. de Nicolás), 크리스토퍼 채플(Christopher Chapple) 등을 비롯한 여러 동료 교수들은 동서 종교를 비교 연구하는 분야에서 철학적 대화가 얼마나 긴요한지 깨닫게 해 주었다.

　1981년 여름에는 한 달 내내 캘리포니아 탤메이지(Talmage)에 있는 여래사如來寺라는 절에서 고즈넉하게 머물면서 집필에 몰두하였다. 그런 기회를 허락해 주었던 여래사 주지 수안

후아(宣化) 스님에게 이 자리를 빌려 감사의 말씀을 전하고 싶다. 그밖에도 원고를 꼼꼼히 읽고 좋은 충고를 해준 달마 레름(Dharma Realm) 대학교의 론 엡스타인(Ron Epstein) 교수, 스탠포드대학교의 칼 빌레펠트(Carl Bielefeld) 교수, 버팔로 뉴욕주립대학교의 케네스 이나다(Kenneth Inada) 교수에게도 감사드린다.

이 책을 완성하는 데에는 세계종교연구소(Institute for Advanced Studies of World Religions)의 도움이 컸다. 이 연구소의 센(C. T. Shen) 소장과 리차드 가드(Richard Gard) 박사, 크리스토퍼 조지(Christopher George) 박사, 그리고 연구소 도서관 사서 한나 로빈슨(Hannah Robinson)과 리나 양(Lena Yang)에게 감사한다. 그들의 배려 덕분에 미국 최고의 불교 문헌 소장처 가운데 하나로 꼽히는 이 연구소의 도서관과 그 밖의 여러 시설을 마음껏 이용할 수 있었다. 이 책의 집필 과정 처음부터 끝까지 온갖 까다로운 문제들에 대해 일일이 도움을 준 스티브 오딘(Steve Odin) 박사에게도 진심으로 감사드린다. 참고문헌 목록과 찾아보기 작성, 그리고 교정을 도와준 한인숙 학생과 제프 사이벨(Jeff Seibel)에게도 이 자리를 빌려 고맙다는 말을 전한다.

마지막으로 가장 깊은 감사의 마음을 아내에게 전하고 싶다. 긴 각고의 세월 동안 조금도 변함없이 뒷바라지해 주고 따뜻한 이해로 감싸 준 아내가 없었다면 나의 힘은 일찌감치 쇠진해 버렸을 것이다. 아내에게 이 책을 바친다.

1982년 6월 박성배 (스토니부룩 뉴욕주립대학교 종교학과)

박성배 교수의 불교 철학 강의
깨침과 깨달음

차례

박성배 교수의 불교 철학 강의

깨침과 깨달음

제3부 **깨침**

믿음으로써 부처님 가르침의 큰 바다에 들어가며,
지혜로써 그것을 건넌다.

— 龍樹, 『大智度論』—

시작하는 말

흔히 말하기를 불교는 명상의 종교, 깨달음의 종교라 한다. 그러나 불교는 또한 믿음의 종교이기도 하다는 점은 별로 알려지지 않았다. 불교에서도 올바른 믿음이 없이는 수행으로 나아갈 수 없고 깨달음에 이르지 못한다고 강조한다. 그런데 왜 불교는 믿음의 종교로 알려지지 못했을까? 흔히 불교는 무신론적인 종교이며 따라서 신앙이 필요하지 않다고 한다. 신神을 모시는 종교에서는 믿음이란 곧 '무엇에 대한 신앙'으로서, 주객主客이 분명한 이분법적 구도를 가지고 있다. 불교에서는 이것을 능소能所의 구도라고 부른다. 한편, 동아시아 대승불교 사상은 이분법적인 능소의 구도가 아니라 불이적不二的인 체용體用의 구도를 바탕으로 한다. 거기에서는 믿음이라고 해서 꼭 바깥의 어떤 대상을 신앙한다는 뜻이 아니다. 그보다는 체體로서의 자기 마음이 발휘하는 용用이 곧 믿음이라고 한다. 그러므로 동아시아 대승불교를 이야기 할 때는 신을 신앙하는 것이 종교라는 관념, 종교적 신앙 은 곧 '무엇에 대한 신앙'이라고 하는 이분법적 관념을 접어둘 필요가 있다.[1]

동아시아 대승불교 전통에서는 믿음이 아주 중요한 자리를 차지한다. 『화엄경華嚴經』을 소의경전所依經典으로 하는 화엄종은 동아시아 불교에서 불교 사상에 대해 가장 고도의 철학적 체계화를 이룩했다는 평가를 받는다. 『화엄경』의 「입법계품入法界品」에는 선재동자善才童子라는 인물이 여러 선지식善知識을 차례로 찾아다니며 구도求道하는 이야기가 나온다. 화엄종의 조사祖師 법장法藏(643~712)과 징관澄觀(738~840) 같은 화엄학 권위자들은 이를 두고 보살이 수행하는 쉰 두 단계의 역정을 말

---

1) 체용의 논리는 원래 불이적인, 분별을 여읜 깨달음의 체험을 설명하기 위해 동아시아의 불교인들이 사용한 것이다. 그렇다고 해서 꼭 능소의 구도라든가 그 밖의 틀을 배제하는 것은 아니다. 체용이냐 능소냐 하는 분별까지도 넘어선 체험을 말하기 때문이다. 그러나 적어도 학문적인 논의에서는 그 둘을 분명히 구별할 필요가 있다. 그 두 구도를 바탕으로 한 사고방식은 서로 철저하게 다르기 때문이다. 이 문제는 4장에서 자세히 다루기로 한다.

하는 것으로 보았고, 이것은 곧 화엄종의 전통적인 견해
가 되었다. 그 쉰 두 단계 가운데 첫 열 단계가 십신十信
이라고 해서 믿음의 열 단계이고, 마지막은 궁극적인 묘
한 깨침(妙覺)으로 부처가 되는(成佛) 단계이다. 그런데 최
고의 묘한 깨침을 얻어 부처가 되는 것은 다른 것이 아니
라 바로 처음에 일으킨 그 믿음의 완성일 뿐이라고 한다.
화엄 사상에서 믿음이 무엇보다도 우선적인 중요성을 갖
는다는 점을 바로 여기에서 단적으로 볼 수 있다.[2]

　동아시아 불교의 신행에서 두 가지 주요 흐름이라 할
수 있는 선禪 불교와 정토淨土 불교 어느 쪽에서나 믿음
은 핵심적인 자리를 차지한다. 그러나 두 가지 유형의 불
교 신행은 믿음의 개념과 실천에서 차이가 있다. 선 불교
에서 믿음이란 닦음의 자리에 굳게 서 있게 하는 확고한
신념 또는 결단의 경지이다. 반면에 정토 불교에서는 아
미타불阿彌陀佛이 큰 자비의 마음으로 세운 마흔 여덟
가지 서원誓願에 철저히, 완벽하게 의지하는 데 믿음의

---

2) 서구의 화엄학자들은 수행의 쉰 두 단계를 별로 거론하지 않는다.
　그러나 동양의 전통적인 화엄학에서는 이 쉰 두 단계 교리가 믿
　음, 닦음, 그리고 깨침을 논하는 주된 터전이 된다. 그 가장 대표적
　인 예가 李通玄의 『新華嚴經論』 40권이다. 가와다 구마타로(川
　田熊太郎)의 논문 「부처의 화엄(佛陀華嚴)」(『華嚴思想』, 京都:
　法藏館, 1961) 참조.

본질이 있다고 보며, 바로 그런 믿음이 서방정토西方淨土에 왕생往生할 수 있는 유일한 통로라고 여긴다. 그래서 흔히 선 불교의 믿음은 자력自力 신앙 즉 모든 것을 자기의 힘에 의지하는 신앙이고, 정토 불교의 믿음은 타력他力 신앙 즉 남의 힘에 의지하는 신앙이라고 한다. 그러나 두 전통 모두 믿음을 구제救濟의 가장 중요한 바탕이라고 여긴다는 점에서는 같다.

동아시아 대승불교에서 믿음이 이처럼 중요한 자리를 차지하는데도 서양과 동양의 현대 불교학자들은 대체로 이 점을 소홀히 다루는 경향이 있다. 엄청난 학술적 업적을 쌓아 올린 현대 일본의 불교학에서조차도 정토 불교의 타력 신앙 이외에는 불교의 믿음에 대해 체계적 연구를 내놓은 예가 없다.[3] 특히 선 불교의 자력 신앙에 대해서는 본격적으로 이루어진 연구가 전혀 없다. 옛 주석서에서는 믿음의 문제를 거론하는 경전의 주요 문구와 관련해서 믿

---

3) 현대 일본 불교학에서 불교의 믿음에 대한 대표적인 연구 업적으로 꼽을 수 있는 것은, 일본 불교학회가 엮은 『불교에서 믿음의 문제(佛敎における信の問題)』(京都: 平樂寺書店, 1963)라는 책이다. 이 책에는 야나기다 세이잔(柳田聖山)의 「간화선에서 믿음과 의심의 문제(看話禪における信と疑の問題)」, 아베 마사오(阿部正雄)의 「현대에서 믿음의 문제(現代における信の問題)」를 비롯하여 선 불교의 믿음에 관한 여러 훌륭한 연구 논문들이 실려 있다.

음의 문제를 다룬 예가 꽤 있었다. 그러나 거기에서도 역시 믿음에 대한 체계적 교리를 제시하거나 믿음의 문제에 대해 중요한 물음을 제기한 예는 찾아볼 수 없다. 그런 까닭에 믿음의 문제는 동아시아 대승불교의 이해에서 하나의 커다란 빈칸으로 남아 있는 것이다.

그러면 왜 현대 불교학자들은 믿음의 문제를 소홀히 다루는가? 많은 불교 경전들이 믿음의 중요성을 강조하기는 하지만 그 본질이 무엇인지에 대해서 직설적으로 말해 주는 경우는 드물고, 더구나 대개는 매우 모호하게 언급하고 만다는 데에서 하나의 이유를 찾을 수도 있겠다. 믿음을 주제로 다루는 주요 대승불교 문헌 가운데 하나인 『대승기신론大乘起信論』(Mahāyānaśraddhotpāda śāstra)도 불교의 믿음을 세밀하게 분석해 주지는 않는다.[4] 삼보三寶 즉 부처님(佛)과 그 가르침(法)과 수행 공동체(僧)에 대한 믿음이라든가 육바라밀다六婆羅密多의 수행을 통한 믿음의 완성에 대해서는 거론하고 있지만, 그 모든 설명이 대개는 전통적인 해설의 틀을 벗어나지 않는다. 더구나 동아시아 불교의 전통적 주석가들은, 믿음이란 체계적으로 분석하거나 그에 대해 비판적 문제를 제기하

4) 『大乘起信論』에 관해서는 이 책의 4장과 10장에서 자세히 논의하였다.

거나 또는 지성적 고찰의 대상으로 삼을 것이 아니라는 전제를 갖고 있었다. 다만 마음속에 믿음을 일으키고 그에 의거해서 사는 것이 중요하다고 생각하였다.

불교학 연구에 남아 있는 이 커다란 빈칸을 메우는 작업을 시작한다는 포부에서 나는 대승불교의 믿음에 담겨 있는 역동성에 대해 체계적으로 연구해 보기로 하였다. 이 작업에서는 문헌학적이고 역사학적인 방법을 사용하기보다 철학적인 토대 위에서 대승불교의 믿음이 어떤 얼개를 가지고 있는지 분석하는 방법을 택하였다. 예를 들자면, '불교에서 믿음과 구제救濟는 어떤 관련이 있는가?' 하는 문제를 다루는 것이다. 불교는 단순히 삶의 철학이 아니라 구제의 문제를 중심으로 하는 하나의 종교이기도 하다. 그러나 구제에 관한 이론과 실제 사이에는 언제나 일종의 괴리가 존재하게 마련이다. 무엇이 그 괴리를 메우는가? 믿음이 바로 그 역할을 한다. 믿음을 일으킴으로써 부처의 가르침을 단순히 지적으로만 이해하던 차원에서 실천과 구제의 차원으로 나아갈 수 있는 것이다. 그러므로 처음에 믿음을 일으키는 일이야말로 가장 중요하고 또 어려운 일이다. 지적인 이해만을 본령으로 삼는 현대 불교학에서 믿음의 문제를 별로 다루지 않는 이유가 바로 여기에 있다고 생각된다.

이 책에서 나는 불교에 조신祖信과 교신敎信이라는 두 가지 근본적으로 다른 믿음이 있다는 점을 강조하고, 그 둘 사이의 차이를 분명히 드러내고자 하였다. 이 두 가지 믿음은 고려 때 승려 지눌知訥(1158~1218)이 거론한 바 있다.[5] 교신은 '나는 부처가 **될 수 있다**'는 믿음인 반면, 조신은 '나는 **이미 부처**이다'를 확인하는 것이다. 동아시아 불교 전통 안에서도 조신이라는 말은 별로 알려지지 않았다. 불교학자들이 거론하는 믿음은 대개 교신, 즉 믿고(信) 이해하고(解) 실천하고(行) 확증하는(證) 과정을 따라 점차 닦아 나가면 누구나 부처가 될 가능성을 갖고 있다는 믿음이다. 그러나 나는 이에 반해 조신이 교신보다 훨씬 더 효과적인 믿음으로 닦음과 깨침에서 중요한 결과를 낳을 수 있다는 주장을 펴고자 한다.

조신과 교신을 대비시켜 보는 것은 동아시아 불교에서 가장 큰 쟁점이라 할 수 있는 '몰록 깨침'(頓悟)과 '점차 닦아서 깨침'(漸悟)의 문제에 대해 새로운 접근을 가능하게 한다. '나는 부처가 될 수 있다'고 하는 교신은 점차 닦아 깨친다는 수증론修證論의 바탕이 되고, 몰록 깨친다는 수증론은 '나는 이미 부처이다'라는 조신을 바탕

---

5) 金呑虛 옮김, 『普照法語』(서울: 法寶院, 1963), 61쪽 상단.

으로 한다. 이와 관련해서 내가 제기하는 물음은 '과연 몰록 깨침이 어떻게 가능한가?' 하는 것이다. 그것은 오로지 조신을 일으킴으로써만 가능하다는 것이 내가 찾은 답이다. 나아가 선 불교에서 내세우는 것과 같은 자력 신앙과 정토 불교에서 말하는 것과 같은 타력 신앙을 두고 벌어진 전통적 논쟁도 조신과 교신을 대비시키는 관점에서 다루어 보았다. 내가 말하고자 하는 것은 조신은 자력 신앙의 방향에서 성취할 수도 있고, 타력 신앙의 방향에서 성취할 수도 있다는 것이다.

내가 이 책에서 중점적으로 다룬 또 하나의 철학적 문제는 '뒤로 물러서지 않는 믿음'(不退信)과 '물러설 수도 있는 믿음'(退信) 사이의 대비이다. 불교의 '올바른 믿음'(正信)이 곧 조신이라는 점은 바로 앞에서 지적하였다. 한편, 동아시아 불교에서는 올바른 믿음의 기준으로 대개 불퇴를 내세운다. 뒤로 물러서지 않는 믿음이라야 올바른 믿음이라는 것이다. 그렇다면 또 질문을 던져야 한다. 뒤로 물러서지 않는 믿음이 과연 가능한가? 뒤로 물러서지 않는 믿음이 가능하다면, 그것은 오직 조신을 일으킴으로써, 즉 '나는 부처'임을 확인함으로써만 가능하다는 것이 나의 주장이다.

그런데 정말로 '나는 이미 부처'라면 왜 수행을 해야

하는가? 이 문제는 수행의 쉰 두 단계를 말하는 화엄 사상과 연관해서 다루어 보았다. 화엄 사상에서는 보살이 거치는 수행의 쉰 두 단계가 모두 서로 융통한다고 말한다. 그러므로 초발심시방등정각初發心時方等正覺, 즉 그 첫 단계인 처음 믿음을 낼 때에 이미 마지막 단계인 묘한 깨침이 들어 있다고 한다. 그런데 초신初信, 즉 처음 일으킨 믿음이 곧 묘각妙覺이라면 왜 그 중간의 쉰 단계를 밟아야 하는가? 이 문제는 화엄종의 조사祖師이자 선사禪師이기도 했던 종밀宗密(780~841)이 내놓았고 지눌이 계승한 돈오점수론頓悟漸修論에 입각해서 풀이해 보았다. 돈오점수론에 의하면, 먼저 돈오한 다음에 점수하여야 한다. 그렇지 않은 수행은 진정한 수행이 아니라고 한다. 그러니까 보살이 점차 닦아 나가는 쉰 두 단계의 수행은 조신을 일으키는 데에 이미 다 내포되어 있다는 것이다.

대승불교의 진정한 조신이 가능한 것이라고 한다면, 마지막으로 이런 물음을 제기해야 할 것이다. 과연 어떻게 조신을 일으킬 수 있는가? 이것이 정말 가장 중요한 물음이다.

이 책에서 나는 대승불교의 믿음은 이미 닦음과 깨침을 내포한다고 보았다. 불교의 믿음은 닦음 및 깨침과 불가분이라는 점을 특징으로 한다. 닦음과 깨침을 논하지 않고는 믿음을 논할 수 없는 것이다. 그래서 이 책의 체제도 그 세 요소에 따라 세 부분으로 나누었다. 그러나 조신에 입각해서 본다면 믿음은 단순히 닦음과 깨침을 위한 전제 조건이 아니다. 믿음을 닦음과 깨침을 위한 전제 조건으로 보는 것은 교신이다. 조신에서는 믿음이 곧 닦음이요 닦음이 곧 깨침이다. 닦음과 깨침은 믿음 속에 이미 들어 있다. 또는 믿음의 내용이 닦음과 깨침이라 할 수도 있겠다. 그러니까 조신은 불교의 수증론에서 알파이자 동시에 오메가인 것이다.

불교학에서 또 하나의 심각한 빈칸으로 남아 있는 것은 간화선看話禪이라고 할 수 있다.[6] 간화선에 관한 이론적인 논의는 거의 이루어지지 않고 있다. 우리가 그 동안 간화선을 논의할 때 믿음을 빼놓았기 때문에 이해하기에 어려움을 겪었고, 따라서 그런 빈칸이 생겼다고 생각한다. 나는 간화선의 핵심이 믿음과 의심 사이의 역동적 상호 작용, 또는 긍정과 부정 사이의 변증법적 긴장에 있다고 풀이하였다. 화두를 들고 의심을 밀고 나가는 과정 그 자체를 통해 그러한 긴장을 해결하는 것이 간화선의 요체라고 본 것이다.

---

6) 간화선은 '話頭禪', '公案禪'이라고도 한다.

이 점에서 나의 견해는 니시다 기타로(西田幾多郎)에서 비롯해서 니시타니 게이지(西谷啓治), 다게우치 요시노리(武内義範), 아베 마사오(阿部正雄) 등 여러 특출한 학자들이 활약하는 교토학파(京都學派)와 상통하는 바가 있다.[7] 교토학파는 '큰 깨달음'(大覺)을 성취하는 데 '큰 의심'(大疑)이 중요한 역할을 한다는 점을 밝히는 큰 공헌을 하였다. 한 예로 니시타니 게이지는 『종교란 무엇인가』라는 저서에서 의심을 극점에까지 밀고 나가(이것이 '큰 의심'이다) 절대무絶對無의 자리에서 자아自我가 소멸되는 것을 깊이 있게 설명하였다. 선 불교에서 말하는 '큰 죽음'(大死)이라는 것이 바로 이것을 가리킨다고 본다. 그런 체험 속에서는 의심의 주체와 대상이 용해되고, 하나의 '커다란 의심 덩어리'(疑團)만 오롯이 남는다. 그것이 바로 절대무에 대한 실존적 깨달음이라고 한다.[8]

『종교란 무엇인가』의 영문판에는 '큰 의심'을 다음과 같이 설명하고 있다.

수행 방법은 다음과 같다. 먼저 온갖 소리를 듣는 자신의 주

---

7) 교토학파의 기반이 된 것은 19권으로 된 기념비적 출판물 『니시다 기타로 전집(西田幾多郎全集)』(東京: 岩波書店, 1965)이다.

8) 니시타니 게이지(西谷啓治), 『종교란 무엇인가(宗教とは何か)』(東京: 創文社, 1961), 18~26쪽.

체, 그 주인공에 대해서 의심해야 한다. 온갖 소리를 들을 수 있는 것은 그것을 듣는 어떤 주인공이 자신 속에 있기 때문이다. 소리는 귀로 듣지만, 그렇다고 해서 귓구멍이 그 듣는 주인공이라고 할 수는 없다. 귓구멍이 그 듣는 주인공이라고 한다면 죽은 사람도 소리를 듣는다고 해야 할 것이다. 죽은 사람도 귓구멍은 뚫려 있으니까.…… 의심하고 또 의심해야 한다. 소리를 듣는 이 주인공, 이것이 과연 무엇인가? 망상과 잡념이 일어나더라도 개의해서는 안 된다. 다만 전심전력으로 깊고 또 깊게 의심해야 한다. 어떤 목적도 어떤 기대도 가져서는 안 된다. 심지어는 깨달음을 얻고자 하는 마음이 있어서도 안 되고, 그런 마음을 갖지 않으려는 마음을 가져서도 안 된다. 마치 천진한 어린아이와도 같아야 한다.…… 그러나 아무리 의심을 해도 그 듣는 주인공을 알아낼 수는 없을 것이다. 그럴수록 알지 못하는 그 자리에서 더 깊이 들어가야 한다. 전후좌우를 보지 말고 오직 한 마음으로 의심에 파고들어야 한다. 그리하여 마침내 죽은 사람 같이 되어야 한다. 심지어는 자기가 거기 있는 것도 잊어야 한다. 그리 하다 보면 텅 빈 무심無心한 상태가 될 것이다. 그 상태에서도 의심을 들고 있어야 한다. "이 듣는 주인공이 무엇인고?" 그리하여 마침내 자기가 완전히 죽은 사람처럼 된 것조차 모르고, 의심하고 있는 것조차 모르게 되며, 자기가 없어지고 오직 의심 덩어리만 남을 때, 홀연히 큰 깨달음이 올 것이다. 마치 꿈에서 깨어나듯이, 또는 완전히 죽었다가 되살아나듯이.[9]

---

9) 이 인용은 일어판에는 없고 영문판에만 들어 있다. Keiji Nishtani,

58 깨침과 깨달음

이 인용문은 '큰 의심'의 여러 가지 측면과 그것이 '큰 죽음' 및 '큰 깨달음'과 연관되는 양상을 엿보게 해 주기는 하지만, 실제로 그 '큰 의심'을 어떻게 해서 갖게 되는가는 말해 주지 않는다. 다시 말해, 니시타니는 종교적 의미의 '큰 의심'이 중요하다는 점은 대체로 충분히 파헤치고 있지만, 어떻게 해야 그 '큰 의심'을 갖게 되는가 또는 왜 사람들은 그런 '큰 의심'을 갖지 않는가 하는 문제는 다루지 않고 있다. 그는 선사들이 그러했듯이 그저 '의심하고 또 의심하고 또 의심하라'고만 말하고 있지, 화두話頭를 들고 의심하는 데 작용하는 역학力學에 대해 철학적으로 파헤치는 작업은 하지 않고 있는 것이다.

내가 보기에 교토학파의 이러한 문제점은 믿음이라는 요소를 간과한 데에서 비롯했다고 생각한다. 믿음과 '큰 의심' 사이에 작용하는 일종의 변증법적 긴장이 간화선에서 의심을 밀고 나가는 동력이 된다는 점을 보지 못한 것이다. 의심과 믿음 사이의 변증법적 긴장이 없으면, 자아를 깨뜨리고 절대로 절대무의 자리로 돌아가는 일도 결코 일으킬 수 없다. 교토학파는 불교에 대해 철학적으로 접근했다는 점, 그리고 시야를 서구 전통에까지 넓혀

"What is Religion?" *Philosophical Studies* 1-2, 39~40쪽.

서 불교의 철학적 내용을 효과적으로 서구에 소개했다는 점, 뿐만 아니라 '큰 의심'의 체험을 강조했다는 점에서 중요한 업적을 이룩했다. 나도 그 업적은 크게 존중한다. 하지만 교토학파는 큰 의심과 큰 믿음 사이의 변증법적 긴장에서 큰 깨달음이 나온다는 점에 주목하지 못함으로써 결정적인 한계를 드러내었다. 이 책에서 나는 바로 그 점을 실마리로 삼아 간화선의 이해에 하나의 새로운 차원을 제시하고자 하는 것이다.

제1부

믿음

1장
불교에서 믿음의 자리

전통적인 불교 문헌들을 보면 어디에서나 온통 종교 생활에서 믿음이 차지하는 핵심적 중요성을 말하고 있다. 용수龍樹(Nāgārjuna, 150~250)의 『대지도론大智度論』은 불교 교리의 백과사전이라 할 만한 역작으로서, 그 덕분에 흔히 용수를 '여덟 종문宗門의 조사'라고 부르기도 한다. 그 저술에서 용수는 믿음의 중요성을 다음과 같이 말하고 있다.

믿음으로써 부처님 가르침의 큰 바다에 들어가며, 지혜로써 그 것을 건넌다.[1]

---

1) 龍樹, 『大智度論』(T 1509, 권25, 63쪽 상단 1~2행), "佛法大海,
信爲能入, 智爲能度."

이것은 모든 불교 경전 첫 머리의 '이와 같이 내가 들었다'(如是我聞, evam mayā śrutam)는 구절을 설명하는 가운데 나오는 말이다. 용수는 또 계속해서 다음과 같이 말한다.

청정한 믿음을 가지는 이는 능히 부처님 가르침에 들어갈 수 있되, 믿음이 없으면 들어가지 못한다. 믿지 않는 이는 '이와 같다'는 긍정을 하지 않는다. 이게 바로 불신不信의 특징이다. 믿는 이만이 '과연 이와 같다'는 말을 할 수 있다.[2]

다시 말해, 부처님 가르침의 바다에 들어가기 위한 조건이 믿음이라는 것이다. 일본의 저명한 『대지도론』 주석가 사이구사 미쓰요시(三枝充悳)는 위에 인용된 구절에 대해서 다음과 같이 해설한다.

용수는 구제는 지혜로써 이루어진다고 했다. 믿음은 그 길에 들어가는 것일 뿐이다(이 점은 『대지도론』의 여러 다른 대목에도 그대로 적용된다). 즉 용수는 종교를 논의하면서도 기본적으로 철학적인 입장을 취했다. 다시 말해, 믿음은 불도佛道에 들어가기

---

2) 龍樹, 같은 책(T 1509, 권25, 63쪽 상단 2~5행), "若人心中有信淸淨, 是人能入佛法. 若無信, 是人不能入佛法. 不信者言, 是事不如是, 是不信相. 信者言, 是事如是."

위해 없어서는 안 되는 필요조건이기는 하지만, 불교인으로서
의 생활에 충분조건은 못 된다고 보았다.[3]

그러니까 부처님의 가르침에 들어가려면 우선 믿음이
라는 '문'을 열어야 하지만, 구원은 결국 지혜로써 이루
어진다는 이야기이다. 그러나 믿음에 더욱 근본적인 중
요성을 부여하는 불교 문헌들도 있다. 한 예로 화엄종의
소의경전所依經典인 『화엄경華嚴經』에 다음과 같은 유
명한 구절이 있다.

믿음은 도道의 근원이요 공덕의 어머니이니,
모든 좋은 일을 키워 주고
모든 의혹을 끊어 주며
최고의 도를 일으키고 드러내 보여 준다.[4]

『화엄경』에서는 보살이 밟아 가는 경지의 발전 단계를
쉰 둘로 나누고 있다. 열 가지 믿음의 단계(十信), 열 가지

---

3) 사이구사 미쓰요시(三枝充悳), 「용수에 있어서 믿음의 문제(龍樹
における信の問題)」, IBK 3/2 (1954), 928쪽.
4) 佛馱跋陀羅(Buddhabhadra)가 번역한 『大方廣佛華嚴經(60권 화엄
경)』(T 278, 권9, 433쪽 상단 26~27행)에 나오는 賢首菩薩의 게송
이다. "信爲道元功德母, 增長一切諸善法, 除滅一切諸疑惑, 示
現開發無上道."

확고하게 다지는 단계(十住), 열 가지 닦음의 단계(十行), 공덕을 중생에게 돌리는 열 가지 단계(十廻向), 보살 경지의 열 단계(十地), 그리고는 깨침과 거의 같은 단계(等覺), 마지막으로 묘한 깨침(妙覺)이 그것이다. 화엄학자들은 흔히 이를 믿음(信), 이해(解), 닦음(行), 깨침(證)이라는 네 묶음으로 묶기도 한다. 그런데 화엄 사상의 기본 원칙은 융통融通과 무애無礙로서, 모든 개별 존재와 현상은 언제나 다른 모든 존재와 현상들을 그 안에 지니고 있다고 본다. 결과적으로 쉰 두 단계의 첫 번째인 초신初信에 이미 나머지 모든 단계, 심지어 마지막의 묘각까지 다 담겨 있다는 것이다. 따라서 화엄 사상에서 믿음은 단순히 '도道의 근원'일 뿐만 아니라 도의 완성이기도 하다. 다시 말해, 믿음은 보살이 수행하는 도정의 알파이자 오메가이다. 그러니까 화엄 사상에서 믿음은 용수가 얘기하는 것보다 훨씬 더 핵심적인 중요성을 가지고 있으며, 구원의 필요조건일 뿐만 아니라 충분조건이기도 하다. 다시 말해, 화엄 사상에서 믿음은 이미 이해와 실천과 깨침을 모두 그 내용으로 내포하고 있다. 그러므로 구원은 믿음으로써 이루어지는 셈이다. 달리 말하자면, 믿음이 일으키는 작용이 곧 구원이다.

화엄종의 삼대三代 조사 법장法藏(643~712)은 『화엄유심

법계기華嚴遊心法界記』에서 불교에서 믿음이 차지하는 핵심적 중요성에 대해 다음과 같이 말하였다.

이제 걸림이 없는 법계法界에 들어가고자 하는 이는 반드시 먼저 철저히 믿는 마음을 내야 한다. 왜 그런가? 믿음은 가장 먼저 놓아야 할 주춧돌이며, 모든 수행과 실천의 근본이기 때문이다. 모든 수행과 실천이 믿음을 바탕으로 해서 일어난다. 그러므로 처음에 믿음을 일으킴이 출발점이 되는 것이다.[5]

법장은 또 이어서 다음과 같이 말한다.

믿음이 없으면 아무리 아는 것이 많아도 다 잘못된 알음알이일 뿐이다. 왜 그런가? 믿음이 없는 앎은 수행과 실천으로 이어지지 못하며, 잘못된 앎은 진정한 앎이 아니기 때문이다.[6]

여기에서 법장은 왜 화엄 불교에서 믿음이 우선적인 중요성을 갖는지 그 이유를 설명한 셈이다. 그것은 모든

---

5) 法藏, 『華嚴遊心法界記』(T 1877, 권45, 645쪽 중단 22~25행), "今欲入法界無礙者 要先發得徹到信心. 何者? 以信爲初基, 衆行之本. 一切諸行皆籍信生. 是故最初擧信爲始也."

6) 法藏, 같은 책(T 1877, 권45, 646쪽 상단 16~17행), "若無如是信者, 雖有衆解, 悉皆顚倒. 何以故? 無信之解不應行故, 顚倒之解卽非解故."

수행과 실천이 믿음으로부터 일어나기 때문이라는 것이다. 믿음으로부터 수행과 실천이 나오고, 거기에서 다시 이해와 깨침이 나온다는 것이다. 삼매三昧(samādhi), 자비慈悲(karuṇā), 보시布施(dāna) 등을 비롯해서 불교의 모든 수행은 믿음으로부터 나온다. 그것들은 모두 믿음의 자연스런 작용, 즉 용用이다. 믿음이 없으면 기껏해야 지적知的인 논의를 하는 데 머물고 말며, 그것은 그릇된 생각을 낳게 마련이어서 올바른 수행과 이해, 그리고 깨달음으로 나아가지 못한다. 그래서 법장은 보살의 수행 역정에서 진정한 출발점은 확고한 믿음을 일으키는 데 있다고 역설하였다. 그러나 믿음이 단순히 출발점에 지나지 않는 것은 아니다. 믿음은 마지막 묘한 깨침에 이를 때까지 거치는 중간 단계에서 서원誓願과 실천과 수행을 붙잡아 주는 역할을 한다. 그리고 그 마지막 묘한 깨침이란 바로 '믿음의 완성'이다.

믿음의 문제를 다룬 가장 중요한 불교 문헌이 『대승기신론大乘起信論』이라는 데 대해서는 아무도 이의를 제기하지 않을 것이다. 『대승기신론』은 화엄종뿐만 아니라 여러 선禪 종파들에 이르기까지 사실상 동아시아 대승불교 전통 전체의 기본 문헌으로 중시되어 왔다. 『대승기신론』의 주제는 그 제목이 시사하듯이 확고한 믿음을 어

떻게 일으킬 것인가, 완전한 깨달음에 이르기까지 여러
가지 수행 과정에서 어떻게 이 믿음을 완성시킬 것인가
하는 데 있다.『대승기신론』의 저자는 첫머리의 귀명게
歸命偈에 이어서 자기가 이 논을 짓게 된 이유에 대한 설
명으로 다음과 같이 말하고 있다.

> 어떤 법法이 있어서 대승의 믿음의 뿌리를 일으킨다. 그러니 이
> 에 대해 마땅히 설명해야 하겠다.……7) 이는 중생들로 하여금
> 의혹을 없애고 그릇된 집착을 버려서 대승의 올바른 믿음을 일
> 으키고, 그리하여 부처의 씨앗이 끊기지 않도록 하기 위함이다.8)

그러면 '대승의 올바른 믿음'이란 어떤 것인가? 초기의
불교 문헌들을 보면, 고대 산스크리트어로 '쉬랏다'(śraddhā)
라는 말이 믿음에 해당한다. 이 말은 '믿다', '한결같다', '확
신하다'라는 뜻의 동사 어근語根 'śrat'와 '지지하다', '받치
다', '간직하다'라는 뜻의 어미語尾 'dhā'가 결합한 것이다.
그러니까 '쉬랏다'라는 말은 신념을 간직하고 한결같이 믿
는 것이 확고한 상태라는 뜻이다. 그런 의미에서 쉬랏다로

---

7) 馬鳴,『大乘起信論』(T 1666, 권32, 575쪽 중단 16행), "論曰, 有法
能起摩訶衍信根. 是故應說……."
8) 馬鳴, 같은 책(T 1666, 권32, 575쪽 중단 14~15행), "爲欲令衆生,
除疑捨邪執, 起大乘正信, 佛種不斷故."

서의 불교의 믿음은 흔히 큰 산, 든든한 벽 또는 요지부동의 바위 등에 비유되곤 한다.

'쉬랏다' 말고도 초기 불교 문헌에서는 믿음에 해당하는 말로 '프라사다'(prasāda)와 '아디묵티'(adhimukti)라는 말도 사용한다. 쉬랏다는 한문에서 '신信' 또는 '문신聞信'이라고 번역되고, 프라사다는 '정신淨信', 아디묵티는 '해신解信'이라고 번역된다. 프라사다는 전치사 'pra'와 '가라앉다' 또는 '앉다'라는 뜻의 동사 어근 'sad'가 결합한 말이다. 그러니까 프라사드 또한 확고한 상태를 의미한다. 그리고 그 사전적 의미는 '깨끗하고 명확해지다' 또는 '평온해지다'라는 뜻이다. 이러한 뜻들을 종합해 보면, 프라사드는 '깨끗하고 평온한 상태에 확고하게 앉는다'는 뜻이라 하겠다. 한문으로 정신淨信이라 번역된 것도 그런 뜻을 반영하고 있다. 한편, 아디묵티라는 말은 전치사 'adhi'와 '놓여나다', '해탈하다'라는 뜻의 동사 어근 'muc'이 결합한 것이고, 일반적으로 '신뢰', '신념'이라는 뜻으로 쓰인다. 이런 뜻을 종합해 보면, 아디묵티는 '자유로운 상태에서 신념을 가지고 확고하게 머묾'이라는 뜻이라 할 수 있겠다. 결국 쉬랏다, 프라사다, 아디묵티 등으로 지칭되는 불교의 믿음은 '확고한 신념을 가지고 깨끗하고 평온하며 자유로운 상태에 머묾'이라는 뜻으로서, 수행과 깨달음을

이미 내포하고 있는 말이라고 이해할 수 있겠다.[9]

마지막으로, 불교의 수증론修證論에서 믿음이 핵심적
인 위치를 가진다는 점과 관련해서 제기되는 중요한 문제
한 가지는 믿음과 이해 사이의 관계가 무엇이냐 하는 것
이다. 믿음과 이해 사이의 관계 문제는 서구의 중세 신학
에서 가장 유명한 논쟁거리 가운데 하나였다. 성 아우구스
티누스(St. Augustinus)는 신앙을 최우선으로 하는 전통을
확립하였다. 그것을 가장 잘 나타내는 것이 앙셀름(Anselm)
의 금언, '이해하기 위하여 믿는다'(Credo ut intelligam)는 말
일 것이다. 아우구스티누스의 사상을 잇는 전통에서는 기
독교를 '이해를 구하는 신앙'이라고 일컬으며, 따라서 '철
학은 신학의 시녀'라고 주장한다. 신앙이 이해에 우선한다
는 아우구스티누스의 사상은 다음과 같은 구절에서 단적
으로 표명된다.

신앙은 이성에 선행한다. 신앙이 마음을 정화함으로써 보다
큰 이성의 빛을 지닐 수 있게 된다. 그래서 예언자의 말씀에,
"믿지 않으면 이해하지 못한다"(이사야 7:9)고 하였다. 믿음과

---

9) 불교에서 믿음이라는 말의 어원에 대해서는 마쓰나미 세이렌(松
濤誠廉)의 논문 「불교에서 믿음의 자리(佛教における信の地位)」
(일본불교학회 엮음, 『불교에서 믿음의 문제(佛教における信の問
題)』, 京都: 平樂寺書店, 1963) 참조.

이해를 구별하면서 그 예언자가 말하고자 한 것은, 우리는 우리가 믿는 것만을 이해할 수 있을 뿐이라는 것이다.[10]

그러니까 아우구스티누스에 의하면, 먼저 믿음을 일으키지 않으면 결코 이해할 수 없다. 그러나 아우구스티누스는 또 한편으로 신앙과 이해 사이에 심오한 상호 작용이 있음을 간파하고 있다. 그것은 아우구스티누스가 신앙을 '긍정적 사고'라고 정의한 데서 엿볼 수 있다. 여기에서 '긍정'이라고 한 것은 신앙에 들어 있는 감정과 의지의 측면을 다 함께 나타낸다. 아우구스티누스는 그러한 신앙과 이해의 상호 작용을 다음과 같이 설명하였다.

"이해함으로써 믿게 된다"는 말이나, 예언자의 말씀에 따라 "이해하려면 믿어라"고 하는 나의 말이나 모두 다 옳다. 둘 다 참을 말하고 있다. 그러니까 이해해야 믿을 수 있고, 또한 믿어야 이해할 수 있는 것이다. 어떻게 그 두 가지 의견이 서로 부딪치지 않고 다 수용될 수 있는가? 한 마디로, 하나님의 말씀을 믿으면 다 이해할 수 있다.[11]

---

10) Augustine, *Patrologia Latina*, J. Migne 엮음, Vol. 33, 453쪽.
   James A. Mohles, *Dimensions of Faith* (Chicago: Loyola University Press, 1969), 51쪽에서 재인용.
11) Augustine, *Sermon* 43, James A. Mohles, 같은 책, 46쪽에서 재인용.

아우구스티누스가 이렇게 말한 믿음과 이해의 불가분성은 12세기 한국의 위대한 선승禪僧 지눌知訥(1158~1218)이 화엄과 선 사상을 결합해서 전개한 이른바 원돈신해문圓頓信解門을 떠올리게 한다. 지눌에 의하면, 믿음(信)이 이해(解)와 닦음(行)과 깨침(證)의 단계에 선행해야 한다고 한다(앞에서도 말했듯이, 화엄 사상에서는 수행자가 거치는 쉰 두 단계를 흔히 믿음과 이해와 닦음과 깨침이라는 네 묶음으로 분류한다). 그러나 지눌은 믿음과 이해는 서로 뗄 수 없다고 말한다.

올바른 믿음이 일어나면, 반드시 이해가 따라야 한다. 영명연수永明延壽가 말하기를, "이해가 없는 믿음은 무명만 더할 뿐이고 믿음이 없는 이해는 그릇된 견해만 더할 뿐이다"라고 하였다. 그러므로 믿음과 이해가 함께 해야만 도道에 들 수 있음을 알아야 한다.[12]

그러나 지눌에게나 아우구스티누스에게나 믿음에 의하여 확립되는 이해란 알음알이, 즉 단순한 지적 이해가 아니라 일종의 '내면의 빛'임을 염두에 두어야 한다. 아

---

12) 知訥, 『眞心直說』(HPC 권4, 716쪽 상단 11~14행), "旣生正信, 須要解滋. 永明云, 信而不解, 增長無明, 解而不信, 增長邪見. 故知信解相廉, 得入道疾."

우구스티누스에게 신앙은 신성한 빛이 비춤을 뜻한다. 여기에는 '앎'에 관한 신플라톤주의의 이론이 반영되어 있다. 그리스도가, 달리 말하자면 하나님의 육화肉化된 말씀이, 우리의 영혼을 신앙의 빛으로 비추고 마음을 정화淨化하여 보다 큰 이성이 들어와 역사役事할 자리가 거기에 마련될 수 있다는 것이다. 지눌도 이와 비슷하게, 믿음과 함께 하는 이해를 '반조返照' 즉 '돌이켜 비춤'이라고 부르는데, 그 반조를 통하여 참마음을 깨닫는다고 한다. 물론 두 사람의 사상에는 근본적인 차이가 있다. 아우구스티누스에게 '빛이 비춤'이란 큰 이성에 비추어서 영원한 진리(예컨대 축복, 선함, 미덕 등)를 보고, 그 빛은 곧 하나님으로부터 오는 것임을 깨닫는다는 뜻이다. 아울러 이 세상은 신이 만들었으므로 바로 이 세상 속에서 신성神性이 반영됨을 본다. 신앙의 빛이 하나님을 직접 알게 해 주는 것은 결코 아니다. 한편, 지눌의 사상에는 그런 유신론적 체계를 적용할 수 없다. 영원불변의 신성이라는 개념도 없다. 그 대신에 우리 자신의 본성, 즉 참마음을 직접적으로 깨닫는 방법을 논하고 있다. 다음 장에서는 믿음을 통한 깨달음에 관해서 이야기하는 지눌의 이론이 무엇인지 살펴보기로 한다.

2장
깨친 이들의 믿음과 못 깨친 이들의 믿음
— 조신祖信과 교신敎信 —

불교에서 올바른 수행을 하고 올바른 깨침을 이루기 위한 출발점은 올바른 믿음을 일으키는 데 있다. 그러면 과연 무엇이 올바른 믿음인가? 바로 앞장에서 올바른 믿음은 '확고한 신념을 가지고 깨끗하고 평온하며 자유로운 상태에 머무는 것'을 뜻한다고 하였다. 그러나 불교의 믿음에는 두 가지 근본적으로 서로 다른 종류가 있다는 점에 유의할 필요가 있다. 이른바 조신祖信과 교신敎信이 바로 그것이다. 교신은 '나도 부처가 될 수 있다'는 신념임에 비해, 조신은 '나는 이미 부처이다'라는 확인이다. 따라서 교신은 깨침에 도달하기 위한 '예비 조건'이라 하겠지만, 조신은 이미 깨침 그 자체이다. 조신을 일으키면 단박에 깨친다. 지눌知訥은 『진심직설眞心直說』에서 조신과 교신을 다음과 같이 분명하게 구별하고 있다.

질문: 조문祖門의 믿음과 교문敎門의 믿음이 어떻게 다른가?
대답: 여러 가지로 다르다. 교문에서는 원인이 있으면 결과가
있다는 인과因果를 믿으라고 한다.…… 부처가 되는 결과를
추구하는 이들은, 긴 세월 동안 육바라밀다六婆羅密多를 행하
는 것이 원인이 되고 깨달음의 지혜(菩提)와 열반涅槃은 그에
따라 얻게 되는 결과라고 믿는다. 한편, 조문에서 올바른 믿음
이라 하는 것은 이와는 다르다. 거기에서는 유위有爲의, 즉 조
작적인 행위로 만들어지는 인과를 믿지 않는다. 다만 자기가
본래 부처이고, 누구나 다 불성佛性을 지니고 있으며, 열반이
라는 묘한 체體를 각자 이미 다 완전하게 제 몸으로 갖추고 있
는 것이다. 따라서 어디 밖에서 구할 게 아니라 원래 스스로
다 갖추고 있다는 것만을 믿으라고 한다.[1]

지눌에 의하면, 교신에서는 부처가 되기 위해 인과율
에 따라 점차 수행해 간다고 하는 반면에, 조신에서는 다

---

1) 知訥, 『眞心直說』(金呑虛 옮김, 『普照法語』, 서울: 法寶院, 1963,
   61쪽 상단~중단; *HPC* 권4, 715쪽 하단 17행~716쪽 상단 7행),
   "或曰, 祖門之信, 與敎門信, 有何異耶? 曰多種不同. 敎門令人
   天, 信於因果.…… 有樂佛果者, 信三劫六度爲大因, 菩提涅槃
   爲正果. 祖門正信, 非同前也. 不信一切有爲因果. 只要信自己
   本來是佛, 天眞自性人人具足, 涅槃妙體箇箇圓成, 不假他求,
   從來自備."

만 '나는 원래 부처'임을 확인하면 될 뿐 수행으로 인하여 부처가 되는 결과를 이루는 점진적 수행의 과정이 필요 없다고 한다. 따라서 조신은 돈오頓悟로 귀결된다는 이야기이다. 지눌의 조신 개념은 법장法藏(643~712)과 같은 시대를 살았던 중국의 화엄학자 이통현李通玄(646~740)으로부터 끌어온 것이다. 이통현의 공헌은 불교에서도 무엇보다 믿음이 우선적인 중요성을 가진다는 점을 강조한 데 있다. 그가 믿음을 강조한 목적은 화엄 사상의 실천적인 측면을 부각시키려는 데 있었다. 이통현에 의하면, 믿음이란 누구에게나 깨침이 가능하게 하며, 따라서 믿음은 곧 부처의 경지(佛地)로 들어가는 문이다. 더구나 그는 믿음에 대한 전통적인 이해를 뒤집고 새로운 의미를 부각시켰다. 믿음이란 점차 닦아 나가면 부처가 될 수 있다는 신념이 아니라 누구나 이미 부처임을 확인하는 것이라고 함으로써, 믿음의 의미에 대해 새로운 이해를 제시했던 것이다. 이통현은 화엄의 쉰 두 수행 단계 가운데 첫 단계인 십신十信에 관해서 논의하는 가운데 다음과 같이 말하였다.

십신의 단계에서 자기의 몸이 곧 부처의 몸과 똑같으며 인因과 과果가 별개가 아니라는 믿음을 이루지 못한다면, 그런 사

람은 결코 신해信解를 성취하지 못한다.[2]

『신화엄경론新華嚴經論』에서 이통현은 또 십신 가운데에서도 가장 첫 단계인 초신初信, 즉 처음 믿음을 일으키는 단계에 관해서 다음과 같이 말하였다. 이 구절은 『신화엄경론』을 요약한 지눌의 『화엄론절요華嚴論節要』에서도 인용되고 있다. 이통현에 의하면, 처음 믿음을 일으킬 때 다음 세 가지를 깨닫게 된다고 한다.

첫째, 자기의 몸과 마음이 본래 곧 법계法界임을 깨닫는다.……
둘째, 자기의 몸과 마음, 심지어 분별하는 성품조차도 본래 주체와 객체의 구별이 없으며, 또한 본래 확고한 지혜를 지닌 부처와 다르지 않음을 깨닫는다. 셋째, 자기의 마음이 올바른 것과 그릇된 것을 잘 가리는 그 묘한 지혜, 그것이 곧 문수사리文殊舍利와 다르지 않음을 깨닫는다. 믿는 마음이 처음 일어났을 때 바로 이 세 가지를 깨닫는다.[3]

이로써 이통현이 말하는 믿음이 어떤 것인지 드러났

---

2) 李通玄, 『新華嚴經論』(T 1739, 권36, 744쪽 중단 5~6행), "十信之中, 若不信自身與佛身因果無二者, 不成信解."

3) 李通玄, 같은 책(T 1739, 권36, 815쪽 상단 4~7행); 知訥, 『華嚴論節要』(HPC 권4, 827쪽 상단 3~8행), "一覺自身心本是法界白淨無染…… 二覺自身心分別之性本無能所本來是不動智佛. 三覺自心善簡擇正邪妙慧是文殊師利. 於信心之初覺此三法."

다. 믿음이 일어나자마자 자기의 몸과 마음이 곧 부처이고 문수사리이며 법계임을 단박에 깨닫는다. 지눌이 말하는 조신 즉 '내가 부처'임을 확인하는 것은 바로 이런 믿음의 개념을 바탕으로 하였다.

그러면 보리달마菩提達摩를 종조宗祖로 하는 선종禪宗에서는 교신과 조신이 어떤 역할을 하는가? 교신은 신수神秀(?~706)로부터 비롯되었다는 이른바 북종선北宗禪의 점오漸悟, 곧 점차 깨친다는 사상의 바탕이 된다. 반면에 조신은 혜능惠能(638~713)에서 비롯한다는 남종선南宗禪의 돈오頓悟 곧 몰록 깨친다는 사상의 기반이 된다. 호적胡適, 드미에뷰(Demieville), 세키구치 신다이(關口眞大), 야나기다 세이잔(柳田聖山) 등 많은 현대 학자들이 노력한 덕분에 선종과 그 여러 종파들의 성립 과정이 새로이 밝혀졌고, 보리달마가 과연 실제 인물인지, 그의 저술이라 하는 것들을 정말로 그가 썼는지, 혜능이 정말 지금까지 알려진 것과 같은 인물인지, 『육조단경六祖壇經』의 진짜 저자는 누구인지 하는 등의 문제들이 제기되었다. 이런 질문들을 제기한다는 것 자체가 아마도 불교인들뿐만 아니라 불교 사상을 연구해 온 전통적인 동아시아 불교학자들에게도 놀라운 일일 것이다. 선에 대한 그 이전의 연구는 주로 보리달마나 혜능 같은 인물의 사상을 깊이 파헤친다는 단 하나의 문제에만 몰두해 왔기 때문이다. 불교인이든 전통적인 불교학자들이든 보리달마가 정말로 중국에 왔느냐 하는 질문은 결코 던져 본 적이 없었다. 다만 왜 왔느냐, 그의 진정한 사상은 뭐냐, 그것을 어떻게 전해 주려 했느냐, 그리고 무엇보다도 어떻게 하면 그 사상의 의미를 완벽히 깨칠 수 있는가 하는 것만을 문제삼았을 뿐이었다.

보리달마는 왜 중국에 왔는가? 어느 문헌에 보면 보리달마 자신이 말하기를 "나는 사람들을 부처님으로 만들어 주기 위해서 온 게 아니라 그들이 이미 부처라는 얘기를 해주기 위해서 왔다"고 하였다. 남종선에서는 돈오의 교리를 말할 때면 흔히 이 이야기를 들먹이곤 했다. 보리달마의 말은 분명히 '나는 부처가 될 수 있다'는 교신을 부인하고 '나는 이미 부처이다'라는 조신을 내세우고 있다.

조신과 교신의 차이를 단적으로 드러내는 또 하나의 예가 『육조단경』에 나오는 두 게송偈頌이다. 하나는 신수가 지었다고 하고, 다른 하나는 혜능이 지었다고 하는데, 북종선의 점오 사상과 남종선의 돈오 사상을 대비시킬 때면 이 두 게송이 등장한다. 신수의 게송은 다음과 같다.

몸은 지혜의 나무요
마음은 밝은 거울과 같으니
언제나 부지런히 닦아 내서
먼지가 앉지 않게 할지라.[4]

한편, 혜능의 게송은 다음과 같다.

지혜의 나무라는 게 워낙 없고,
거울이라는 것도 원래 없으며,
불성은 언제나 깨끗한 그대로인데,
먼지 낄 데가 어디 있단 말인가?[5]

　신수가 지었다는 게송은 '나는 부처가 될 수 있다'는
교신을 반영하는 반면에, 혜능이 지었다고 하는 게송은
'나는 부처이다'라는 조신을 반영하고 있다.
　일본의 유명한 선승 도겐(道元)도 『정법안장正法眼藏』
에서 조신 사상을 강력하게 피력하고 있다.

　믿음은 억지로 갖는 것이 아니다. 그렇게 하고자 마음먹는다

---

4) 『六祖壇經』(T 2008, 권48, 348쪽 중단 24~25행), "身是菩提樹, 心
　如明鏡臺, 時時勤拂拭, 勿使惹塵埃."
5) 같은 책(T 2008, 권48, 349쪽 상단 7~8행), "菩提本無樹, 明鏡亦
　非臺, 佛性常淸淨(本來無一物), 何處惹塵埃."

고 해서 되지도 않고, 남이 강제해서 갖게 되지도 않는다.……
믿음은 인도와 중국을 거치며 조사들을 통해서 직접 전수되어
왔다.…… 믿음과 깨침은 하나이다. 깨침이 아닌 믿음은 진정
한 믿음이 아니다. 그래서 믿음은 정법의 바다에 들어가는 것
이라고 했다. 믿음을 성취하는 자리에 곧 부처와 조사의 깨침
이 있다.6)

여기에서 도겐은 믿음을 이루는 그 자체가 곧 부처와 조
사들의 깨침이라고 하고 있다. 부처와 조사는 자기가 이미
부처임을 깨친 이들이다. 그리고 그 믿음은 '조사들을 통
해서 직접 전수되어 왔다'고 했다. 지눌이 '내가 곧 부처'라
는 믿음을 조신 즉 조사들의 믿음이라고 명명한 것은 바로
그런 이유에서이다. 조사들의 전통에서는 올바른 믿음을
일으키는 것이 무엇보다도 중요한 문제이다. 돈오는 그런
믿음을 일으킴으로써만 가능하기 때문이다.

이쯤에서 우리는 두 가지 질문을 제기해야 한다. 그러
면 돈오는 정말 가능한가? 만약 가능하다면 그 조건은 무
엇인가? 만약 돈오가 진정으로 가능하다면 그것은 조신
을 기반으로 해서만 일어날 수 있다. 다시 말하면, 조신
은 그 자체가 돈오를 위한 조건이다. 왜 그런가? 화엄 사

---

6) Hee-Jin Kim, *Dōgen Kigen —Mystical Realist* (Tucson: The University of
Arizona Press, 1975), 81쪽.

상에서 말하는 십신, 십주, 십행, 십회향, 십지, 등각, 묘각 등 쉰 두 가지 수행 단계 구조를 상기해 보자. 그 구조에서 돈오는 어느 자리에 놓이는가? 그것은 그 첫 단계인 초발신심初發信心에 놓일 수밖에 없다. 그러니까 어떤 믿음을 바탕으로 하느냐에 따라서 점오냐 돈오냐가 결정된다. 돈오를 이루려면 내가 이미 부처임을 확인하는 그런 믿음을 가져야 한다. 처음에 믿음을 일으키는 그 자리가 바로 돈오가 실제로 일어나는 자리라고 하는 것도 바로 그런 이유에서이다.

3장
부처님 성품과 깨친 이들의 믿음
— 불성佛性과 조신祖信 —

조신祖信이란 '나는 부처'임을 확인하는 것이라고 했다. 그러면 '나는 부처'라는 선언은 무슨 뜻인가? 부처란 무엇인가? 불교의 역사는 지극히 복잡하고, 따라서 '부처'의 의미도 대단히 다양하게 이야기되었다. 그러나 여기에서는 일단 '부처'를 '연기緣起'(pratīyasamutpāda)의 실재라고 정의하겠다. 『중아함경中阿含經』에 보면 부처가 이렇게 말했다고 한다. "'연기'를 보는 이는 법法을 보고, 법을 보는 이는 곧 '연기'를 본다."[1] 그리고 상응부相應部 경전에 보면 이런 말도 있다. "법을 보는 이는 나를 보고, 나를 보는 이는 법을 볼 것이다."[2] 이 두 구절을 합쳐

---

1) 『中阿含經』(T 26, 권1, 467쪽 상단 9~10행); *Majjhima-nikāya* (Sutta 28, Vol. 1, 190~191쪽), "若見緣起便見法, 若見法便見緣起."

보면, 부처란 연기의 세계 즉 모든 법(물리적, 정신적 개별 현상과 존재)이 인연으로써 서로 의지하여 일어나는 세계 그 자체를 가리킨다고 이해할 수 있다. 그러니까 '나는 부처'라 함은 곧 '나는 연기적 존재'라는 뜻이다.

화엄 사상의 핵심 개념 가운데 하나인 '법계法界'는 전통적으로 연기의 세계라고 정의되어 왔다. 이에 대해서는 우이 하쿠주(宇井伯壽)가 자세히 설명한 바 있다.[3] 그러니까 화엄 불교에서 '나는 부처'라 함은 곧 '나는 법계다'라는 뜻이다. 그런 까닭에 이통현은 처음 믿음을 일으킬 때에 자기의 몸과 마음이 곧 법계와 하나임을 깨닫는다고 하였다. 결론적으로 '나는 부처'임을 확인한다는 뜻의 조신은 곧 연기의 법계를 깨닫는다는 것을 가리킨다.

용수龍樹는 『중론中論』(Madyamakakārikā)에서 연기를 '공空'(śūnyatā)으로 정의한다. "인연으로 생기는 모든 법을 일컬어서 공이라고 한다."[4] 그러니까 '나는 부처'임을 확인한다는 것은 바로 모든 사물의 공성空性 즉 연기성을 깨닫는다는 뜻이다. 조신을 일으킨다는 것은 사실상

---

2) *Saṃyutta-nikāya* (Saṃyutta 22, 87, Vol. 3, 120쪽).

3) 우이 하쿠주(宇井伯壽), 『印度哲學研究』 권2(東京: 甲子社書房, 1927), 261~343쪽.

4) 龍樹, 『中論』(T 1564, 권30, 33쪽 중단 15행), "衆因緣生法, 我說 卽是空."

반야般若(prajñā) 즉 '공, 연기를 깨달은 지혜'를 성취한다는 뜻이다. 다시 말해, 조신을 일으킨다 함은 모든 법이 공하며 연기에 의해 일어남을 몰록 깨치는 것이다. 바로 이 점에서 불교의 믿음은 유신론적 종교의 신앙과 다르다. 그것은 경전의 진리나 구속자救贖者의 신성神性, 또는 초월적 신의 존재에 대한 믿음이 아니고, 연기 즉 모든 현상의 공성을 직접 체득하는 것을 뜻하기 때문이다.

조신의 특성은 공과 연기의 깨침이 단박에 이루어진다고 하는 데 있다. 이것이 과연 어떻게 가능할까? 돈오 사상의 전통에서 흔히 하는 설명으로는, 모든 법은 연기로써 생겨나며 바로 그런 의미에서 모든 법이 원래 부처와 다르지 않기 때문에 돈오가 가능하다고 한다. 모든 법이 원래 부처라면 당연히 언제라도 돈오가 일어날 수 있다. 다시 말해, 모든 법의 존재가 원래 공성을 바탕으로 하고 있기 때문에 돈오가 가능한 것이다.

위의 이야기를 요약하자면 다음과 같이 말할 수 있다. 부처는 연기이고, 모든 법은 연기로써 일어나므로 모든 법은 원래 부처이다. 돈오의 근거, 다시 말해 '나는 부처'라는 조신의 근거는 바로 거기에, 즉 모든 법은 원래 부처라는 데 있다. 이렇게 볼 때 불교에서 올바른 믿음은 '나는 부처가 될 수 있다'는 교신이 아니라 '나는 부처이다'

라는 조신임이 분명해진다. 달리 말하자면, 깨친 이들의 믿음이 올바른 믿음이지 못 깨친 이들의 믿음이 올바른 믿음일 수는 없다.

조신이 곧 연기를 깨닫는 것이라는 대목은, 프리드리히 슐라이어마허(Friedrich Schleiermacher, 1768~1834)의 신앙 개념과 연관시켜 볼 수 있겠다. 그는 신앙을 '절대의존의 감정'이라고 정의했다. 그는 『기독교의 신앙』이라는 저서에서 다음과 같이 말하고 있다.

……신에 대한 신앙이란 바로 확고한 절대의존의 감정이다. 즉 자신은 자기 밖의 어떤 존재에 의존한다는 감정과 그 의존 관계의 표현이 바로 신에 대한 신앙이다.[5]

신앙을 두고 절대의존의 감정이라고 한 슐라이어마허의 정의는 많은 시사점을 담고 있다. 대승불교의 조신에 대해서도 이와 똑같은 정의를 적용할 수 있다. 다만 대승불교에서는 '의존'의 뜻이 절대타자인 초월적 신과의 관계를 말하는 것이 아니라, 모든 법의 상호 의존성 즉 연기를 말한다는 점이 다르다. 그 점만 전제한다면 조신을

---

5) Friedrich Schleiermacher, *The Christian Faith*, H. Mackintosh, J. Steward 엮음 (New York: Harper & Row, 1941), 68쪽.

'절대의존의 감정'이라고 하지 못할 이유가 없겠다. 즉, '나는 부처이다'라고 확인하는 조신은 곧 자신을 포함하여 모든 법이 연기적인 존재임을 철저하게 깨닫고 느끼는 것이라고 할 수 있다.

한편, 우리의 논의를 불성佛性 개념과 연관시켜서 전개해 볼 수도 있겠다. 대승불교에서 불성 개념은 누구나 깨침을 이룰 수 있을 뿐만 아니라 더욱이 몰록 깨칠 수 있다는 교리의 주춧돌이 된다. 모든 중생은 불성을 가지고 있기 때문에 언제라도 단박에 깨침을 이룰 수 있다는 것이다. 그러나 이러한 불성 개념이 이해되기까지는 긴 논쟁의 과정이 있었다. 4~5세기에 활약한 중국의 승려 도생道生(?~433)은 『열반경涅槃經』을 연구하다가 '모든 중생이 불성을 가지고 있으며 누구나 돈오할 수 있다'는 결론을 내놓았다. 그러나 동료들은 이를 받아들이지 않았고, 이단이라고 해서 그를 종단에서 쫓아내려고 했다. 그러나 도생은 모든 중생이 불성을 가지고 있으며, 또한 돈오하여 성불할 수 있다는 주장을 굽히지 않았다. 도생에게는 다행스럽게도 곧이어 다르막세마(Dharmaksema, 曇無讖, 388~433)에 의해 『열반경』의 보다 완벽한 번역판 『대반열반경大般涅槃經』이 출간되었다. 이 경전에는 분명히 모든 중생이 다 불성을 가지고 있으며, 누구나 성불할 수 있다는 구절들이 있다. 그러자 자연히 판도가 바뀌었다. 도생을 비난했던 승려들이 이제는 그의 통찰력을 존경하지 않을 수 없게 된 것이다.[6]

그러나 불성에 관한 논쟁은 거기에서 끝나지 않고 그 뒤에도 계속 이어졌다. 여러 종파에서 불성에 관한 다양한 해석을 제시했는데, 그들의 쟁점을 축약한다면 다음 두 견해 사이의 충돌이었다고 할 수 있겠다.

1. 모든 중생은 불성을 가지고 있다.

2. 중생 가운데에는 불성을 가지지 못한 부류도 있다.

첫 번째 견해는 도생과 그를 지지하는 이들의 주장이었고, 두 번째 견해를 처음 내놓은 것은 현장玄奘(622~664)의 법상종法相宗이었다. 현장의 제자 규기窺基(632~682)는 '모두'라는 말을 말 그대로 모두라고 해석하지 않고, '거의 모두'라는 뜻이라고 해석해 버렸다. 그것은 중생에게는 다섯 가지 부류가 있는데, 그 가운데 일천제一闡提(icchāntika)라는 부류는 불성이 없으므로 부처가 될 가능성도 없다고 한 전통적인 교리를 근거로 한 해석이었다. 뒤에 화엄종의 법장法藏(643~712)은 도생과 규기 모두 각자교의의 일면만을 보았다고 비판하였다. 법장에 의하면,

---

6) Kenneth Ch'en, *Buddhism in China* (Princeton: Princeton University Press, 1964), 112~120쪽 참조.

초기의 가르침에서는 중생의 여러 부류를 인정하였지만, 마지막 궁극적 가르침에서는 중생에게 오로지 하나의 성품 즉 불성만 있다고 가르쳤다는 것이다.[7]

불성 사상 연구의 권위자 도키와 다이죠(常盤大定)는 불성에 관한 논쟁에서 법장이 제시한 견해를 다음과 같이 요약하였다.

첫째, 불성은 원리로서는 보편적이지만 실제로 닦아 나가는 데에서는 개별적인데, 불성의 이 두 측면은 서로 연기의 관계에 있다. 둘째, 인간이 서로 다른 것은 본성의 차이 때문이 아니라 수행의 경지 차이 때문이다. 셋째, 그러므로 수행자는 경지의 발전을 밟아 나가는 데 주력해야 한다.[8]

이러한 법장의 견해는 분명히 그의 여래장연기如來藏緣起(tathāgatagarbha-pratīyasamutpāda) 사상을 바탕으로 하고 있으며, 또 그의 여래장연기 사상은 일심一心에 진여문眞如門과 생멸문生滅門 두 면이 있다고 하는『대승기신론』의 일심이문一心二門 사상을 바탕으로 하고 있다. 다카사키 지키도(高崎直道)에 의하면, 여래장은 불성과

---

7) 도키와 다이죠(常盤大定),『불성연구(佛性の硏究)』(東京: 國書刊行會, 1979), 1~34쪽 참조.

8) 도키와 다이죠(常盤大定), 같은 책, 25쪽, 278~308쪽.

동의어이다.9) 여래장이란 여래가 될 원인이 중생에게 있다는 뜻이다. "모든 중생이 불성을 갖고 있다"고 한『열반경』의 구절과 "모든 중생이 여래장을 갖고 있다"고 한『보성론實性論』(Ratnagotravibhāsa)의 구절에 담겨 있는 구원救援의 메시지는 사실상 같은 것이다.『보성론』에 다음과 같은 대목이 있다.

　　모든 중생의 세계가 부처의 지혜와 함께 하며
　　그 청정한 성품과 몸이 부처와 중생에게서 각각이 아니므로,
　　모든 부처님의 평등한 법성의 몸에 의거해 보면
　　모든 중생이 여래장을 갖고 있음을 알라.10)

　그러니까 모든 중생이 예외 없이 부처로서의 성품을 가지고 있다는 불성 사상과 여래장연기 사상은 조신 및 돈오의 교리에 근거를 마련해 준다고 볼 수 있다. 한편, 불성에 관한 논의를 좀더 확장해서 이른바 삼신三身(trikāya)의 개념과 연관해서 이해해 볼 수도 있겠다. 원래

---

9) 다카사키 지키도(高崎直道),『여래장 사상의 형성(如來藏思想の形成)』(東京: 春秋社, 1974), 6쪽.
10)『實性論』(T 1611, 권31, 813쪽 하단 25~28행); 다카사키 지키도(高崎直道), 같은 책, 20쪽; Ratnagotravibhāgza I, 27, "一切衆生界, 不離諸佛智/ 以彼淨無垢, 性體不二故/ 依一切諸佛, 平等法性身/ 知一切衆生, 皆有如來藏."

부처 즉 '붓다'라는 말은 단순히 '깨친 이'라는 뜻으로서, 깨침을 이룬 고타마 싯다르타를 부르는 열 가지 호칭 가운데 하나였다. 석가모니가 제자들에게 자기를 신격화하지 말라고 경고했다는 것은 잘 알려진 이야기이다. 그러나 『묘법연화경妙法蓮花經』을 보면 부처의 몸이 영원하다는 점을 강조하고 있다. 부처의 몸에는 우선 색신色身(rūpakāya)과 법신法身(dharmakāya) 두 가지가 있으니, 이것은 각각 육신으로서의 몸과 진리 그 자체로서의 몸을 말한다. 색신은 영원하지 않지만 법신은 영원하다. 하지만 불교 사상가들은 색신과 법신이라는 두 가지 몸을 연결시키는 데 곤란함을 느끼게 되자 또 하나의 몸 즉 보신報身(sambhoga-kāya)이라는 개념을 도입하게 되었다. 보신은 수많은 겁劫의 세월 동안 수행하고 서원을 지킴으로써 부처가 얻게 된 서른 두 가지 상호相好(신체상의 특징)를 드러내는 몸을 말한다. 유식 불교의 전통에서는 자성신自性身(svābhāvika-kāya), 응신應身(sāmbhogika-kāya), 화신化身(nairmāṇika-kāya)을 부처의 세 가지 몸으로 든다. 여기서 자성신과 화신은 각각 위에서 말한 법신과 색신에 해당한다.

삼신 개념에서 독특한 것은 보신의 개념이다. 보신은 법열法悅 즉 진리의 즐거움을 상징한다. 여기에는 두 가지 측면의 즐거움이 있다. 하나는 고타마 싯다르타가 보리수 아래에서 깨달음을 얻은 즐거움이고, 다른 하나는 그의 가르침을 듣는 이들의 즐거움이다. 중생에게 진리의 가르침을 드러내 주는 부처로서는 다른 어떤 불신보다도 이 보신이 가장 중요하다. 부처와 관련된 모든 것은 보편자로서의 부처를 가리키는 법신 개념, 즉 공空의 측면을 바탕으로 하고 있지만, 중생의 입장에서 볼 때 법신은 너무 추상적이고 거리가 멀다. 한편, 색신으로서의 부처는 또 너무 평범하고 무상無常하다. 그러나 보신에는 영원한 진리 그 자체로서의 측면과 무상한 육신의 측면이 모두 들어 있다. 그렇다면 문제는 과연 부처의 세 몸이 어떻게 보신을 통하여 연관되는가 하는 데 있겠다.[11]

나가오 가진(長尾雅人)은 유명한 논문 「불신설佛身說에 대하여」에서 다음과 같이 말하였다.

그러니까 보신에는 두 가지 성격이 있음을 알 수 있다. 인간으로서의 붓다(색신)를 넘어선다는 면이 그 하나이고, 절대로서의 의미(법신)를 구체적으로 표출한다는 면이 또 다른 하나이다. 달리 말하자면, 보신은 초월적이면서도 동시에 현상적이

---

11) 나가오 가진(長尾雅人), 『중관과 유식(中觀と唯識)』(東京: 岩波書店, 1978), 271~276쪽.

고, 역사적이면서도 또한 동시에 초역사적이라는 식으로 상반된 두 면을 한꺼번에 가지고 있다. 역사적인 붓다와 초역사적인 불신佛身을 대조해서 이야기할 때에는 대개 색신과 법신이라는 이신二身 개념만을 동원하곤 한다. 하지만 보신은 역사적 붓다를 바탕으로 하면서도, 초역사적이며 절대적인 법성法性을 시공간 속에서 표출하는 개념이다. 보신으로서의 아미타불에 관한 이야기는 단순히 역사 이전 어느 단계의 신화가 아니다. 그것을 굳이 신화라고 부른다 할지라도 그 이야기는 역사와 초역사의 결합을 통해서 생겨난 것이다. 붓다의 몸에 있는 32 상호가 곧 보신을 가리킨다는 점, 그리고 서방정토를 비롯한 불국토가 언제나 보신으로서의 붓다와 연관해서 이야기된다는 점도 보신이 지닌 바로 그러한 특징 때문이다.

나가오는 계속해서 다음과 같이 말한다.

이처럼 두 가지 성격을 한꺼번에 지닌 보신은 법신과 색신 사이에 위치해서 그 둘 사이의 가교 역할을 한다. 아니, 그보다는 삼신 교리에서 중추가 되는 것이 보신이라 하는 것이 옳겠다. 불교의 구원론은 보신이 지닌 이 이중의 성격을 축으로 해서 전개된다. 그런 의미에서 보면 바로 이 보신이 진정한 부처의 몸이라고 해야 할 것이다.[12]

---

12) Gadjin Nagao, "On the Theory of Buddha-Body (Buddha-kāya)", *The Eastern Buddhist*, 6/1 (May 1973), 36~37쪽.

위의 인용문에서 나가오는 보신을 이해하려면 고타마 붓다의 대각大覺 체험과 설법을 통해서 사람들도 그 체험의 즐거움을 함께 할 수 있게 해 준다는 점과 연관시켜야 한다고 말한다. 스티르마티(Sthirmati)도 '보신이란 법신이 깨침을 이루는 사건을 가리키는 개념'이라고 해서 같은 점을 지적하였다.[13]

나가오는 법신과 보신의 관계를 『대승기신론』에서 말하는 본각本覺과 시각始覺의 관계에 비추어 설명하고 있다. 『대승기신론』에 의하면, 본각이란 중생이 번뇌 속에 살면서 원래 이미 지니고 있는 불성을 가리킨다. 그리고 시각이란 번뇌를 여의고 깨침을 이루는 사건을 가리킨다. 그런데 이 대목에서 『대승기신론』이 강조하는 중요한 점은 본각과 시각이 별개가 아니라는 것이다. 그러니까 이런 논리에 따르자면 부처의 법신과 보신 또한 서로 별개가 아니라는 이야기가 된다.[14]

그러나 중생이 직접 볼 수 있는 것은 색신과 보신뿐이다. 중생은 법신을 직접 보지 못하고 보신을 통해서만 볼

---

13) Gadjin Nagao, 같은 글, 36쪽 및 주 15 참조.
14) Gadjin Nagao, 같은 글, 36쪽 및 주 16 참조. 또한 Yoshito Hakeda, *The Awakening of Faith* (New York: Columbia University Press, 1967), 37~38쪽 참조.

수 있다. 그런데 중생에게는 보신과 색신이 똑같아 보인다는 데에 어려움이 있다. 범부의 눈에는 보신도 색신으로만 보인다. 그러므로 수행자는 색신에서 보신을 보도록 노력해야 한다. 보신을 볼 수 있다면 곧 색신에서 법신을 보는 셈이 된다. 그렇기 때문에 보신이 부처의 몸 가운데 가장 중요하다고 하는 것이다.

보신을 통해서 색신에서 법신을 본다는 것은 기독교로 말하자면 예수에게서 성부聖父를 보는 것과 같다. 「요한복음」에 보면, 예수가 다음과 같이 말하였다.

"너희가 나를 알았다면 내 아버지도 알았으리로다. 이제부터는 너희가 그를 알았고 또 보았느니라." 빌립이 가로되, "주여 아버지를 우리에게 보여 주옵소서. 그리하면 족하겠나이다." 예수께서 가라사대, "빌립아, 내가 이렇게 오래 너희와 함께 있되 네가 나를 알지 못하느냐? 나를 본 자는 아버지를 보았거늘 어찌하여 아버지를 보이라 하느냐? 나는 아버지 안에 있고 아버지는 내 안에 계신 것을 네가 믿지 아니 하느냐?…… 내가 아버지 안에 있고 아버지께서 내 안에 계심을 믿으라."[15]

쿠마라스와미(A. K. Coomaraswamy)는 『부처와 불교의 복음』이라는 저서에서 부처의 법신, 보신, 색신은 각각

15) 「요한복음」 14:7-11.

성부, 영광의 그리스도, 가시적인 예수에 상응한다고 말하였다.[16] 기독교인들이 영광의 그리스도를 통해서 예수에게서 하나님을 볼 수 있어야 하는 것과 마찬가지로, 불자들은 부처의 보신을 통해서 색신에서 법신을 볼 수 있어야 한다. 하지만 불교와 기독교의 유비類比는 이쯤에서 선을 그어야 한다. 기독교에서는 신성神性이 예수에게만 허용되는 반면, 불교에서는 불성佛性이 고타마 싯다르타뿐 아니라 모든 중생에게 똑같이 있다고 하는 점에서 근본적으로 다르기 때문이다.

그러면 어떻게 해야 보신을 통해서 색신에서 법신을 본다는 말인가? 그에 대한 대답은, 한 마디로 조신 즉 깨친 이의 믿음을 일으켜야 한다는 것이다. 다시 말해, 나의 불성뿐 아니라 만인의 불성을 확인하는 조신을 일으켜야만 색신에서 법신을 볼 수 있다. '나'는 색신이고 '부처'는 법신인데, '나는 부처이다'라는 조신으로써 색신과 법신을 연결하는 것이 바로 보신이다. 그러니까 조신을 일으킨다 함은 보신을 매개로 해서 색신에서 법신을 본다, 못 깨친 이들에게서 깨친 이를 본다, 자기를 포함해서 모든 범부들에게서 부처를 본다는 얘기가 된다.

---

16) A. K. Coomaraswamy, *Buddha and the Gospel of Buddhism* (Bombay, Asia Publication House, 1956), 239쪽.

4장
몸과 몸짓
— 체용體用과 능소能所 —

'나도 부처님이 될 수 있다'는 것은 교신敎信 즉 못 깨
친 이들의 믿음이다. 그러니까 거기에서는 나와 부처님
사이에 거리가 있음을 전제한다. 그러니까 부처님은 신
앙의 대상, 예배의 대상이 된다. 거기에는 주체와 대상을
둘로 나누어 보는 주객이분법主客二分法의 구조가 작동
하고 있다. 그것을 한문 용어로는 능소能所의 구조라고
한다. 그런 믿음은 '무엇 또는 누구에 대한 믿음'이다. 이
를테면 '나는 부처님을 믿는다'라든가, 기독교라면 '나는
신을 믿는다' 또는 '나는 예수 그리스도를 믿는다'라는
식으로 표현되는 믿음이다. 윤회 속에 살아가는 중생의
삶은 그런 능소의 구조 즉 주객 분별의 구조에 지배된다.
눈이 형상을 보고, 귀가 소리를 들으며, 코가 냄새를 맡

고, 혀가 맛을 보며, 몸이 촉감을 느끼고, 의식은 관념을
인식한다는 식으로 안이비설신의眼耳鼻舌身意라는 여섯
가지 지각知覺 및 감각기관感覺器官과 그에 대응하는 색
성향미촉법色聲香味觸法이라는 여섯 가지 대상 사이에
서만 그런 분별이 작동하는 것이 아니다. 창조주와 피조
물, 삶과 죽음, 원인과 결과, 생겨나고 없어짐 등이 모두
그런 분별의 예이다. 그 분별적 능소의 구조에 집착하는
한 자기 자신이 이미 온전히 부처님이라는 것을 알 도리
가 없다. 부처님은 저기 어디 바깥에서 찾아야 할 대상일
뿐이고, 우리 자신이 부처가 될 수 있는 가능성이 있다고
믿을 뿐이다.[1]

그러나 조신祖信 즉 깨친 이들의 믿음에서는 부처를
객체화하지 않는다. '내가 본래부터 이미 부처'이므로 찾
을 대상도 믿음의 대상도 없다. 임제의현臨濟義玄 선사
는 "부처를 만나면 부처를 죽이고 조사祖師를 만나면 조
사를 죽이라"고 하였다. 분별 타파를 극단적으로 밀어붙
이는 선禪의 태도를 단적으로 표현한 말인데, 이는 바로

---

1) 동아시아의 불교 문헌에서는 대개 동사의 주어와 목적어를 구별
할 때 능소라는 말을 사용한다. 주어를 '能'이라고 하고 목적어를
'所'라고 하는 것이다. 그러나 본서에서는 넓은 의미로 주객 즉
'kāraṇa'와 'kārya'를 구분하는 모든 분별적 사고방식을 가리키는
뜻으로 이 말을 사용한다.

깨친 이들의 믿음을 바탕으로 한 태도인 것이다.[2] 조신은 어떤 대상에 대한 믿음이 아니다. 조사들 즉 깨친 이들을 믿는 것이 조신이 아니다. 그 깨친 이들의 믿음이 조신이다. 못 깨친 이들의 믿음은 능소 분별의 구조를 바탕으로 하는 반면에, 깨친 이들의 믿음은 분별없는 불이적不二的 체용體用의 구도를 바탕으로 한다. 동아시아의 해석학 전통에서 '체體'는 본질적이고 내적이며, 따라서 눈에 보이지 않는 면을 가리킨다. 그 체가 움직여 드러나고 일을 하는 면을 '용用'이라고 한다. 그러니까 용은 현상적이고 외적이며, 따라서 눈에 보이는 면을 가리킨다. 그러나 체용의 개념이 그 두 면을 갈라놓으려고 고안된 것은 결코 아니다. 반대로 체용이라는 개념틀은 언뜻 보기에는 별개인 듯한 그 두 면이 실제로는 불가분의 불이적 관계임을 이야기하고자 고안되었다.[3]

---

2) 『臨濟錄』(T 1985, 권47, 500쪽 중단 22~23행); 야나기다 세이잔(柳田聖山), 『臨濟錄』(東京: 大藏出版株式會社, 1972), 139~40쪽 참조, "逢佛殺佛, 逢祖殺祖."

3) 湯用彤은 그의 『漢魏兩晉南北朝佛敎史』(上海, 1938)에서 체용의 개념은 위, 진, 남북조에 걸쳐 중국의 사상가들 사이에 가장 많이 퍼져 있는 개념틀 가운데 하나라고 지적했고(333쪽), 이후 그 주제에 대한 많은 연구가 이루어졌다. 가장 주목할 만한 업적들은 다음과 같다: 구수노모토 마사쓰게(楠本正継), 「전체대용의 사상(全體大用の思想)」, 『日本中國學會報』 4(1952), 76~96쪽; 시마다

나는 편의상 체용을 '몸'과 '몸짓'이라는 말로 바꾸어
서 이야기하고자 한다. '체'를 '몸'이라 하고 '용'을 '몸
짓'이라고 하자는 것이다. 몸이 움직여 일을 하며 드러나
는 것이 몸짓이다. 그러므로 생명 있는 몸이라면 반드시
몸짓이 나온다. 우리가 보는 것은 몸짓뿐이다. 그러나 몸
짓이 몸과 별개로 벌어지고 존재할 수는 없다. 몸이 있으
면 반드시 몸짓이 있고, 몸짓이 있으면 그것은 반드시 몸
으로부터 나온다. 따라서 몸과 몸짓은 일단 구별할 수는
있지만 원래 하나이다.

　중국의 초기 선서禪書 가운데 하나인『육조대사법보
단경六祖大師法寶壇經』에 보면 등잔과 등불의 비유가 나
오는데, 이것은 몸과 몸짓의 불이不二 관계를 잘 드러내
준다. 등잔은 몸이요 그 빛은 몸짓인데, 그 둘은 불가분
이다.4) 그러니까 몸과 몸짓이라는 개념은 주체와 객체,
수단과 목적, 원인과 결과, 생겨남과 없어짐, 삶과 죽음

겐지(島田虔次),「체용의 역사에 대하여(體用の歷史に寄せて)」,
『塚本博士頌壽紀念佛敎史學論叢』(京都: 1961), 416~430쪽; 히
라이 슌에이(平井俊榮),「중국불교와 체용사상(中國佛敎と體用
思想)」,『理想』549(1979년 2월), 60~72쪽.
4)『六祖大師法寶壇經』(T 2008, 권48, 352쪽 하단 14~24행), "有燈
卽光, 無燈不光. 燈是光之體, 光是燈之用, 名雖有二, 體本同一
(등이 있으면 빛이 있고, 등이 없으면 빛도 없다. 등은 빛의 몸이
요 빛은 등의 몸짓이니, 이름은 달라도 그 본체는 하나이다)."

등의 이분법에서 볼 수 있는 분별의 사고방식을 불식하기 위해, 그리고 그런 분별의 사고방식에서 비롯되는 온갖 그릇된 행동을 치유하기 위해 고안된 것이다.

몸은 실제의 본질적 내면이기 때문에 중생들의 눈에 안 보이고, 몸짓은 겉으로 드러나 눈에 보이는 현상의 면이기 때문에 중생들은 대개 이 몸짓만을 볼 수 있을 뿐이다. 오직 깨친 이 즉 부처님만이 몸을 볼 수 있다. 그러니까 중생들은 부처님의 활동 즉 몸짓에만 매달릴 것이 아니라, 부처님의 지혜 즉 몸도 간파하여야 한다. 부처님의 몸을 간파하지 못한다면 부처님의 몸짓도 결국에는 중생의 차원으로 끌어들여서 이해하는 데 그치게 된다. 불교의 신행은 단순히 부처나 조사의 몸짓, 그 행동을 모방하는 것이 아니다. 그들의 몸을 보고 그것을 자기 자신의 몸으로 구현해야 하는 것이다. 제 몸이 부처님의 몸이 되면 부처님의 몸짓이 저절로 나온다.

이렇듯 주객 분별의 능소 구조를 바탕으로 하는 교신과, 몸과 몸짓이 둘이 아니라는 체용의 구도를 바탕으로 하는 조신은 근본적으로 다르다. 교신에서 부처님은 믿음의 대상이다. 그러나 조신에서 부처님은 외부의 객체가 아니라 곧 중생의 마음, 중생의 본체, 본래의 몸이며, 믿음은 그 몸으로부터 자연스럽게 나오는 몸짓이다.

7세기 통일신라 시대에 활동한 한국의 저명한 승려이자 사상가인 원효元曉(617~686)도 몸과 몸짓의 논리를 가지고 불교를 설명하였다.[5] 그의 『대승기신론소大乘起信論疏』는 법장法藏(643~712)의 『대승기신론의기大乘起信論義記』와 혜원慧遠(523~592)의 『대승기신론의소大乘起信論義疏』와 함께 『대승기신론大乘起信論』의 삼대 주석서로 평가되어 왔다.[6] 원효에 의하면, 『대승기신론』은 몸과 몸짓의 논리로써 불교를 해석하여 '모든 분쟁을 조화시키고 일관되게 회통하는'(和諍會通) 불교를 세우려고 한 논서이다. 즉 어느 특정 종파의 입장에 서지 않고 통불교通佛敎를 세우려고 한 논서라는 것이다. 그리하여 원효는 『대승기신론』의 주요 개념들을 몸과 몸짓의 논리를 가지고 풀어냄으로

---

5) 원효가 한국 불교사에 있어 가장 잘 알려진 사람이라는 것은 의심할 여지가 없다. 원효는 방대한 양의 저서들을 유산으로 남겼다. 그는 거의 모든 종류의 불교 사상을 섭렵하면서 방대한 양의 저서를 통해 그의 독창적인 사상을 피력하였다. 『신라불교의 이념과 역사』라는 책을 쓴 조명기 교수에 의하면, 원효는 98권의 책을 썼고 그 가운데 20권의 책만이 남아 있다고 한다. 이들 현존하는 저서는 모두 『韓國佛敎全書』권1(서울: 동국대학교 출판부, 1979), 480~843쪽에 실려 있다. 일본에서 나온 주요 원효 연구 업적은 양은용 엮음, 『신라원효연구』(이리: 원광대학교 출판부, 1979)에 실려 있다.

6) 『大乘起信論』에 대한 가장 유명한 이 세 권의 疏는 T 1843~1847, 권44, 175~295쪽에 실려 있다.

써 그 깊은 의미들을 파악할 수 있었다. 예를 들어 『대승기신론』의 첫머리에 나오는 귀명게歸命偈 첫 줄을 해석하면서, 원효는 거기에 언급된 부처의 지혜智慧와 자비행慈悲行 사이의 관계를 몸과 몸짓의 관계로 풀고 있다. 부처의 지혜는 몸이고, 자비행은 그 몸으로부터 나오는 몸짓이다. 따라서 그 둘은 서로 떼어놓을 수 없는 하나라는 것이다.[7]

또한 원효는 '대승기신론' 제목을 몸과 몸짓의 구도에 적용해서 해석하였다. 동아시아의 전통적 문헌 주석에서는 '대승기신론' 제목을 어떻게 풀이하느냐 하는 것을 매우 중요하게 여겼다. 『대승기신론』 전체의 요지를 드러내는 데 있어 그 제목의 풀이가 관건이 된다고 생각했기 때문이다. '대승기신론'이라는 제목에 대한 원효의 풀이를 보면, 조신을 이해하는 하나의 열쇠를 찾을 수 있을 뿐만 아니라 『대승기신론』 전체의 핵심을 파악하는 열쇠도 얻을 수 있다. 지금까지 대부분의 주석가들은 '대승에 대한 믿음을 일으키는 데 대한 논'이라는 식으로 그 제목을 읽었다. 그렇게 읽으면 '대승大乘'이 '기신起信'의 대

---

7) 원효의 몸과 몸짓 논리에 대한 좀더 자세한 논의는 졸고 "A Comparative Study of Wŏnho and Fa-tsang on the Ta-ch'eng ch'i-hsin lun," *Papers of the 1st International Conference on Korean Studies*(성남: 한국정신문화연구원, 1979), 579~597쪽 참고.

상이 되고, 따라서 주객 분별의 능소 구도가 되고 만다.
그것은 『대승기신론』뿐만 아니라 대승불교 일반의 기본
전제에도 어긋난다. 원효는 '승乘'을 '기신'의 대상으로
보지 않는다. 대승이란 큰 수레 즉 중생의 일심一心을 가
리키며, 그것이 몸이 되어 믿음을 일으키는 몸짓을 행한
다는 식으로 해석하였다. 원효는 다음과 같이 말하였다:

총괄하여 말하자면, 대승이 이 논의 궁극적인 몸(宗體)이요 믿
음을 일으키는 것이 이 논의 뛰어난 몸짓이니, 논의 몸과 몸짓
을 함께 거론하여 제목을 지은 까닭에 '대승기신론'이라는 이
름이 되었다.[8]

원효는 이와 같은 방식으로 '대승기신론'에 대하여 능
소의 구도가 아닌 몸과 몸짓을 가지고 해석의 틀로 삼았던
것이다. '대승의 믿음', 조신으로서의 믿음은 일심이라는
몸이 일으키는 몸짓이다. 그러니까 '대승기신' 즉 대승의
믿음을 일으킨다'는 말은, 곧 '마음이 본연의 기능을 한다'
또는 '마음이 제대로 일을 한다'는 뜻이다. 그리고 그렇게
본연의 작용을 하는 마음이 곧 '믿음의 마음'(信心)이다.

---

8) 元曉, 『大乘起信論疏』(T 1844, 권44, 233쪽 중단 5~7행), "總而言
之, 大乘是論之宗體, 起信是論之勝能. 體用合擧, 以標題目, 故
言大乘起信論也."

‘대승기신’이라는 말을 ‘대승에 대한 믿음을 일으킴’
이 아니라 ‘대승의 믿음을 일으킴’이라고 이해하는 것이
정당하려면, 그 근거를 『대승기신론』 자체에서 찾아 제
시할 필요가 있다. 우선 고전 한문에서 동사가 목적어 뒤
에 오는 경우는 거의 없다는 점에 유의해야 할 것이다.
물론 시가詩歌에서는 동사가 목적어 뒤에 오는 경우를
종종 본다. 그러나 이것은 시가가 운율이나 시적 효과를
위해 흔히 문법을 그대로 따르지 않기 때문일 뿐이다. 그
러니까 ‘대승기신’이라는 구절에서는 ‘대승’을 ‘기신’의
목적어로 보기보다는 수식어로 보는 것이 자연스럽다.
그렇게 보면 ‘대승기신론’이라는 제목은 ‘대승의 기신에
관한 논’ 즉 ‘대승에서 믿음을 일으키는 일에 관한 논’이
라는 식으로 읽어야 타당하다.

또 한 가지 근거로 『대승기신론』 첫머리 귀명게의 마
지막 행을 보면, “중생으로 하여금 의혹을 제거하고 잘못
된 집착을 버려 **대승의 바른 믿음을 일으키고** 부처의 종
자가 끊어지지 않게 하고자 하는 까닭”[9]이라고 하였다.
그것은 무슨 까닭을 말하고 있는가? 우선 이 구절을 귀명
게의 앞부분에 이어 읽으면, 부처님께 귀명하는 까닭을

---

9) 馬鳴, 『大乘起信論』(T 1666, 권32, 575쪽 중단 16행), “爲欲令衆
生, 除疑捨邪執, 起大乘正信, 佛種不斷故.”

밝힌 것임을 알 수 있다. 나아가 원효의 소(疏)에 의하면,
부처님께 귀명하여 이 논을 짓는 까닭을 그렇게 밝힌 것
이다. 논의 본문을 시작하는 바로 그 다음 구절도 주목할
만하다. 그것은 "어떤 법이 있어 능히 **마하연(대승)의 믿**
음의 뿌리를 일으키니, (이에 관해) 마땅히 설해야 할
것"[10]이라고 했다. 이 두 구절에서 '대승' 또는 '마하연'
은 문법적으로 분명히 '바른 믿음'과 '믿음의 뿌리'를 수
식하는 말이다. 그러니까 '대승기신론'이라는 제목에서
도 '믿음'의 목적어가 '대승'이라고 보기는 어렵다. 『대
승기신론』 전체에서 '믿음'(信)이라는 말은 모두 쉰 두 번
등장하는데, 그 가운데 목적어를 동반하는 타동사로 쓰
인 경우는 열 두 번뿐이다. 그밖에는 모두 목적어를 필요
로 하지 않는 명사로 사용되고 있다.[11]

다음의 인용문은 『대승기신론』의 여섯 가지 영어 번
역본 중에서 위의 두 구절, 즉 '대승의 바른 믿음을 일으
키다'(起大乘正信)와 '어떤 법이 있어 능히 마하연의 믿음
의 뿌리를 일으키다'(有法能起摩訶衍信根)에 해당하는 번

---

10) 馬鳴, 같은 책(T 1666, 권32, 575쪽 중단 17행), "有法能起摩訶
    衍信根, 是故應說."
11) 졸고, "Wŏnhyo's Commentaries on *the Awakening of Faith in Mahāyāna*"
    (박사학위논문, University of California at Berkeley, 1979), 25~28쪽
    참조.

역을 모아 본 것이다.

스즈키 다이제쓰:

'by the awakening of faith'(믿음을 일으킴으로써)

'For the purpose of awakening······ a pure *faith in the Mahāyāna*'(대
승에 대한 바른 믿음을······ 일으키고자)[12]

티모시 리차드:

'get *Faith in the Great School*'(대승에 대한 믿음을 얻고)

(둘째 구절의 번역은 없음)[13]

웨이 타오:

'by the Awakening of their *Faith in the Mahāyāna*'(대승에 대한 믿
음을 일으킴으로써)

'there is a way in which faith in the Mahāyāna can be developed'(대
승에 대한 믿음을 일으키는 길이 있다)[14]

『지혜의 성전聖殿』:

'And *faith in Mahāyāna* cause the Soul'(그리고 대승에 대한 믿음이
사람들로 하여금)

---

12) D. T. Suzuki 옮김, *Aśvaghosha's Discourse on the Awakening of Faith in
the Mahāyāna* (Chicago: Open Court Publishing Company, 1900), 48쪽.

13) Timothy Richard 옮김, *The Awakening of Faith* (London: Charles Skilton,
1961), 39쪽.

14) Wei Tao 옮김, "The Awakening of Faith," Dwight Goddard 엮음, *A
Buddhist Bible* (Boston: Beacon Press, 1970), 359~360쪽.

(둘째 구절의 번역은 없음)[15]

요시타 하케다:

'to give rise to the correct *faith in Mahāyāna*'(대승에 대한 바른 믿음을 일으키기 위해)

'There is a teaching (dharma) which can awaken in us the root of faith'(우리에게 믿음의 뿌리를 일으키는 어떤 가르침이 있다)[16]

리차드 로빈슨:

'to awaken true *faith in the Mahāyāna*'(대승에 대한 바른 믿음을 일으키기 위해)

'There is a dharma that can arouse the roots of faith in the Mahāyāna'(대승에 대한 믿음의 뿌리를 일으키는 어떤 법이 있다)[17]

이들 영문 번역에서는 모두 '대승大乘'을 '신信'의 목적어로 간주하여 '대승기신大乘起信'을 '대승에 대한 믿음을 일으킨다'는 식으로 번역하고 있다. 이러한 해석이 꼭 이분법적이라고 말할 수는 없지 않느냐고 항변할지도

---

15) The Editors of the Shrine of Wisdom 옮김, *The Awakening of Faith in the Mahāyāna* (Finitry Brook, near Godalming Surrey, 1964), 23쪽.

16) Yoshito S. Hakeda, *The Awakening of Faith* (New York: Columbia University Press, 1967), 23~24쪽.

17) Richard Robinson 옮김, *Treatise on the Awakening of Faith in Mahāyāna* (비공식 간행물), 3쪽.

모르겠다. 믿음의 대상이 반드시 대승이라는 뜻이 아니라 대승불교 전통에서의 믿음을 일으킨다는 뜻으로 이해할 수도 있지 않느냐는 것이다. 그러나 요시타 하케다가 『대승기신론』을 영어로 번역하면서 단 주석을 보자. 그는 '대승'이라는 말은 일종의 형이상학적 절대를 가리킨다고 분명하게 말하고 있다.

> 여기에서 '대승'이라는 말은 좀 특별한 뜻으로 쓰였다. 소승에 대비되는 대승의 뜻이 아니다. 이 뒤에 바로 이어지는 대목을 보면, 대승은 분명히 진여眞如 또는 절대絶對를 가리킨다. 그러니까 '대승기신'이라는 이 논의 제목은 '절대에 대한 믿음을 일으킴'이라는 뜻으로 이해해야지, 소승불교가 아니라 대승불교에 대한 믿음을 일으킨다는 뜻으로 이해해서는 안 된다.[18]

그렇다면 요시다 하케다가 '대승기신'이라는 제목을 '대승에 대한 믿음을 일으킴'이라고 번역한 것은 분명히 능소의 틀을 바탕으로 했음에 틀림없다. 그런 틀을 적용하면 대승불교 전반에 대한, 특히 대승의 믿음에 대한 해석에서 심각한 오류를 낳게 마련이다. 『대승기신론』 나아가 대승불교 문헌 일반에서 이야기하는 믿음을 제대로

---

18) Yoshito S. Hakeda, *The Awakening of Faith* (New York: Columbia University Press, 1967), 28쪽.

이해하려면 그 문헌들이 채용하고 있는 몸과 몸짓의 원리를 바탕으로 해서 접근해야 한다. 『대승기신론』에서는 분명히 '대승'이란 곧 '일심'이며, 바로 그 대승, 일심이라는 몸에서 자연스럽게 일어나는 몸짓이 믿음이라고 한다. 대승, 일심에 대한 믿음을 일으킨다는 식으로 이야기하지는 않는다.

지금까지 불교의 믿음에 내포되어 있는 몸과 몸짓의 개념 구조를 분석해 보았다. 이제 앞에서 언급한 조신과 교신, 즉 깨친 이들의 믿음과 못 깨친 이들의 믿음도 그것을 바탕으로 해서 다시 살펴보기로 하자. 불교에서 몸과 몸짓의 논리는 무엇보다도 우선 불이不二의 이치를 드러내기 위해 채용되었다. 믿음의 행위에 대상이 있어야만 하는 것은 아니다. 유신론적 종교의 믿음에서처럼 주객 이분법적 능소의 구도가 아니다. 어떤 대상에 대한 믿음과 그런 대상을 전제하지 않는 믿음은 전혀 다르다. '나는 부처가 될 수 있다'고 하는 못 깨친 이들의 믿음은 이분법적 능소의 구도를 담고 있다. 그런 믿음의 실행은 그 믿음의 대상, 즉 부처의 자리와는 별개의 자리에서 벌어지는 행위이다. 부처는 믿음의 대상으로 자리한다. 따라서 '나'와 '부처' 사이의 분리가 전제되며, 그 둘 사이의 괴리는 점진적 수행을 통해서만 좁힐 수 있다. 이것은 몸과 몸짓의 구도로 표현되는 불교 사상의 기본 틀, 즉 불이의 원리에 거스르는 믿음이라는 것이 나의 생각이다. 교신은 능소의 구도를 다른 말로 표현한 것에 지나지 않는다. 그렇다면 그것은 부처와 중생을 갈라놓는 우리의 일상적 분별의 사고방식을 연장해 놓은 것일 뿐이다. 그리고 바로 그런 분별이 우리의 구원을 가로막고 있다. 그러니까 교신은 일단 대승불교에 위배된다고 할 수 있다. 대승불교에서는 윤회와 열반, 중생과 부처가 하나라고 가르치기 때문이다.

대승불교의 체용 원리를 검증하기 위해서는 훨씬 더 치밀하고 깊은 탐사를 해야 하겠지만, 이 자리에서는 지면의 제약 때문에 그에 대한 논의를 본격적으로 벌일 수는 없다. 여기에서는 다만 불교의 특징적 사유방식인 불이의 원리와 교신은 근본적으로 합치할 수 없다는 점을 분명히 드러내는 것으로 충분하다고 생각된다.

5장
뒤로 물러나지 않는 믿음
— 불퇴신不退信과 퇴신退信 —

　『대승기신론大乘起信論』의 저자는 그 저술 목적을
'중생으로 하여금 의혹을 제거하고 잘못된 집착을 버려
올바른 대승의 바른 믿음을 일으키기 위함'이라고 밝히
고 있다. 그러면 '올바른 대승의 믿음'은 과연 무엇인가?
『대승기신론』에 의하면, 올바른 믿음과 그렇지 않은 믿
음을 가르는 기준은 그것이 불퇴전不退轉의 믿음 즉 뒤
로 물러서지 않는 믿음이냐, 아니면 퇴신退信 즉 뒤로 물
러설 수도 있는 믿음이냐에 있다고 한다. 즉 상황에 따
라 약해지기도 하고 물러서기도 하고 없어지기도 하는
그런 믿음이 아니라, 결코 변하지 않는 불퇴전의 믿음이
'올바른 대승의 믿음'이라는 것이다. 그리고 그것은 단
순히 믿음의 강도 차이 문제가 아니다. 믿음의 종류에

이미 그 속성상 결코 변할 수 없는 믿음도 있고, 언제라도 변할 수 있는 믿음도 있다. 그러니까 『대승기신론』의 중심 주제는 어떻게 하면 변할 수도 있는 믿음(退信)을 변함없는, 결코 뒤로 물러서지 않는 믿음(不退信)으로 바꾸느냐 하는 것이다. 그것은 다른 말로 부정취不定聚(aniyata rāśi)를 정정취正定聚(niyata rāśi)로 바꾸는 문제로 표현되기도 하였다. 즉 이렇게도 될 수 있고 저렇게도 될 수 있는 상태를 벗어버리고, 반드시 불도佛道를 성취하게끔 확정되는 상태로 변화하는 것이다. 또 다른 말로는 신심信心(śraddhā)을 발심發心(citta utpāda)으로 전환하는 문제라고 표현하기도 한다. 신심이란 체험으로 확증하지는 못했더라도 굳건히 믿는 것이고, 발심은 발보리심發菩提心 즉 깨친 이의 지혜를 일으킨 마음, 깨친 마음을 말한다. 그리고 발심은 아뇩다라삼먁삼보리(anuttara samyak saṃbodhi) 즉 무상정등정각無上正等正覺, 최고의 완전한 깨침의 지혜를 말한다. 부정취는 신심을 가질 뿐이다. 신심은 결단이나 의지로써 지탱되는 믿음인데, 결단이나 의지는 언제라도 퇴행할 수 있기 때문에 신심도 언제나 퇴행할 가능성을 안고 있다. 발심을 이루려면 부정취에서 정정취로 바뀌는 전의轉依 즉 근본적인 변혁을 거쳐야 한다. 부정취로서의 몸을 깨버리고 정정취로서의 몸으로 바꾸어야 한다. 그 몸으로부터 자연스럽게 나오는 몸짓이 발심이다. 그러므로 발심에는 결코 퇴행이 있을 수 없다. 그런 불퇴전의 믿음을 이룬 보살은 수행에서나 서원, 그리고 지계持戒에서 언제나 변함없이 확고하다.

앞에서 이야기한 교신敎信과 조신祖信을 여기에다 연관시켜 보자. '나도 부처님이 될 수 있다'고 하는 교신은 못 깨친 이들의 믿음이다. 그들이 과연 부처님이 되어서 그 믿음을 증명할 수 있을지 없을지는 알 수 없다. 그래서 그들은 부정취이다. 그들의 믿음은 강해질 수도 있고 약해질 수도 있다. 그래서 그것은 퇴신 즉 뒤로 물러설 수도 있는 믿음에 해당한다. 한편, '나는 부처이다'라고 하는 조신은 깨친 이들의 믿음이다. 깨친 이들의 지혜 즉 보리菩提에 근거한 믿음이다. 그 믿음을 일으켰다는 것 자체가 이미 깨쳤고 불도를 성취했다는 뜻이다. 그래서 그 믿음은 곧 정정취의 믿음이다. 그리고 '나는 부처이다'라는 믿음은 아마 그럴 것이라는 짐작이 아니라 그러한 진상의 확인이다. 일단 진상을 확인한 이상 그 믿음이 뒤로 물러설 수는 없는 일이다. 그래서 조신이 바로 불퇴신인 것이다.

신심을 발심으로 변혁시킨다는 것은 곧 믿음의 완성

을 말한다. 그 믿음의 완성 자체가 부처님이 되는 깨침이
며, 다시 못 깨친 상태로 되돌아가는 일은 불가능하다.
그래서 『대승기신론』에서는 다음과 같이 말한다.

이와 같이 신심이 성취되어 발심을 얻은 이는 정정취에 들어
마침내 결코 퇴전하지 않게 된다.[1]

그러니까 『대승기신론』에서 '올바른 믿음'은 바로 뒤
로 물러서지 않는 믿음을 가리키는 것이다. 그러나 우리
는 일반적으로 정말 물러서는 일이 없는 믿음은 가능하
지 않다고 여긴다. 특히 교신에 입각한 이른바 점종漸宗
의 전통에서는 그렇게 본다. 왜 그런가? 점종의 안목에서
믿음은 의지와 이성의 작용이다. 인간의 이성은 잘못된
것을 옳다고 수긍할 수도 있고, 의지 또한 잘못된 방향으
로 나아갈 수 있다. 그러므로 그런 믿음은 언제라도 깨질
수 있다. 믿음이 회의로 돌아설 수도 있고, 결단이 약해질
수도 있으며, 서원과 계율을 버리기에 이를 수도 있다.
그러나 조신은 의지와 이성의 작용이 아니다. 기독교
의 용어를 빌리자면, 피두치오(fiducio, 신뢰)나 아센수스

---

1) 馬鳴, 『大乘起信論』(T 1666, 권32, 580쪽 중단 25~26행), "如是信
   心成就得發心者, 入正定聚, 畢竟不退."

(assensus, 지적 동의)가 아닌 것이다.[2] 앞에서도 언급했듯이 교신은 의지와 이성의 작용이며, 이성과 의지는 오류를 범할 수 있는 까닭에 교신은 언제라도 퇴전할 가능성이 있다. 지적 판단에 입각한 동의나 수긍, 의지로써 내리는 결단은 판단의 변화에 따라 언제든지 취소될 수 있으며, 의지의 강도가 변함에 따라 약해질 수도 있다. 반면에 조신은 이성과 의지의 작용이 아니라 진여眞如(tathatā) 즉 연기緣起(pratītyasamyutpāda) 또는 공空(śūnyatā)의 작용이다. 진여, 연기 또는 공이라는 존재론적 진상을 확인할 때 나오는 선언이 바로 '나는 부처이다'라는 조신이다. 조신이 변할 수도 없고 되돌릴 수도 없는 이유는 진여 즉 연기라는 존재론적 근거를 가지기 때문이다.

달리 말하자면, 조신은 일심一心의 작용이다. 일심이란 분별이 없는 무념無念의 마음을 말한다. 일심으로 돌아가면 중생과 부처의 구분, 깨침과 못 깨침의 분별이 없어지고 대신에 공과 연기의 세계를 직접 알게 된다. 분별을 여읜 마음에서는 퇴전이 일어날 수 없다. 분별이 없으므로 돌아갈 곳도 돌아가는 사람도 없다. 이처럼 일심의 작용인 조신은 존재론적으로 연기에 근거하기 때문에 어

---

2) Van A. Harvey, *A Handbook of Theological Terms* (New York: Macmillan Publishing Co., 1974), 95~98쪽.

떤 식으로든 결코 퇴전할 수 없다.

기독교 종교개혁가 루터와 칼뱅의 신학에서 믿음이란 신이 전능한 은총으로 내리는 선물이지, 인간이 노력해서 갖게 되는 것이 아니다. 인간이 스스로 일으키는 믿음은 모두 자기의 의지와 지적 판단에 의해 일으키는 것이며, 그런 믿음은 언제라도 퇴행 또는 취소될 수 있다. 신의 은총의 선물이라고 하는 개신 기독교의 믿음과 같은 것을 불교에서는 이른바 '타력신앙他力信仰'이라고 부른다. 구원이 전적으로 외부에서 온다고 믿는 신앙이라는 뜻이다. 기독교와 같은 유신론 종교의 믿음에는 이분법적 능소能所의 구도가 전제되어 있다. 예배와 믿음의 대상으로 신이 있는 것이다. 그러나 불교, 특히 선 불교와 화엄 불교는 몸과 몸짓이 불이不二라는 원리를 전제로 한다. 거기에서는 믿음이란 자기 자신의 마음이라는 몸이 일으키는 자연스러운 몸짓으로 외부의 무엇을 향한 것도, 외부의 무엇으로부터 오는 것도 아니다. 그러한 조신은 순전히 '자력自力'의 믿음이다. 따라서 외부의 존재에 의거하는 유신론 종교의 타력 신앙처럼 퇴전의 가능성을 이미 안고 있는 그런 믿음이 아니다.[3]

---

3) 가네코 다이에이(金子大榮), 「신란의 타력신앙(親鸞の他力信心)」, 미야모토 쇼손(宮本正尊) 엮음, 『불교의 근본진리(佛教の根

조신이 불퇴전이라는 점을 이해하기 위해서는 '전의轉依'(āśraya parāvṛtti)라는 개념을 분석해 볼 필요가 있다. 『대승기신론』의 핵심 주제는 어떻게 올바른 믿음을 갖느냐 하는 것이다. 그러나 한편으로 믿음이 완벽히 성숙하여 완성에 이르면 그것은 이미 더 이상 '믿음'이 아니라고 한다. 앞에서도 언급했듯이, 그 때 그것은 발심發心, 보리심菩提心, 무상정등정각無上正等正覺이다. 단순히 의지와 지적 판단으로서의 믿음인 신심信心과 깨침의 지혜로서의 믿음인 보리심은 분명히 서로 다르다. 그런데 신심으로부터 보리심으로 가는 길은 언제나 열려 있지만, 보리심으로부터 신심으로 가는 길은 닫혀 있다. 즉 일단 보리심의 땅에 발을 내딛으면 다시 신심의 경지로 돌아가는 일은 없다. 불퇴전이다. 그래서 신심으로부터 보리심으로의 변환은 근본적인 환골탈태이고, 그것을 전의라고 한다. 일단 전의가 일어나면 퇴전은 있을 수 없는 일이다. 깨침이 무효가 될 수는 없다. 믿음의 완성이란 곧 부처로서 다시 태어나는 것이다. 일단 부처가 되었다면, 더 정확히 말해서 자기가 본래부터 부처임을 확인했다면, 다시 깨치지 못한 중생으로 돌아갈 수는 없다. 그것은 이미 태

本眞理)』(東京: 三省堂, 1957), 1093~1112쪽.

어난 아이가 어머니 뱃속으로 다시 돌아가지 못하고, 개구리가 다시 올챙이로, 꽃이 다시 씨앗으로, 또는 나비가 다시 애벌레로 돌아가지 못하는 것과도 같은 이치이다. 그러니까 불퇴전의 조신인 발심 즉 보리심과 언제라도 퇴전할 수 있는 신심 사이에는 단순히 정도의 차이가 아니라 근본적인 질적 차이가 있다.4)

신심과 발심의 근본적인 차이는 무엇인가? 기독교에서는 구약성경의 아브라함을 믿음의 아버지라고 부른다. 그것은 아브라함이 백 살이 넘어서 겨우 얻은 외아들 이삭을 기꺼이 신에게 바치려 했기 때문이다.5) 불교에서도 무주상보시無住相布施, 즉 아무 조건이나 집착 없이 보시하는 것을 중요한 신행으로 누누이 강조한다. 남는 것만 내준다면 진정한 보시가 아니다. 자기의 모든 것을 내주었다고 해도, 삶의 근본이 흔들리지 않고 그대로라면 그것은 진정한 보시가 아니다. 진정으로 아무런 집착 없이 행하는 보시는 조신과 직결된다. 그것은 어떤 보시일까? 아무 집착 없이 주어 버려야 할 가장 중요한 물건은

---

4) 馬鳴, 『大乘起信論』(T 1666, 권32, 580쪽 중단 17행~580쪽 하단 5행); Yoshito Hakeda, *The Awakening of Faith* (New York: Columbia University Press, 1967), 80~82쪽.

5) 「구약 창세기」 22:1-14.

무엇일까? 생명인가? 아니다. 믿음을 실천하는 이들에게는 생명보다도 더 중요한 것이 있다. 그것은 바로 믿음이다. 그 믿음까지도 내주어 버려야 하는 것이다. 믿음을 내주어 버리는 바로 그 순간에 그 사람의 마음은 부처의 마음이 된다. 신심을 붙들고 있는 한은 언제라도 퇴전할 수 있다. 그러나 전의를 통해서 보리심을 일으키면 거기에는 믿음이고 뭐고 할 것이 없다. 믿음 그 자체가 없으니 아예 믿음의 퇴전이 일어날 일이 없다. 전의를 통해 완전히 부처로서 새로 태어나면 정정취의 불퇴신을 실현하는 것이며, 바로 그것이 '나는 부처이다'라고 하는 조신이다.

이제 불교에서 왜 그렇게 불퇴전의 믿음을 강조하는지 그 이유를 알 수 있을 것이다. 불퇴전의 믿음은 곧 보리심의 경지이며 무상정등정각의 경지이다. 불퇴전의 믿음이 가능함을 부인한다면 곧 깨침, 성불의 가능성을 부인하는 셈이며, 불교의 근본을 부인하는 셈이다. 믿음이란 순전히 인간의 의지와 이성의 작용이라고 보는 견해도 있다. 그러나 인간의 의지와 이성에 의한 믿음은 언제나 오류의 가능성을 내포하므로 언제라도 퇴전할 수 있다. 그런 믿음은 교신에 해당한다. 즉 점진적인 수행의 노력을 통해서 앞으로 부처가 될 수 있다고 하는 믿음이다. 그러나 조신은 이성과 의지를 바탕으로 하는 것이 아니라 일심一心의 몸짓이며, 진여와 연기를 그 존재론적 근거로 한다. 그렇기 때문에 불퇴전인 것이다. 더욱이 신심으로부터 발심으로의 전환은 되돌릴 수 없는 근본적인 질적 변혁이기 때문에, 깨쳐서 성불한 이는 다시 깨치지 못한 중생으로 되돌아 갈 수 없다. 여기에서 가장 중요한 것은, 조신은 깨침의 전제 조건이 아니라는 점이다. 조신은 깨침 그 자체이다. 믿음과 깨침이 철저하게 같을 때에 비로소 정정취가 이루는 진정한 불퇴전의 믿음이 있다.

6장
절대적 진리와 상대적 진리
— 이제二諦와 방편方便 —

불교에서도 믿음이 무엇보다도 중요하다는 이야기를
했다. 올바른 수행과 바른 깨침은 올바른 믿음 위에서만
가능하기 때문이다. 그런데 불교의 믿음에도 교신教信과
조신祖信, 즉 깨친 이들의 믿음과 못 깨친 이들의 믿음
그 두 가지가 있다는 이야기를 했다. 조신이 교신보다 훨
씬 더 강력하고 효과적이며, 돈오頓悟 즉 몰록 깨침의 근
거가 된다. 그런데 불교 문헌에 보면 못 깨친 이들의 믿
음을 인정하는 구절도 보인다. 왜 그럴까? 그 문제를 대
승불교에서 말하는 이른바 이제설二諦說, 즉 두 가지 진
리의 교설에 비추어 풀어 볼 수 있다는 것이 나의 생각이
다. 두 가지 진리란 진제眞諦(paramārtha satya)와 속제俗
諦(saṁvṛti satya)를 말하는데, 이는 절대적 진리와 상대적

진리라 할 수 있겠다. 깨친 이들, 즉 부처님들은 누구나 자기의 체험을 이 두 가지 진리를 통해서 전달하려 한다. 그렇다고 해서 두 가지 서로 다른 종류의 체험이 있다는 뜻은 아니고, 다만 가르침을 받는 이의 상황, 즉 근기根機에 차이가 있기 때문에 그렇게 하는 것이다.[1]

용수龍樹는 『중론中論』 「관사제품觀四諦品」에서 다음과 같이 이야기하였다.

> 모든 부처님은 두 가지 진리로써
> 중생을 위해 법을 설하셨으니,
> 그 하나는 속제이고 또 하나는 진제라.
> 그 두 진리를 분별할 줄 모른다면
> 불교의 깊은 진리를 알 수 없으리라.
> ……
> 속제에 의지하지 않고서는
> 궁극적인 진리(진제)를 드러낼 수 없고
> 궁극적인 진리를 모르고서는
> 열반에 들 수 없다.[2]

---

1) 요시노 니시(西義雄), 「진속이제설의 구조(眞俗二諦說の構造)」, 미야모토 쇼손(宮本正尊) 엮음, 『불교의 근본진리(佛教の根本眞理)』(東京: 三省堂, 1957), 197~218쪽.

2) 龍樹, 『中論』(T 1564, 권30, 32쪽 하단 16~19행, 33쪽 상단 2~3행), "諸佛依二諦, 爲衆生說法/ 一以世俗諦, 二第一義諦/ 若人不能知, 分別於二諦/ 則於深佛法, 不知眞實義 …… / 若不依俗諦,

이제설을 어떻게 해석할 것이냐에 대해서는 의견이 분분하지만, 그것이 이야기하고자 하는 것은 분명하다. 부처님이 중생을 위하여 진리를 가르칠 때 두 가지 방법을 사용했다는 것이다. 즉 진리 그 자체는 두 가지가 아니지만, 듣는 이의 이해 능력에 따라서 두 가지 방법으로 표현했다는 것이다. 그러니까 간단히 말해서 이제설, 특히 용수의 이제설은 일종의 교육 방법을 말한다. 속제 즉 상대적 진리란 보통 사람들이 일상 생활 속에서 자기들의 상식을 바탕으로 해서 받아들이는 진리이다. 한편, 공空이라든가 무아無我를 강조하는 불교의 진리는 절대적 진리이다. 깨친 이들의 세계에서 인정되는 진리는 궁극적이고 절대적인 진리이며, 반면에 깨치지 못한 이들의 세계에서만 유효한 진리는 상대적이고 임의적이다. 마찬가지로 드러나는 진리는 상대적이며, 드러낼 수 없는 진리는 절대적이라고 할 수도 있겠다. 그러므로 상대적 진리는 '나는 부처가 될 수 있다'고 하는 못 깨친 이들의 믿음에 상응하며, 절대적 진리는 '나는 부처이다'라고 하는 깨친 이들의 믿음에 상응한다.

대승불교에서는 이른바 방편方便(upāya)의 개념을 가

不得第一義/ 不得第一義, 則不得涅槃."

지고 상대적 진리의 의의를 정당화한다. 모든 불교의 이론과 실천은 교육을 위한 도구이며, 따라서 가르침을 받는 이의 상황 즉 근기에 맞추어야 한다는 것이다. 방편에 관한 교의의 전범으로는 『묘법연화경妙法蓮華經』의 「비유품譬喩品」이 꼽힌다. '우파야'라는 말은 비유라는 뜻이기도 하다. 여기에 보면 부처님이 구사한 방편에 결코 집착하지 말라고 강조한다. 그 당시의 여건에 맞추어 그런 방편을 구사했을 뿐이기 때문이다. 또 한편으로는 방편을 사용한 것을 두고 비방해서도 안 된다고 한다. 불가피하게 그렇게 한 것이기 때문이다. 이를 이야기하는 비유가 있다. 아이들이 집 안에서 놀고 있는데 그 집에 불이 났다. 아버지는 아이들을 나오게 하려고 애를 쓰지만, 아무리 해도 설득이 안 되니까 결국에는 거짓말을 해서 아이들을 끌어낸다. 집 밖에 동물들이 끄는 수레가 있으니 가보자고 한 것이다. '방편에 집착하지도 말고 방편을 비방하지도 말라'는 것은 대승불교의 유명한 격언이다.[3]

방편의 교의에서 보면, 경전의 가르침을 깨침의 체험과 연관해서 해석하는 방법에는 기본적으로 두 가지가 있다. 하나는 깨친 이의 시각에서 보는 것이며, 다른 하

---

3) 『妙法蓮華經』, 「譬喩品」(T 262, 권9, 12쪽 중단~하단).

나는 못 깨친 이의 입장에 서서 보는 것이다. 첫 번째 경우에는 부처가 자신의 깨침의 체험을 직접적으로 드러낸 것이 경전에 적힌 가르침이라고 본다. 두 번째 경우에는 못 깨친 이들을 깨침으로 이끌기 위해 그들의 경지에 맞추어서 정선한 언어와 내용으로 구성한 것이 경전이라고 본다. 즉 앞의 경우에는 듣는 이들이 이미 부처임을 전제로 하고, 뒤의 경우에는 듣는 이들의 근기가 여러 가지라는 점을 고려하고 있다.

화엄종의 조사들은 첫 번째 범주에 속하는 경전에는 오직 『화엄경華嚴經』뿐이라고 본다. 그래서 부처님이 『화엄경』을 설하며 원융법계圓融法界를 이야기하자 청중 가운데 삼천 명이 자리를 떠나 버렸다는 이야기도 전해진다.4) 물론 전해지는 이야기일 뿐이지만 수천 년 동안 그런 이야기를 전해 온 사람들의 의도를 놓쳐서는 안 될 것이다. 그런데 흥미로운 것은 중국 선종에서는 『화엄경』도 첫 번째 범주가 아니라 두 번째 범주로 분류하면서, 언어 문자를 넘어선 선禪만이 첫 번째 범주에 속한다고 주장한다는 점이다. 여기에서는 여러 가지 경전과 가르침의 의의를 가늠하고 분류해서 위치를 정리하는 교상판석教

---

4) 李性徹, 『冬安居法門』(미출판 프린트본, 해인사, 1967), 16쪽.

相判釋의 문제를 논하고자 하는 것이 아니다. 다만 진제와 속제라는 두 가지 진리를 운위하는 이제설과 마찬가지로 조신과 교신이라는 두 가지 믿음도 경전에 대한 두 가지 해석 태도와 직접적인 연관이 있다는 점을 말하고자 한다. 불퇴전의 조신과 진제는 첫 번째 범주에 해당하며, 퇴전의 교신과 속제는 두 번째 범주에 해당한다. 깨친 이의 체험을 직접적으로 들이민 것이 조신 즉 진제이며, 그것을 방편으로 가르친 것이 교신 즉 속제이다. 그러므로 결국 교신을 인정하는 경전의 대목들은 방편의 가르침이다. 깨친 이들이 듣는 이들의 근기에 맞추어서 속제로써 가르친 것이 교신이다. 궁극적으로 교신은 진제의 장에서 불퇴전의 조신으로 바뀌지 않으면 안 된다.

제2부

닦음

7장
믿음, 닦음, 깨침은 하나이다

대승불교에서의 올바른 믿음(信)은 반드시 닦음(行) 및 깨침(證)과 떼어놓을 수 없다는 점이 특징이다. 달리 말하자면, 믿음은 삼중三重의 구조이다. 하지만 이 구조가 교신敎信과 조신祖信에서 각각 다르게 나타난다. 교신의 경우에는 믿음이 닦음을 낳으며, 닦음이 깨침을 낳는다는 구조이다. 그러나 조신에서는 믿음이 곧 닦음이요, 닦음이 곧 깨침이다. 믿음, 닦음, 깨침이 불가분이라는 점에 있어서는 양쪽 모두 타당성이 있는 것 같다. 그러나 나는 불이不二라는 불교의 기본 원리에 더 잘 부합하는 것은 교신보다는 조신이라는 주장을 펴고자 한다.

교신은 긴 점수漸修의 과정을 통해서 부처가 될 수 있다고 하는 가능성을 믿는 것이다. 그러나 조신에서는 믿음을 일으킴과 동시에 즉각 깨침이 성취된다. 그러니까 조신에서는 닦음이 깨침의 전제 조건이 아니라 깨침의 용用이다. 다시 말하자면, 교신에서는 분별적 능소能所의 구도가 전제되고, 조신은 불이적 체용體用의 구도를 바탕으로 한다. 교신에서는 중생과 부처 사이에 간격이 전제되고, 따라서 점진적 닦음을 통하여 그 간격을 메우는 노력이 필요하다. 한편, 아무리 확고한 교신을 지닌다 해도 그것으로써 자신과 부처 사이의 간격을 메울 수 없다고 하는 것이 돈오頓悟 즉 몰록 깨친다는 사상의 안목이다. 그 간격이라는 것이 실제로는 존재하지 않기 때문이다. 부처와 중생의 구분은 분별심分別心이 일으키는 망상妄想에 불과하다. 그러므로 그 가상假想의 간격을 메우는 길은 그것이 실제로 존재하지 않음을 깨닫는 것뿐이다. 돈오 사상에 입각해서 볼 때, 점진적으로 닦는다는 것은 다만 분별심을 바탕으로 한 행위로써 오히려 깨침을 지연시킬 뿐이다. 그러니까 교신을 바탕으로 한 점진적 닦음을 통해서는 결코 깨침을 이룰 수 없다고 주장한다.

닦음을 교신의 능소 구도에서처럼 깨침의 전제 조건으로 파악하는 게 아니라, 조신의 체용 구도에서처럼 깨침의 용이라고 이해할 때라야 비로소 깨침과 완벽한 일치가 성립된다. 닦음과 깨침이 하나라는 수증일여修證一如 사상을 단적으로 드러내는 예를 일본 조동종曹洞宗의 도겐(道元)이 지은 『정법안장正法眼藏』에서 찾아볼 수 있다.

닦음과 깨침을 구별하는 것은 이단사설異端邪說이다. 불법佛法에서는 닦음과 깨침이 하나이다. 닦음은 깨침을 근거로 하므로 초심자의 닦음조차도 모두 본각本覺이다. 그러므로 선사가 제자에게 수행의 가르침을 줄 때에는 수행 밖에서 따로 깨침을 찾으려고 해서는 안 된다고 해야 한다. 수행 자체가 곧 본각이기 때문이다.[1]

여기에서 중요한 것은 "수행 밖에서 따로 깨침을 찾으려고 해서는 안 된다. 수행 자체가 곧 본각이기 때문이다"라는 구절이다. 도겐에 의하면, 선의 수행은 곧 '깨침 위에서 행하는 닦음'(證上의 修)이지 '깨침 이전에 깨침을 위해서 행하는 닦음'(證前의 修)이 아니다. 그래서 또 다음과 같이 말한다.

석가모니와 마하가섭摩訶迦葉은 깨침 위의 수행을 하였고,

---

1) Hee-Jin Kim, *Dōgen Kigen ―Mystical Realist* (Tucson: The University of Arizona Press, 1975), 79쪽.

보리달마菩提達摩와 혜능 또한 그랬다. 정법의 생명을 이어
오는 데 그렇지 않은 예는 없었다.[2]

보리달마의 수증일여에 대해서는 다음 장에서 '벽관壁
觀'과 관련하여 논의하도록 하겠다. 그런데 육조혜능六
祖慧能 또한 『육조단경六祖壇經』에서 정혜일체定慧一體
라는 개념으로 수증일여를 말하고 있다. 혜능은 돈오돈
수頓悟頓修를 설명하면서 정혜의 구조를 다음과 같이 말
하고 있다.

선지식아, 나의 가르침은 정혜定慧를 근본으로 한다. 정과 혜
가 별개라고 하지 말라. 정과 혜는 하나이지 둘이 아니다. 정
은 혜의 체體이며, 혜는 정의 용用이다. 지혜를 체득하면 곧
그 지혜에 선정禪定이 이미 있게 마련이며, 선정에 들면 곧 그
선정에 지혜가 있게 마련이다. 이런 뜻을 안다면 정혜를 함께
닦을 일이지 선정이 먼저이고 거기에서 지혜가 나온다거나,
지혜가 먼저이고 거기에서 선정이 나온다는 식으로 구분하면
안 된다. 이런 식으로 보는 것은 허망한 분별일 뿐이다.[3]

---

2) Hee-Jin Kim, 같은 책, 68쪽.
3) 『六祖壇經』(T 2008, 권48, 352쪽 하단 13~18행), "善知識, 我此法
門以定慧爲本. 大衆勿迷言定慧別. 定慧一體不是二, 定是慧
體, 慧是定用. 卽慧之時定在慧, 卽定之時慧在定. 若識此義, 卽
是定慧等學. 諸學道人, 莫言先定發慧先慧發定各別. 作此見者
法有二相."

혜능은 정과 혜의 관계가 곧 '체와 용' 즉 '몸과 몸짓'의 관계임을 등불의 비유를 들어 설명한다.

선지식아, 정과 혜는 마치 등과 그 빛과도 같다. 등이 있으면 빛이 있고, 등이 없으면 빛이 없다. 등은 빛의 체요, 빛은 등의 용이다. 비록 둘이 별개여도 본체는 하나이다. 정과 혜도 이와 마찬가지이다.[4]

어떤 관점에서 선정의 닦음은 '체' 즉 '몸'이요, 반면에 지혜의 깨침은 그것의 '용' 즉 '몸짓'이라고 말할 수 있겠다. 또 다른 관점에서는 깨침이 몸이요, 닦음은 몸짓이라고 할 수도 있겠다. 그러나 혜능은 또 다음과 같이 강조하고 있다: "어느 것이 먼저냐고 따지는 것은 어리석은 사람이다. 그런 논쟁에서는 승부를 낼 수 없으며, 오히려 허망한 분별만 더 늘리고 껍데기에 집착하게 될 뿐이다."[5]

결국 요점은 닦음과 깨침이 동시적이라는 데 있다. 다시 말해, 닦음과 깨침이 몸과 몸짓의 관계라고 함은 깨침

---

4) 같은 책(*T* 2008, 권48, 352쪽 하단 21~24행), "善知識, 定慧猶如何等? 猶如燈光. 有燈卽光, 無燈卽暗. 燈是光之體, 光是燈之用. 名雖有二, 體本同一. 此定慧法亦復如是."

5) 같은 책(*T* 2008, 권48, 352쪽 하단 20~21행), "若諍先後卽同迷人. 不斷勝負, 却增我法, 不離四相."

을 향해 닦아 나가는 시간상의 과정이 필요하다는 관념을 배제하고 대신에 완전한 불가분성, 불이성을 강조하는 것이다. 그런데 많은 불교인들이 수행은 하고 있지만 깨침은 아직 이루지 못했다는 데에 문제가 있다. 닦음과 깨침이 하나라고 하는데 도대체 왜 그런가? 한 마디로 조신에 의거한 닦음이 아니기 때문에 깨침과 하나인 닦음을 못하고 있는 것이다. 닦음과 깨침은 조신에 입각한 것일 때에만 비로소 실제로 불가분이다. 그러니까 올바른 불교 수행의 비결이 바로 조신에 있는 것이다.

8장
보리달마의 벽관

　진정한 조신祖信을 바탕으로 하는 닦음의 가장 직접적
인 예를 들자면 아무래도 '벽관壁觀'을 분석하는 것이 좋
겠다. 벽관은 중국 선종의 초대 조사祖師인 보리달마菩
提達摩(Bodhidharma)가 소림사少林寺에서 9년 동안 아무
도 만나지 않고 수행했다는 데서 붙여진 이름이다.[1] 그
러면 벽관이란 과연 무엇인가? 선 불교의 역사는 곧 보리
달마의 벽관을 다듬어 온 역사라 해도 지나친 말이 아니
므로 그것을 충분히 이해하는 것이 대단히 중요하다. 일
본의 저명한 학자 야나기다 세이잔柳田聖山은 다음과
같이 말한다: "선 불교의 역사는 곧 벽관에 대한 오해와

---

1) 우이 하쿠주(宇井伯壽), 『禪宗史硏究』(東京: 岩波書店, 1939), 1~
90쪽.

그릇된 평가의 역사이다."[2]

보리달마의 벽관에 대해 흔히 가지게 되는 오해는 '벽관'이라는 것을 단순히 선승禪僧의 좌선坐禪 자세로 여기는 데에서 비롯한다. 선승이 참선할 때에는 흔히 벽을 마주하여 앉곤 한다. 그러나 '벽관'이라는 말과 실제로 벽을 마주하고 앉아서 참선하는 것 사이에는 아무런 논리적 연관성도 없다. 조신의 닦음으로서 참선을 행할 때, 그것은 불성佛性 즉 부처님 성품이라는 몸에서 나오는 몸짓이라는 점에 참선의 본질이 있다. 『육조단경六祖壇經』에서 말하듯이, 부처님 성품은 늘 맑고 깨끗하며 만물을 비추고 있다. 그것은 또 분별적 능소能所의 구도와 시간, 공간의 제약을 초월한다. 그러니까 참선이 꼭 벽을 마주하는 자세일 필요는 없다. 누워서 천장을 바라보며 참선한다면 '천장관'이고, 바닥을 바라보며 참선한다면 '바닥관'이며, 걸으면서 참선한다면 '걷는 관'이라 하면 된다. 어디에서든 할 수 있고 해야 한다. 그러면 조사들은 참선을 왜 하필 '벽관'이라 했는가? 선 전통에서 벽관이 가지는 상징적 의미에 대해서 살펴보도록 하자.

보리달마의 저작으로 여겨지고 흔히 『이입사행론二入

---

2) 야나기다 세이잔(柳田聖山), 『禪思想』(東京: 中央公論社, 1975), 23쪽.

四行論』이라고 불리는 글에 다음과 같은 대목이 있다.

도道에 들어가는 길은 여러 가지가 있지만, 간략히 말하자면 두 가지뿐이다. 그 두 가지는 리입理入 즉 이치로써 들어가는 길과, 행입行入 즉 수행으로써 들어가는 길이다. 리입이란 경전의 가르침에 의거해서 종지宗旨를 깨닫고, 보통 사람과 성인聖人이 똑같이 하나의 참된 성품을 가지고 있다는 깊은 믿음을 일으키는 것을 말한다. 그 성품은 다만 대상에 대해 일으키는 그릇된 생각에 가려서 드러나지 못할 뿐이다. 그릇된 생각을 버리고 참된 성품으로 되돌아가면, 벽관에 굳건히 머물러서 나와 남, 범부와 성인이 하나임을 깨달으며, 그 경지에 굳게 머물러 흔들리지 않고 다시는 문자의 가르침을 따르지 않게 된다. 이로써 곧 이치에 완전히 부합하여 분별을 일으키지 않고 고요히 무위無爲의 경지에 들어가니, 이를 일컬어 리입이라 한다. 행입이라는 것은 네 가지 닦음을 가리킨다. 무엇이 네 가지 닦음인가 하면, 첫째는 원한을 극복하는 것이요, 둘째는 인연에 따르는 것이고, 셋째는 아무 것도 구하지 않는 것이며, 넷째는 법에 부합하는 것이다.[3]

---

3) 『菩提達摩大師略辨大乘入道四行觀』(SZ 1217, 권63, 1쪽 상단 20행~중단 2행); 鏡虛 엮음, 『禪門撮要』(부산: 梵魚寺, 1968), 137쪽; D. T. Suzuki, *Manual of Zen Buddhism* (New York: Grove Press, 1978), 73~74쪽; 야나기다 세이잔(柳田聖山), 『禪思想』(東京: 中央公論社, 1975), 15쪽. "夫入道多途, 要而言之, 不出二種. 一是理入, 二是行入. 理入者, 謂籍教悟宗, 深信含生凡聖同一眞性. 但爲客塵妄覆, 不能顯了. 若也捨妄歸眞, 凝住壁觀, 無自無他,

여기에서 말하듯이 리입과 행입이 각자 믿음과 닦음에 해당한다면, 벽관은 그 리입과 행입 즉 믿음과 닦음을한데 통합하는 행위이다. 다시 말해, 모든 중생이 똑같이참된 성품을 가지고 있다는 믿음 없이는 벽관이 성립하지 않는다. 마찬가지로 벽관 없이는 보리달마가 말하는사행四行이 불가능하다.

그러므로 보리달마의 『이입사행론』은 곧 조신과 그것을 바탕으로 하는 닦음 사이의 관계를 설명하는 문헌이라고 할 수 있다. 몸과 몸짓의 구도를 적용해서 보자면,리입은 곧 조신으로서 몸이 되고, 행입은 그 몸에서 나오는 몸짓으로서 닦음의 실천이다. 그런 믿음과 닦음이 벽관이라는 행위에서 불가분으로 통합되는 것이다.

그러니까 벽관에는 다음과 같은 요소가 들어 있다. (1)경전의 가르침을 통해서 모든 중생은 똑같이 참된 본성을 가지고 있다는 깊은 믿음을 일으킬 수 있는데, 그 믿음의 내용은 바로 깨침의 내용과 다르지 않다.[4] (2) 『이

凡聖等一, 堅住不移, 更不隨文敎. 此卽與理冥符, 無有分別, 寂然無爲, 名之理入. 行入謂四行. 其餘諸行, 悉入此中. 何等爲四耶? 一報怨行, 二隨緣行, 三無所求行, 四稱法行."

[4] 『二入四行論』 저작에서도 믿음의 중요성을 강조하고 있다는 점, 그러면서도 후대의 禪師들처럼 경전의 중요성을 부인하지 않는다는 점이 주목할 만하다.

입사행론』에 보면, 조신을 가지지 않은 이에게는 그 참된 본성이 드러나지 않는다. 겉모양에 집착해서 일어나는 망령된 생각이 그것을 엄폐하고 있기 때문이다. 그러므로 '그릇된 생각을 버리고 참된 성품으로 되돌아가면' (捨妄歸眞)이라는 구절은 벽관의 전제 조건을 말하는 것으로 이해되어야 한다. 망령된 생각을 버리고 참된 성품으로 돌아감으로써 부처가 될 수 있다는 식의 교신적敎信的 이야기로 이해해서는 안 된다. 그 구절은 오히려 교신을 부정하는 뜻을 담고 있다. 즉 그릇된 생각을 버린다고 함은 곧 교신을 버리는 것이다. 교신적 생각이 조금이라도 남아 있는 한 벽관은 불가능하다. (3) 벽관의 특징에 대해서『이입사행론』이 제시하는 결론은 '문자의 가르침을 따르지 말라'는 말이다.[5]

전통적 불교의 명상 수련으로 사념처관四念處觀이라는 것이 있다. 또는 줄여서 사념처라고 하는데, 이것은 마음을 한곳에 집중하여 잡념 망상을 막고 진리를 체득하는 네 가지 수행법을 말한다. 첫째 신념처身念處는 육신의 더러움을 보는 것이고, 둘째 수념처受念處는 감수 작

---

5) 이런 대목을 보면『二入四行論』이『金剛三昧經』(T 273, 권9, 365~374쪽)의 영향을 좀 받지 않았는가 짐작된다. 우이 하쿠주(宇井伯壽),『禪宗史硏究』(東京: 岩波書店, 1939), 23~24쪽 참조

용이 모두 괴로움이라고 보는 것이며, 셋째 심념처心念處
는 마음이 무상無常함을 보는 것이고, 넷째 법념처法念處
는 모든 존재가 무아無我임을 보는 것이다. 육신의 더러
움을 보기 위해서는 흔히 백골관白骨觀이라는 것을 한다.
육신이 죽어서 썩어 백골이 되는 과정에 대해 명상을 하
는 것이다. 이런 식으로 해서 육신에 대한 집착을 떨쳐 버
린다. 그런 수행을 통해서 궁극적으로 이루고자 하는 것
은 무엇인가? 아라한阿羅漢(arhat)이 되는 것이다. 그러나
대승불교에서 아라한은 소승의 목표일 뿐이라고 한다.

가장 일반적인 불교 수행은 이른바 삼학三學이라고 해
서 계정혜戒定慧 즉 계율을 지키고, 선정과 지혜를 닦는
것이다. 그밖에도 육바라밀다六婆羅密多 즉 보시布施, 지
계持戒, 인욕忍辱, 정진精進, 선정禪定, 반야般若를 닦는
것도 많이 운위된다. 이 가운데 선정과 반야는 흔히 지止
와 관觀의 수행이라고도 일컫는다.

벽관으로 조신의 닦음을 행한다 해도 이런 전통적인 수
행법의 가치를 부인하지는 않는다. 그것들은 모두 기본이
되는 수행법이다. 그러나 그런 수행을 통해서 부처가 될
수 있다고 생각한다면 잘못이다. 사념처나 삼학, 육바라밀
다를 행함으로써 쌓는 모든 공덕은 조신을 바탕으로 하는
벽관의 행만 가지고도 다 성취할 수 있다.

벽관이라는 말이 보리달마의 『이입사행론』에서 어떻게 쓰이는지 살펴보자. 벽관 앞에는 응주凝住라는 말이 붙는다. '응주벽관凝住壁觀'이라고 하면 일단은 '벽관에 확고하게 머문다'는 뜻이다. 그러나 '확고하기가 벽과 같은 관'이라고 이해하는 것이 더 정확하다. 여기에서 벽은 응주 즉 확고한 모습을 비유로 강조한 말일 뿐이다. 즉 벽은 비유(upamā)이고, 응주는 그 비유된 대상(upameya)이다. 그러니까 벽관이라는 말은 응주관凝住觀을 비유로 표현한 것일 뿐이다. 응주라는 말이 중요하지 벽이라는 말이 중요한 것이 아니다. 야나기다 세이잔은 응주라는 말에 대해 매우 통찰력 있는 해석을 내리고 있다.

응주라는 말은 망령된 것을 버리고, 참된 경지에 확고하게 자리잡은 모습을 가리킨다. 자기와 타인이 하나요, 성聖과 속俗이 하나이며, 언어 문자에 끄달리지 않는 경지를 가리킨다. 응주라는 말은 그런 본연의 경지를 찾은 사람의 놀라워하는 심경을 묘사한다. 생사生死, 존폐存廢를 넘어선 진리를 보게 된 사람의 감격이 응주라는 말에 담겨 있다.[6]

불교 문헌에서 '응凝'이라는 말은 대개 불이不二의 경

---

6) 야나기다 세이잔(柳田聖山), 『禪思想』(東京: 中央公論社, 1975), 22쪽.

지를 표현하는 말로 쓰인다. 그러니까 '응주'라 하면 '불이의 경지에 확고하게 머문다'는 뜻이 되겠다. 그리고 그것을 '벽'에 비유함으로써 가시적인 이미지를 제시한다. 동양 문화에서 벽은 강인함, 신뢰성, 성숙한 지혜 등과 함께 타협이나 변화 없이 확고함을 상징한다. 나아가 벽은 양면을 다 보는 위치이므로 불이를 상징하기도 한다. 응주의 상징으로는 아주 적절한 셈이다.

마지막으로, 응주는 쉬랏다(śraddhā) 즉 불변의 확고한 신념이라는 뜻의 불교적 믿음과 직접 연관된다. 즉 응주는 불이의 경지에 확고부동하게 머문다는 뜻의 믿음을 가리키는 말이다. 그러니까 응주관(凝住觀)이라 하면 곧 믿음의 관(信觀)이라는 말이 되고, 따라서 믿음과 닦음이 온전히 불이의 관계임을 담고 있는 말이 된다. 결국 응주벽관이란 '불이의 명상을 통해 벽처럼 확고부동하게 믿음에 머문다'는 뜻이다.

야나기다 세이잔은 벽관을 해석하면서 반야般若(prajñā) 즉 지혜를 강조함으로써 전혀 새로운 해석을 제시하였다. 그는 벽관이라는 말을 '벽이 본다'고 번역하였다. 이제까지의 일반적 해석에서는 벽을 관의 대상으로 여겼다. '벽을 본다'는 것이다. 여기에서는 무엇을 보느냐가 문제의 초점이며, 그 답은 벽이 된다. 그러나 야나기다의 해석에서는 벽이 아니라 관이 초점이 된다. 어떻게 보느냐가 문제인데, 벽처럼 불이의 지혜에 확고부동하게 머무는 경지에서 본다는 것이다. 그러면 벽이 보는 것은 과연 무엇인가? 다시 말해, 확고한 불이의 지혜가 보는 것은 과연 무엇인가? 그것은 바로 모든 것의 공성空性, 나도 너도 나아가 모든 것이 공하다는 진상이다.

그러므로 야나기다의 해석에 따르면, 벽관이란 벽이라든가 그 밖의 어떤 특정 대상에 대한 명상도 아니고, 특정의 장소에서 특정의 자세로 행하는 명상도 아니다. 벽과 같이 확고한 마음으로 행하는 명상이라면 자세와 장소에 상관없이 모두 벽관일 수 있다. 그리고 벽과 같이 확고한 마음이 어떤 것인지는 위에서 인용한 『이입사행론』에서 밝혀 놓은 바와 같다. 그러니까 보리달마가 6세기 중국 불교계에 끼친 중요한 공헌은 불교의 모든 명상 수련에 적용되는 기준을 제시했다는 데 있다. 다시 말해, 보리달마의 벽관이란 특정 종류의 명상 수련이 아니라 올바른 명상 수련과 올바른 닦음의 기준이었던 것이다. 그 기준이란 (1) 모든 중생이 똑같이 참된 본성을 가지고 있다는 깊은 믿음, (2) 벽처럼 확고부동한 불이의 경지, (3) 일상 생활 속에서도 늘 사념처의 수행에 전념하는 것 등이다.

9장

간화선과 믿음의 역동성

　사람들은 흔히 믿음은 무엇을 전적으로 긍정하는 신념이라고 생각한다. 다분히 정적靜的인 개념으로 이해하는 것이다. 하지만 불교의 바른 믿음 즉 불퇴전不退轉의 조신祖信은 그 구조 자체가 정적이 아니고 역동적力動的이다. 이 역동적 구조는 긍정과 부정, 믿음과 회의 사이에 일종의 변증법적인 긴장을 내포하고 있다. 그러므로 믿는다는 행위에는 늘 의심이라는 긴장의 요소가 존재한다. 특별히 그 긴장을 현저히 담고 있는 것이 바로 공안선公案禪이다.[1]

---

[1] 한국에서는 公案禪보다는 看話禪이나 話頭禪이라는 말을 많이 쓴다. 12세기초부터 동아시아 선 불교, 특히 이른바 조사선 전통의 주된 수행 방법이 되었는데, 그럼에도 동양에서든 서양에서든

'나는 이미 부처'라면 왜 수행해야 하는가? 사실상 모든 수행자는 '나는 부처가 아니다'라는 정직한 고백과 '나는 부처이다'라는 믿음 사이에 갈등을 겪는다. 다시 말하자면, 믿음과 회의, 긍정과 부정 사이의 갈등을 안고 있다. '나도 부처님이 될 수 있다'는 믿음은 '나는 아직 부처가 아니다'라는 고백을 전제하며, 따라서 '나는 이미 부처이다'라는 믿음에 대한 회의 또는 부정을 이미 담고 있다. 그러나 수행자가 '나는 이미 부처다'라는 믿음을 붙들고 있더라도, 한편으로 그는 '나는 아직 부처님이 아니고 일개 중생일 뿐'이라고 고백하지 않을 수 없다. 믿음과 회의, 긍정과 부정이라는 양극 사이의 갈등을 안고 있는 것이다.

간화선 그 자체를 본격적으로 다룬 책이 드물다. 고전 가운데에는 『碧巖錄』이 동아시아의 간화선을 이해하는 데 가장 좋은 책으로 알려져 있다. 백 가지 공안에 대해 雪竇重顯(980~1052)이 각각의 그 숨은 뜻에 대해서 짤막한 시를 붙였고, 圜悟克勤(1063~1135) 선사가 각 공안의 종지나 착안점을 드러내는 해석, 비평 그리고 감상하는 노래를 덧붙였다. 원오의 제자들이 엮어서 간행했는데, 그의 법맥을 이은 大慧宗杲(1089~1163) 선사는 이 책이 학인들을 오히려 미혹에 빠뜨린다고 하여 불태워 버렸다는 이야기도 전해진다. 서양에서는 공안선에 대한 저작 가운데 Ruth Fuller Sasaki 외 공저, *The Zen Kōan: Its History and Use in Rinzai Zen* (Kyoto: First Zen Institute of America in Japan, 1965)과 Yoel Hoffman의 *The Sound of the One Hand* (New York: Basic Books, 1975) 등이 널리 알려져 있다. 한국에서는 근래 성철 선사의 제자 원융의 『看話禪: 禪宗 頓法思想의 바른 이해』(서울: 장경각, 1993)가 출판되었다.

그 갈등을 어떻게 해결할 것인가?

그러므로 조신은 정적인 긍정 일변도의 믿음이 아니다. 거기에는 이미 긍정과 부정, 믿음과 회의가 모두 담겨 있다. 그러므로 조신에는 이미 교신이 내포되어 있다. 선 불교 전통에서 창안해 낸 간화선은 갈등의 양극 가운데 어느 한 쪽을 선택함으로써 갈등을 해결하는 것이 아니라 오히려 끊임없는 의심을 통해서 그 갈등을 일으키고 심화시킴으로써 갈등을 해결하는 방법이다. 간화선을 분석해 보면 조신의 역동성을 이해하는 데 도움이 될 것이다.[2]

고봉高峯(1238~1295) 선사는 『선요禪要』라는 저술에서 간화선의 세 가지 요체를 이야기하였다. 간화선에서 조신의 역동성이 어떻게 작동하는가 하는 문제에 대해 이론적 논의를 하기 위해서는 그 이야기가 가장 좋은 소재가 될 것이다.

선정에 세 가지 요체가 있다. 첫째는 확고한 믿음이다. 분명히 알고 나서 그 자리에 수미산처럼 확고하게 버티고 서는 믿음

---

2) 후루타 쇼킨(吉田紹欽), 「공안의 역사적 발전 형태에서 기인한 진리성의 문제(公案の歷史的發展形態に起る眞理性の問題)」, 미야모토 쇼손(宮本正尊) 엮음, 『불교의 근본진리(佛教の根本眞理)』(東京: 三省堂, 1957).

이다. 둘째는 반드시 이 일을 해결하겠다고 당장에 달려드는 의지이다. 자기 아버지를 죽인 원수를 만나면 당장 덤벼들어 한 칼에 결단을 내리려고 하는 것과 같이 크게 분해하는 의지가 그것이다. 셋째는 커다란 의심을 내는 것이다. 일생에 가장 중요한 일을 앞에 두고 어떻게 해야 할지 몰라 깜깜한 상태일 때처럼 커다란 의심을 내는 것이다.[3)]

원문에서는 대신근大信根, 대분지大憤志, 대의정大疑情이라고 한 것을 해설적으로 번역해 보았는데, 필립 캐플로(Philip Kapleau)도 이 삼요를 말과 순서를 약간 바꾸어서 다음과 같이 설명하고 있다.

선 수행의 세 가지 요체 가운데 첫째는 대신근大信根이다. 이것은 단순한 믿음이 아니라 그 이상의 것을 말한다. '근根'이라는 말이 그런 뜻을 함유한다. 그러니까 대신근이라 하면 확고하고도 깊이 뿌리내린 믿음, 그래서 큰 나무처럼 움직이지 않는 믿음을 말한다…… 두 번째 요체는 대의단大疑團이다.…… 이것은 믿음과 현실 사이의 괴리에 대해 일으키는 의심 덩어리이다. 도대체 왜 우리는, 그리고 이 세상은 이다지도 불완전한가? 도대체 왜 근심과 갈등과 괴로움으로 가득 차 있

---

3) 『高峯和尙禪要』(SZ 1401, 권70, 708쪽 중단 5∼8행), "若謂著實參禪, 決須具足三要. 第一要, 有大信根, 明知此事, 如靠一座須彌山. 第二要, 有大憤志, 如遇殺父寃讐, 直欲便與一刀兩段. 第三要, 有大疑情, 如暗地做了一件極事."

는가? 믿음에서 보자면 그 정반대여야 하는데. 믿음이 강하면 강할수록 이런 의심도 정비례해서 커지게 마련이다.…… 그 것은 회의라기보다는 당혹이고 물음이며, 풀지 않고서는 못 견디는 그런 의심이다. 그 의심으로부터 세 번째 요체 즉 대분지大憤志가 일어난다. 이것은 전심전력으로 그 의문을 해결하려는 결단을 말한다.[4]

어떤 식으로 이야기하든지 요지는 분명하다. 선 수행에서는 믿음과 회의, 긍정과 부정, '나는 부처이다'와 '나는 부처가 될 수 있다' 사이의 팽팽한 긴장이 작동하며, 그 긴장은 큰 의심이라는 행위에서 풀린다는 것이다. 캐플로도 지적하듯이, 선에서 의심이란 단순한 부정, 회의가 아니라 물음이다. 간화선이란 물음의 명상, 또는 의심 덩어리(疑團)의 명상이다. 그것을 두고 단순히 믿음이라는 명제命題(thesis)에 대한 반명제反命題(anti-thesis)라고 이해해서는 안 된다. 고봉의 삼요에서 보듯이 의심 덩어리는 사실상 지양止揚(synthesis)에 해당하며, 확고한 믿음과 정직한 의심 사이의 갈등으로부터 비롯된다. 그 관계를 도표로 그리면 다음과 같다.

---

4) Phillip Kapleau, *The Three Pillars of Zen* (New York: Anchor Books, 1980), 64~66쪽.

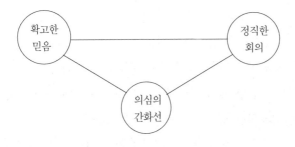

이러한 조신의 역동성은 어떤 면에서는 키에르케고르 (Kierkegaard)와 틸리히(Tillich) 등 실존주의 신학자들이 제시한 기독교 신앙의 역동적인 개념과 상통하는 점이 있다. 키에르케고르는 내면적 또는 주관적 태도로서의 신앙과 객관적 또는 교리적 신앙을 구별하였다. 객관적 지식은 신앙에 대해 변증법적으로 대립하며, 신앙의 주관성에 반한다. 그리고 신앙은 이성화, 객관화되는 경향이 있으므로 끊임없이 내면화의 노력을 경주하지 않으면 안 된다. 인간은 객관적 실재와 완전히 정합整合할 수 없다. 따라서 객관적으로 안다는 것은 주관적으로 실존하기를 멈추는 것과 같다. 신앙 속의 실존은 객관적 실재 속의 실존과는 변증법적 대립의 관계이다. 그러므로 진정한 신앙은 '객관적인 신앙' 즉 '일단의 교리적 명제들'에 대한 믿음이 아니다. 진정한 신앙은 '치열한 내면성'

이며, 거기에서 작동하는 주관성은 객관성을 부인한다.[5]
그래서 키에르케고르는 기독교에 대한 모든 그릇된 이해
는 신앙의 객관화, 즉 치열한 내면성으로서의 올바른 신
앙을 단순한 교리적 신앙으로 뒤바꿔 버리는 데서 비롯
한다고 하는 신앙의 신학을 역설하고 있다. 키에르케고
르는 다음과 같이 말하고 있다. "신앙은 독자적인 영역이
다. 기독교에 대한 모든 오해는 신앙을 하나의 교리로 착
각하는 데에서, 다시 말해 신앙을 지적 영역에다가 옮겨
다 놓는 데에서 비롯한다."[6]

키에르케고르는 치열한 내면성으로서의 신앙을 지향
하는 삶에 세 단계가 있다고 한다. 심미적審美的 단계, 도
덕적 단계, 그리고 종교적 단계가 그것이다. 이 세 단계
를 거치면서 물질 세계를 벗어나 이른바 '신앙의 도약'이
라는 것을 통해 스스로 무한자無限者와 하나가 된다고
한다. 즉 신앙을 뜀틀로 해서 과감히 도약함으로써 일거
에 무한에 이른다는 것이다. 키에르케고르가 말하는 '신
앙의 도약'은, 객관적 지식을 통해서 교리를 탐구해 나가

---

5) Sören Kierkegaard, "Concluding Unscientific Postscript," L. Miller 엮음,
   Classical Statements of Faith and Reason (New York: Random House, 1970),
   165쪽.

6) Sören Kierkegaard, 같은 글, 167쪽.

는 점진적 과정과는 달리 '치열한 내면성'으로서의 신앙을 통해 일거에 이루어지는 구원을 가리킨다. 키에르케고르는 이렇게 말한다.

추론을 통하여 신을 객관적으로 드러내려고 하는 객관적인 방법을 택하는 이들도 있다. 하지만 그런 식으로 해서 객관적으로 신을 드러냈다고 해보았자 그것은 신의 실제 모습 전체가 아니라 추론에 불과하다. 신을 객관적으로 드러낸다고 하는 것 자체가 도무지 불가능한 일이다. 신은 하나의 주체이며, 그러므로 내면의 주관에만 실존하기 때문이다. 이 점을 알아차리는 실존인에게는, 이른바 객관적 접근이 안고 있는 변증법적 문제가 즉각 크나큰 고통임을 알게 된다. 신을 객관적으로 발견하기 위해서는 시간이, 그것도 아주 많은 시간이 필요한데, 신을 발견하지 못하고 있는 그 동안의 매순간이 극심한 고통으로 다가온다. 자기 내면의 주관에 실존하는 신을 찾는 실존인에게는 신을 갖지 못한 매순간이 낭비이기 때문이다. 그 매순간의 고통을 타협 없이 속속들이 겪는 바로 그 때 그는 신을 가진다. 객관적인 숙고의 결과로써 신을 알게 되는 것이 아니다. 무한히 치열한 내면성 덕분에 신을 갖게 된다. 한편, 객관적인 길을 따르는 이는 당장 자신의 실존 속에 신이 있어야 하는데도 그렇지 못하다는 것 때문에 당혹해 하지는 않는다. 신을 모르는 매순간이 괴로움이고, 그래서 당장 치열하게 전심전력으로 신을 찾는 실존적 당혹이 없다.…… 신에 대해 객관적 지식을 추구하는 이들은 (더 많고 올바른 지식을 향해)

점차로 다가가는 긴 도정 위에서 편안하게 어슬렁거리는 반면, 주관적 앎을 추구하는 이에게는 모든 지체遲滯의 순간순간이 다 극심한 고통이다.[7]

키에르케고르에 의하면, 진정한 신앙은 '신이자 인간'인 그리스도에 대한 무한하고 치열하며 주체적인 신앙이다. 그러나 '신이자 인간'으로서의 그리스도 즉 영원과 유한의 결합으로서의 그리스도라는 개념은 지성知性에게는 '패러독스' 또는 '불합리'로 부딪쳐 오며, 따라서 '객관적으로 불확실하다'는 고백을 낳게 한다. 하지만 키에르케고르의 신학에서는 바로 그 지점에 신앙의 '역동성'이 있다. 객관적 불확실성과 주관적 열정 사이에서 긴장이랄까 역동적 상호 작용이랄까 하는 것이 빚어지고, 그러므로 객관적 불확실성이 크면 클수록 주관적 열정과 내면성이 더욱 강렬해진다는 것이다. 그래서 키에르케고르는 신앙을 다음과 같이 정의한다. "가장 치열한 내면성을 밀고 나가는 와중에서 객관적 불확실성을 분명히 느끼는 것이다."[8] 그리고 또 이렇게 말한다. "위험의 감수 없이는 신앙도 없다. 신앙이란 한 마디로 개인 내면의 무

---

7) Sören Kierkegaard, 같은 글, 153~154쪽.

8) Sören Kierkegaard, 같은 글, 158쪽.

한한 열정과 객관적 불확실성 사이의 대립이다."⁹⁾

키에르케고르의 실존주의적 사상 속에서 제시된 신앙의 역동적 모델은 20세기에 와서 폴 틸리히의 사상을 통해 다시 전개되었다. 틸리히는 『신앙의 역동성』이라는 저서에서 신앙을 '궁극적 관심의 상태'라고 정의하였다. 그리고 그러한 신앙의 행위에는 예외 없이 '의심'이 이미 내포된다고 하였다. 틸리히는 다음과 같이 말한다. "무엇인가가 진실이라고 믿는 것이 신앙이라는 식으로 이해한다면, 그것은 신앙의 행위에 부합하지 않는다. 신앙을 궁극적인 관심이라고 이해한다면, 거기에는 의심이 필수적인 요소로 들어 있게 된다." 그러나 여기에서 틸리히가 말하는 의심이란, 과학자가 연구를 수행하면서 해답을 찾기 위한 도구로서 제기하는 의문이라든가 회의라는 의미에서의 의심이 아니라 '실존적인 의심'을 가리킨다.

모든 신앙의 행위마다 내포되어 있는 의심이란, 방법론적인 의심을 말하는 것도 아니고 회의적인 의심을 말하는 것도 아니다.…… 구별하기 위해서 그것을 실존적 의심이라고 부를 수 있겠다. 그것은 특정 명제를 두고 참이냐 거짓이냐를 묻는 게 아니다. 구체적인 진실을 부인하는 것도 아니다. 모든 실존적

---

9) Sören Kierkegaard, 같은 글, 같은 곳.

진실 속에 들어 있는 불확실성을 알아차리는 것이다.[10]

이렇게 보면 신앙과 의심은 궁극적 관심이라는 하나의 행위 속에 담긴 양극이라 할 수 있다. "의심은 신앙의 부정이 아니다. 의심은 신앙의 행위 속에 반드시 들어 있는 하나의 구성 요소이다. 실존적인 의심과 신앙은 궁극적인 관심의 상태라는 동일한 실재의 양극이다."[11]

그처럼 궁극적 관심의 행위에서 언제나 신앙과 의심의 변증법적 긴장이 작동한다는 것이 바로 틸리히가 제시하는 신앙의 역동적 모델이다.

'신앙의 역동성'은 신앙의 내용에 내재하는 긴장과 갈등에서만 작동하는 게 아니라 사람의 삶에서도 작동한다. 신앙이 있으면 곧 일치와 불일치 사이에, 신앙인의 현실과 그의 궁극적 관심 사이에 긴장이 빚어지게 마련이다.…… 이것은 물론 살아 있는 신앙, 실질적인 관심으로서의 신앙에만 해당되는 말이다. 긴장, 의심, 용기 없이 그저 전통을 답습하는 태도로서의 신앙에는 해당되지 않는다.[12]

---

10) Paul Tillich, *Dynamic of Faith* (New York: Harper Colophon Books, 1957), 20쪽.

11) Paul Tillich, 같은 책, 22쪽.

12) Paul Tillich, 같은 책, 99쪽, 102쪽.

틸리히가 말하는 신앙에는 '실존에의 용기' 즉 신 안에서 자기의 진정한 실존을 긍정하려는 용기 있는 결단이 필수 요건이다. 그것은 곧 '허무' 즉 회의, 방황, 소외, 죄, 무의미의 실존적 순간들을 변증법적으로 극복하는 결단이다. "신앙의 한 요소로서 말하는 용기란 '허무'의 권세에도 불구하고 자신의 실존을 스스로 과감하게 확인하는 것을 말한다."[13]

그런 역동적 신앙에 내포된 '실존에의 용기'를 불교에서 찾자면, 자신의 현재 상태에 대한 철저한 회의를 통해서 "나는 사실상 무지몽매한 중생에 지나지 않는다"고 정직하게 고백하고, 하지만 그러한 객관적 불확실성 앞에서도 자신의 불성佛性을 긍정하는 것이 이에 해당한다고 하겠다. 대승불교의 믿음이 역동적이라고 하는 까닭은 그것이 정태적靜態的인 긍정이나 단순한 동조가 아니라 긍정과 부정, 믿음과 회의 사이의 긴장이기 때문이다. 또는 무문혜개無門慧開(1183~1260) 선사가 말하듯이 '긍정과 부정이 함께 하는 순간'이기 때문이다.[14] 그러니까 역동적인 조신에서는 믿음과 의심 사이의 변증법적 긴장이 작동하고 있다. 거기에서 의심은 믿음을 부인하고 없

---

13) Paul Tillich, 같은 책, 17쪽.
14) 慧開, 『無門關』(T 2005, 권48, 292~299쪽), 이 장의 주 17 참조.

애 버리는 것이 아니라 오히려 일종의 '연료'로서의 역할을 한다. 믿음의 불꽃이 더욱 밝고 높이 타오르도록 하는 것이다.

한편, 키에르케고르나 틸리히가 제시한 신앙의 역동적 모델과는 달리 대승불교의 믿음은 구체적 수행 즉 공안선으로 연결된다. 공안선은 곧 의심을 밀고 나가는 명상으로서 이를 통하여 믿음과 회의 사이의 변증법적 긴장이 활성화되고, 그 극점에까지 이르도록 하며, 그리하여 '깨달음', '깨짐', '깨침'으로서의 '각覺'이라는 절정에 이르도록 하는 것이다. 이에 대해서는 이 책의 뒷부분에서 논의하도록 하겠다. 대승불교의 믿음과 키에르케고르 및 틸리히가 말하는 신앙은 또한 각각 무신론적 세계관과 유신론적 세계관을 바탕으로 하고 있다는 중요한 차이가 있다. 그러므로 기독교의 실존주의 신학과 대승불교의 조신 사이에는 비슷한 면이 있다 하더라도 그 상통성에는 분명히 한계가 있으며, 그 한계 너머까지 유비類比를 밀고 나가려고 하는 것은 무리이다. 그러나 내가 위에서 제시한 것과 같은 역동성의 유비는 적어도 이론적으로는 그 둘의 내용을 이해하는 데 한 가닥 도움이 될 수 있으리라고 생각된다.

이 책의 서문에서도 언급한 바와 같이, 일본의 교토학

파(京都學派)는 큰 깨침을 이루는 데 있어서 큰 의심이 중요한 역할을 한다고 아주 멋지게 설명한 바 있다. 니시타니 게이지(西谷啓治)는 『종교란 무엇인가』라는 책에서 의심을 그 극에까지 몰고 가면 거짓 자아自我가 절대무絶對無의 자리에서 없어지게 되는데, 바로 이것이 선 불교에서 '대사大死' 즉 '큰 죽음'이라고 부르는 것이라고 하였다.[15] 거기에는 의심하는 자와 의심의 대상 사이의 분별이 무너지고 의단疑團 즉 의심의 덩어리만 남는다. 이를테면 세상 전체가 하나의 큰 의문부호가 되는 것이다. 그러니까 큰 의심이란 도대체 가늠조차 할 수 없는 엄청난 무無에 대한 깊은 실존적 인식이다.

그러나 니시타니는 임제종臨濟宗의 공안선에 내포되어 있는 믿음과 의심 사이의 변증법적인 긴장을 제대로 드러내지는 못하였다. 그것은 아마도 니시타니와 교토학파가 다듬은 믿음에 관한 이론이 신란(親鸞, 1173~1262)의 정토종 신앙에 입각하고 있기 때문일 것이다. 거기에서 믿음이란 근본적으로 아미타불阿彌陀佛의 자비의 선물로서 주어지는 타력적他力的인 신앙이다. 칼뱅(Calvin)의 기독교 신학에서 신앙은 언제나 신의 은총의 선물이라는

---

15) 니시타니 게이지(西谷啓治), 『종교란 무엇인가(宗教とは何か)』 (東京: 創文社, 1961), 18~22쪽.

하는 것과도 같다. 그러나 공안선에는 그런 개념이 적용될 수 없다. 여기에서 나는 그런 점을 바로잡기 위해서 '나는 부처이다'라는 자력적自力的 의미의 큰 믿음과 '나는 그래도 무지몽매한 중생'이라는 정직한 회의 사이의 긴장으로부터 큰 깨침이 빚어진다는 구조로 설명하려고 하였다.

선 불교에서 전통적으로 전해진 공안은 약 1,700가지이다. 각 공안은 조사들의 감추어진 메시지를 담고 있다. 수행자는 그 감추어진 메시지를 찾아내야 한다. 공안 가운데서도 가장 널리 알려진 것은 아마도 조주趙州(778~897) 선사의 이른바 무자無字 공안일 것이다. 조주를 공경하는 스님이 어느 날 조주에게 물었다. "개에게도 불성이 있습니까?" 조주의 대답은 "없다"(無)였다. 그 대답을 들은 스님은 혼란에 빠졌다. "가장 위대한 부처님에서부터 개미 같은 미물에 이르기까지 누구나 다 불성을 갖고 있다고 했는데, 왜 개에게는 불성이 없다고 하는가? 왜 그런가? 왜? 왜? 왜?"

많은 선서禪書에 이 이야기가 나오고 여러 가지 해설이 시도되었다. 그 가운데서도 무문 선사의 주석이 가장 유명하다. 그는 『무문관無門關』이라는 저술 첫머리에서 다음과 같이 말하였다.

선禪을 닦는 이는 옛 조사들이 세운 관문을 통과해야 한다. 깨달음을 얻으려면 망령된 분별심을 끊어야 하는데, 조사들의 관문을 통과하지 않으면 그것을 끊을 수 없다. 그 관문을 통과하지 못한 이들은 모두 풀잎이나 나무에 깃들어 뒹구는 정령과 같을 뿐이다. 그러면 조사들의 관문이란 무엇인가? '무無'라는 한 글자일 뿐이다. 그것이 선의 관문이다. 그래서 이것을 일컬어 선의 '문 없는 관문'(無門關)이라고 한다. 그것을 통과하는 이는 조주를 친견할 뿐만 아니라 역대의 모든 조사들과 함께 하여 얼굴을 맞대고 손을 잡을 수 있으며, 조사들과 같은 눈으로 보고 같은 귀로 들을 수 있으니, 어찌 즐거운 일이 아니겠는가? 그 관문을 통과하고 싶지 않은가? 그렇다면 온몸의 360개 뼈와 84,000개 털구멍을 모두 동원하여 그저 '무' 그 한 자를 들고서 온몸이 오직 의심 한 덩어리가 되도록 밀고 나갈 일이다.16)

그 뒤에 게송偈頌이 한 수 나온다.

개라…… 불성이라……
거기 진리가 남김 없이 다 드러났다.

---

16) 慧開, 『無門關』(T 2005, 권48, 292쪽), "參禪須透祖師關. 妙悟要窮心路絶. 祖關不透, 心路不絶. 盡是依草附木精靈. 且道如何是祖師關. 只者一箇無字, 乃宗門一關也. 逐目之日禪宗無門關. 透得過者, 非但親見趙州, 便可與歷代祖師, 把手共行, 眉毛廝結, 同一眼見, 同一耳聞, 豈不慶快. 莫有要透關底. 麼將三百六十骨節, 八萬四千毫竅, 通身起箇疑團, 參箇無字."

있다, 없다를 한꺼번에 말한 그 순간에
몸과 마음을 다 여의었다.[17]

무문 선사의 해설 한 마디 한 마디가 다 참선에 관한
고전적 해설이 되었다. 그러나 공안을 아무리 멋지게 해
설해 보았자 공안을 들고 의문을 밀고 나가는 명상을 하
는 데에는 아무 소용도 없고, 심지어는 방해가 되기도 한
다. 간화선의 생명은 끊임없이 간절하게 의심하는 데 있
다. 무자無字가 중요한 게 아니라 '이 뭣꼬? 이 뭣꼬? 이
뭣꼬?' 하고 끊임없이 의심하는 게 중요하다. 바로 그 이
유 때문에 간화선에서 믿음과 의심의 변증법적 긴장이
작동한다고 한 것이다. 간화선의 궁극적인 목적은 무문
선사가 말하듯이 분별심을 끊는 데 있다. 그리하여 '나는
부처'라는 긍정과 '나는 부처가 아니다'라는 부정 사이의
분별이 없어진다. 무자 공안을 낳은 조주 선사의 또 다른
일화가 이 점을 잘 말해 준다. 다른 때에 어느 승려가 조
주에게 "개에게도 불성이 있습니까?" 하고 묻자 이번에
는 "있다"(有)고 대답했다.

---

17) 慧開, 같은 책(T 2005, 권48, 293쪽 상단 12~13행), "狗子佛性,
全提正令. 纔涉有無, 喪身失命."

승려가 물었다. "개에도 불성이 있습니까?" 대사가 대답했다. "있다." 그 승려가 다시 물었다. "대사께는 불성이 있습니까?" 대사가 대답했다. "없어!" 그러자 승려가 또 물었다. "모든 중생에게 불성이 있다고 했습니다. 그런데 왜 대사에게는 없습니까?"18)

선에서 진짜 장애가 되는 것은 있느냐 없느냐 하는 식으로 분별하는 마음 그 자체이다. 대답이 유냐 무냐 하는 것은 문제가 안 된다. 간화선은 믿음과 의심 즉 긍정과 부정, 또 달리 말하자면 '나는 부처이다' 하는 믿음과 '나는 부처가 아닌데……' 하는 의심 사이의 팽팽한 긴장을 터뜨려 날려 버리고자 하는 수행법이다. 그리고 그것은 마침내 그런 분별심을 여읨으로써만이 날려 버릴 수 있다.

거기 진리가 남김 없이 다 드러났다.
있다, 없다를 한꺼번에 말한 그 순간에.19)

---

18) Zenkei Shibayama, *Zen Comments on the Mumonkan* (New York: Mentor, 1974), 19~20쪽.
19) 慧開, 『無門關』(*T* 2005, 권48, 293쪽 상단 13행), "全提正令. 纔涉有無."

10장
『대승기신론』에서 말하는 닦음

　『대승기신론大乘起信論』은 대승불교에서 믿음의 문제를 다룬 가장 고전적인 저작이다. 제목에서 이미 드러나듯이 그 논의 주제는 대승의 믿음을 일으키는 문제이다. 하지만 믿음의 본질 문제는 마지막 부분에 가서야 등장하기 때문에 처음에는『대승기신론』의 중심 주제가 정말 믿음의 문제인지 의아해 할 수도 있다. 그러나 꼼꼼히 따져 보면『대승기신론』에서 세 가지 믿음을 말하고 있음을 알 수 있다. 올바른 믿음, 퇴전할 수도 있는 믿음, 그리고 아미타불에 대한 믿음이 그것이다. 올바른 믿음이 논의 첫째 '인연분因緣分'에서부터 둘째 '입의분入義分'과 셋째 '해석분解釋分'에 이르기까지 거의 전체의 핵심 주제가 되는데, 논의 제목에 언급된 바로 그 믿음 즉 '대승의 믿음'이 바로 이것이다. 퇴전할 수도 있는 믿음에 대해서는 네 번째 '수행신심분修行信心分'에서 논의하고 있으며, 아미타불에 대한 믿음은 이 '수행신심분' 말미에 잠깐 언급하고 있다. 그러니까 『대승기신론』의 논의는 서로 다른 근기의 사람들을 위해 체계적으로 배열되어 있는 셈이다.

우선 『대승기신론』에서는 올바른 믿음 즉 정신正信을 논하였다. 이것은 정정취正定聚(niyata rāśi) 즉 반드시 성불하도록 정해진 이들의 '결코 퇴전할 수 없는 믿음'(不退信)을 가리킨다. 다음에는 부정취不正聚(aniyata rāśi) 즉 어떻게 될지 정해지지 않은 이들을 위한 이야기로 '퇴전할 수도 있는 믿음'(退信)을 가리키는데, 이것은 그 유명한 '네 가지 믿음과 다섯 가지 실천'(四信五行)의 이론을 가지고 설명한다. 마지막으로 그 두 번째 유형의 믿음조차 행할 수 없는 이들을 위해 염불을 처방한다. 서방정토에 왕생하기를 빌면서 나무아미타불을 외우는 것이다. 그러나 이 논의 전반적인 주제는 역시 믿음의 완성이다. 즉 부정취의 퇴신으로부터 정정취의 불퇴신으로, 다른 말로는 신심信心으로부터 발심發心(發菩提心)으로의 전환이 그 주제이다.

『대승기신론』에서 논의하는 올바른 믿음, 즉 그 제목

에 언급된 '대승의 믿음'은 곧 '일심의 믿음'(一心信)이라고도 할 수 있다. 원효元曉의 해석에 의하면, '대승'은 곧 '일심'을 가리키고, 또한 일심은 곧 '중생심'을 가리킨다. 그러니까 '대승기신론'이라 하는 제목은 간단히 말하자면 '믿는 마음을 일으키는 것에 관한 논'이라는 셈이다. 그리고 '믿는 마음을 일으킨다'는 것은 평상심平常心 즉 '본성대로 일하는 마음' 또는 '제대로 일하는 마음'이 되게 한다는 뜻이다.

그 논의 제목을 읽는 더 간단한 방법이 있다. 글자 순서대로 '대승이 믿음을 일으킴에 관한 논'이라고 읽는 것이다. 다시 말해, 이것은 '마음이 믿음을 일으킴'이라고도 할 수 있다. 이는 논의 본문 첫 문장이 "어떤 법이 있어 능히 대승의 믿음의 뿌리를 일으킨다"(有法能起摩訶衍信根)고 한 것과도 상통한다. 여기서 '어떤 법'이란 일심 즉 중생심이다. 그러니까 이 문장은 '어떤 하나의 마음이 있어 대승의 믿음의 뿌리를 일으킨다'는 뜻이 된다. 여기서 마음은 몸이요, 믿음은 그 몸으로부터 나오는 몸짓이다. 즉 일심과 믿음은 불가분의 관계이다. 원효는 『대승기신론소』에서 이 구절에 대해 다음과 같이 해설하였다.

처음에 '어떤 법'이라고 한 것은 일심을 말한다. 일심을 이해한다면 곧 넓고도 큰 믿음의 뿌리를 일으킬 수 있다. 그렇기 때문에 '능히 대승의 믿음의 뿌리를 일으킨다'고 한 것이다. 믿음의 뿌리가 어떤 것인지는 논의 제목을 해설한 데에서 이미 설명하였다. 믿음의 뿌리가 일어나면 곧 부처의 길에 들어간다. 부처의 길에 들어가면 무궁한 보화를 얻는다.[1]

'믿음의 뿌리'는 '일심이라는 근원적 자리로 돌아감' (歸一心之源)으로써 일어나는 것이므로 원효를 비롯해서 많은 주석가들은 『대승기신론』의 요점을 일심으로 돌아가는 데 있다고 보았다. 더구나 원효는 '대승기신'이라는 제목을 해설했던 '일심이 체이고, 믿음이 그 용'이라는 체용의 구도를 그대로 '믿음의 뿌리'에 대한 해설에도 적용하고 있다. 그러니까 믿음은 의지나 이성 등 어떤 정신적 기능에 의해서 일어나는 게 아니라 일심의 작용이라고 한다. 즉 믿음은 진여眞如라는 존재론적 진상 그 자체를 바탕으로 해서 일어난다. 그런 믿음이 바로 불퇴전의 믿음이다.

불교에서 믿음의 특징은 그것이 반드시 닦음으로 드

---

1) 元曉, 『大乘起信論疏』(T 1844, 권44, 204쪽 하단 9~13행), "初中言有法者, 謂一心法. 若人能解此法, 必起廣大信根. 故言能起大乘信根. 信根之相, 如題名說. 信根既立, 卽入佛道. 入佛道已得無窮寶."

러난다는 데 있다. 정진精進, 자비, 보시 등 닦음으로 발현되지 않는 믿음은 진짜 믿음이 아니라고 한다. 그러니까 믿음은 일종의 순환적 성격을 갖는다. 믿음이 닦음으로 이어지고 닦음이 깨침으로 이어진다. 그리고 깨침의 내용은 곧 믿음의 내용과 다른 것이 아니다. '몰록 깨친다'(頓悟)는 개념에 입각해서, 더 과격하게 말하자면, 믿음이 곧 닦음이요 닦음이 곧 깨침이며 깨침이 그대로 믿음이 된다. 원효는 『해동소海東疏』2)에서 믿음과 닦음의 불가분성에 대해 다음과 같이 말하였다.

(대승의 원리에 대한) 이해를 바탕으로 해서 믿음이 일어나고, 그 믿음은 그대로 닦음으로 나타나야 한다. 닦음이 없는 이해라는 것은 이 논의 논지에 부합하지 않는다.3)

원효는 일심으로 돌아갈 때 믿음이 자라며, 닦음으로 나타나지 않는 정태적靜態的인 믿음은 참된 믿음이 아니라고 한다. '믿음이 자란다'고 함은 '마음이 제대로 작용

---

2) 원효의 『大乘起信論疏』를 흔히 『海東疏』라고 부른다. 해동에서 저작된 『大乘起信論』의 대표적인 疏라고 해서 존중하는 뜻을 담아 중국에서 붙인 별명이다.

3) 元曉, 『大乘起信論疏』(T 1844, 권44, 204쪽 하단 19~20행), "依釋起信, 必應進修. 有解無行, 不合論意."

한다'는 것과 같은 말이다. 그러니까 끊임없이 자라는 믿음을 가지려면 마음이 제대로 작용하지 못하도록 막는 모든 장애를 여의어야 한다. 그러면 무엇이 그런 장애가 되는가? 불교에서는 그것을 번뇌라고 부른다. 거의 모든 불교 수행은 그 번뇌를 여의는 데 초점을 두고 있다. 번뇌를 여의어야만 마음이 본연의 자리를 찾아 제대로 작용하며, 그 때 비로소 믿음이 자란다고 하기 때문이다.

그러면 『대승기신론』에서는 믿음에 대해 어떻게 말하고 있는가? 어떻게 믿음을 자라게 하며, 마음이 제대로 작용하게 한다고 하는가? 어떻게 해야 번뇌를 끊는다고 하는가? 이에 대한 『대승기신론』의 대답은 이념離念이다. 망령된 생각을 여의라는 것이다. 마음에 장애가 되고, 믿음이 자라지 못하게 하는 번뇌란 곧 망령된 생각의 연속을 가리킨다. 왜 그런가? 망령된 생각이란 곧 분별을 말하는데, 그 분별의 습관이 마음으로 하여금 제대로 작용하지 못하게 한다. 그래서 『대승기신론』에서는 분별하는 생각은 '불각不覺' 즉 못 깨친 상태요, 망령된 생각이 없는 것은 '본각本覺' 즉 본래 이미 깨쳐 있는 상태라고 하였다. 그러나 못 깨친 상태와 본래 이미 깨쳐 있는 상태가 별개는 아니다. 못 깨친 상태로부터 본래 이미 깨쳐 있는 상태로 바뀌는 사건을 일컬어 '시각始覺'이라고 한다. 그 사건을 통해서 못 깨친 상태와 본래 이미 깨쳐 있는 상태가 연결된다.

망령된 생각을 여의는 사건을 설명하기 위해 『대승기신론』에서는 아비달마阿毘達摩의 유명한 사상四相 이론을 도입한다. 모든 현상은 생겨나서(生, jāti) 머물다가(住, sthiti) 변하고(異, anyathātva), 마침내 없어지는(滅, nirodha) 단계를 거친다.[4] 우리가 일으키는 분별(vikalpa)도 마찬가지로 그런 단계들을 거친다. 하나의 생각이 일어나 거치는 각 단계마다 그 생각을 떨쳐 버릴 기회 즉 이념離念의 기회가 있는데, 그 각각이 일종의 깨달음이다.

1. 생각이 일어나자마자 분별을 여의면 구경각究竟覺이다.
2. 생각이 둘째 단계에 이르러, 즉 머물고 있을 때 분별을 여의면 수분각隨分覺이다.
3. 생각이 변할 때 분별을 여의면 상사각相似覺이라 한다.
4. 생각이 없어지고 나서야 분별을 여의면 불각不覺이다(너무 늦었으므로).[5]

---

4) 馬鳴, 『大乘起信論』(T 1666, 권32, 576쪽 하단 1~4행), "若得無念者, 則知心相生住異滅, 以無念等故. 而實無有始覺之異, 以四相俱時而有皆無自立."

5) 馬鳴, 같은 책(T 1666, 권32, 576쪽 상단 5~7행), "如凡夫人覺知前念起惡故, 能止後念令其不起, 雖復名覺 即是不覺故. 如二乘觀智初發意菩薩等, 覺於念異念無異相, 以捨麤分別執著相

이렇게 복잡하게 분석해서 이야기하는 목적은 물론 구경각 즉 최고의 마지막 깨침을 이야기하려는 데 있다. 구경각은 본각과 같은 것이다. 구경각이란 첫 번째 단계에서 분별을 여의어서 본연의 일심, 즉 모든 망령된 생각을 여읜 마음을 바로 보게 되는 체험이다. 하나의 생각이 그 과정을 다 거쳐서 없어진 뒤에야 분별에서 벗어난다면 그것은 불각이다. 한 생각이 일어나기도 전에 그것을 끊는 것, 즉 한 생각도 일어나지 않는 일념불생一念不生의 경지가 구경각이다. 이 경지에서는 한 생각의 네 가지 상이 순차적으로 이어지는 것이 아니라 한꺼번에 존재한다. 따라서 모든 분별하는 생각으로부터 자유롭게 되고 자신의 본성 즉 일심을 바로 들여다보게 된다. 그런데 그렇게 해서 이루는 구경각은 사실은 이미 스스로 갖추고 있던 본각과 같다. 즉 일심 본연의 상태인 본각으로 돌아가는 것일 뿐이다. 이와 같은 일심에의 직관을 일컬어 '견성見性'이라 한다. 바로 여기에서 시각이 곧 본각이라는 등식이 성립한다. 시각은 다만 본각의 구현, 본각으로 돌아감이다. 『대승기신론』은 구경각을 이렇게 정의하고

故 名相似覺. 如法身菩薩等, 覺於念住念無住相, 以離分別麤念相故, 名隨分覺. 如菩薩地盡, 滿足方便一念相應, 覺心初起心無初相, 以遠離微細念故, 得見心性, 心卽常住, 名究竟覺."

있다. "마음 본연의 자리를 알게 된 까닭에 구경각이라 일컫는다."[6]

그러니까 『대승기신론』에서 올바른 믿음은 곧 일심으로 돌아감을 뜻한다. 즉 마음의 본래 상태인 무념無念의 마음, 망령된 분별의 생각이 없는 마음으로 돌아가는 것이다. 그런데 『대승기신론』에서는 일심에 또 진여문眞如門과 생멸문生滅門이라는 두 측면이 있다고 한다. 진여문은 이를테면 절대적 측면이고, 생멸문은 현상적 측면이다. 그 두 측면은 불가분이다. 그 둘이 일심에서 서로 융통하고 있다. 진여가 생멸이고, 생멸이 그대로 진여인 자리가 일심이다. 『대승기신론』 '해석분' 첫머리에 다음과 같이 이야기한다.

일심에 이문二門이 있다. 하나는 진여문이요, 또 하나는 생멸문이다. 이 두 문이 각자 모든 법을 다 담고 있다. 왜 그런가? 이 두 문은 서로 별개가 아니기 때문이다.[7]

바로 여기에서 '나는 이미 부처이다'라는 조신祖信의

---

6) 馬鳴, 『大乘起信論』(T 1666, 권32, 576쪽 중단 16~17행), "以覺心源故名究竟覺."

7) 馬鳴, 같은 책(T 1666, 권32, 576쪽 상단 5~7행), "依一心法, 有二種門. 云何爲二? 一者心眞如門, 二者心生滅門. 是二種門, 皆各總攝一切法. 此義云何? 以是二門不相離故."

형이상학적 근거를 찾을 수 있다. 진여문과 생멸문이 일심 속에서 융통한다는 것은 곧 부처와 중생이 불가분이라는 얘기이다. 그러니까 일심으로 돌아간다 함은 그 두 문이 융통함을 깨닫는 것이다. 달리 말하자면, 모든 현상적 개체의 진여성眞如性을 보는 것 또한 진여가 모든 현상 속에서 일하고 있음을 보는 것이다. 이로써 진정한 조신 즉 '나는 부처이다'라는 믿음이 이루어진다.

또 나아가 『대승기신론』은 체상용體相用 삼대三大를 가지고 일심이문一心二門을 설명한다. 일심의 절대적 측면은 체體이고, 현상적 측면은 상相이며, 그리고 그 작동의 면은 용用이다. 원효는 『해동소』에서 대승의 믿음의 세 측면, 즉 체상용을 다음과 같이 설명한다.

이 논의 글로써 중생에게 믿음을 일으킨다 해서 제목에 '기신起信'이라 하였다. 믿음이란 확고한 신념을 말한다. 이치가 실제로 있음을 믿는 것이요, 닦으면 얻는 게 있음을 믿는 것이요, 닦아서 얻으면 한없는 공덕이 있음을 믿는 것이다. 이치가 실제로 있음을 믿는 것은 곧 체體를 믿는 것이다. 모든 현상적 개체에는 고유한 실체가 없음을 믿음으로써 완벽히 평등한 법계가 실제로 있음을 믿는 것이다. 닦으면 얻는 게 있음을 믿는 것은 곧 상相을 믿는 것이다. (일심은) 모든 공덕을 다 갖추고 중생에게 그 공덕을 스미게 한다. 그런 상이 스미는 덕분에 반

드시 일심으로 돌아갈 수 있음을 믿는 것이다. 무궁한 공덕이
작동함을 믿는다는 것은 곧 용용을 믿는 것이니, 이는 (일심이)
하지 못하는 일이 없기 때문이다. 이런 세 가지 믿음을 일으키
는 이는 능히 불법佛法에 들어가 모든 공덕을 일으키며 모든
나쁜 상태를 벗어나 최고의 도道에 이른다.8)

이런 설명을 바탕으로 해서 보면, 믿음이란 다음 세 가
지 진리에 관한 확신이다. 즉 (1) 일심이 실제로 있고, (2)
닦으면 결과가 있으며, (3) 닦음의 결실이 이루어질 때 무
궁한 공덕이 있음을 믿는 것이다. 이런 의미에서 믿음은
곧 모든 의심과 그릇된 집착을 없애는 것이라고 할 수 있
다. 의심과 집착 가운데 가장 심각한 것 두 가지를 원효는
이치에 대한 의심, 그리고 방법에 대한 의심으로 꼽는다.

중생이 오래도록 생사의 바다에 빠져 열반의 언덕에 나아가지
못하는 까닭은 다만 의혹과 그릇된 집착 때문이다. 그러므로
이제 아래로 중생을 교화하는 일의 요체는 의혹을 제거하고

---

8) 元曉, 『大乘起信論疏』(T 1844, 권44, 203쪽 상단 20~28행), "依此
論文, 起衆生信, 故言起信. 信以決定謂爾之辭. 所謂信理實有,
信修可得, 信修得時有無窮德. 此中信實有者, 是信體大. 信一
切法不可得故, 卽信實有平等法界. 信可得者, 是信相大. 具性
功德熏衆生故, 卽信相熏必得歸原. 信有無窮功德用者, 是信用
大. 無所不爲故. 若人能起此三信者, 能入佛法, 生諸功德, 出諸
魔境, 至無上道."

그릇된 집착을 버리게 하는 데 있다.…… 대승을 구하는 이들이 품는 의심에는 두 가지가 있다. 그 하나는 가르침을 의심하는 것으로, 이는 발심을 하는 데 장애가 된다. 또 하나는 어떤 길을 따를까 하는 의심이니, 이는 수행에 장애가 된다.[9]

원효에 의하면, 일심이라는 원리·이치를 믿음으로써 첫 번째 의심을 제거하고, 닦으면 결실을 볼 수 있다는 믿음으로써 두 번째 의심을 제거할 수 있다. 여기서 원효는 또 다시 닦음의 중요성을 강조하고 있는 셈이다. 진정한 믿음의 특징은 그것이 언제나 닦음과 함께 한다는 데 있으며, 닦음을 통해서 일심으로 돌아가고 지혜를 이룬다는 것이다. 즉 원효의 핵심 주제는 곧 대승불교에 있어서 믿음, 닦음, 깨침이 불가분이라는 데 있다.

지금까지 일심의 이문二門과 삼대三大와 연관해서 정정취의 불퇴전의 믿음으로서의 조신을 설명해 보았다. 이제 부정취의 퇴신에 대해서 살펴보기로 하자. 『대승기신론』에서는 일심으로 돌아가지 못한 이들, 즉 망념이 없고 분별이 없는 마음으로 돌아가지 못한 이들의 믿음

---

9) 元曉, 같은 책(T 1844, 권44, 204쪽 중단 6~10행), "所以衆生長沒生死之海, 不趣涅槃之岸者, 只由疑惑邪執故也. 故今下化衆生之要, 令除疑惑而捨邪執……　求大乘者所疑有二.　一者疑法, 障於發心, 二者疑門, 障於修行."

을 네 번째 '수행신심분'에서 유명한 사신오행四信五行 이론으로 설명하고 있다. 먼저 네 가지 믿음이 무엇인지 살펴보자.

신심信心에 대략 네 가지가 있다. 첫째는 근본에 대한 믿음이다. 즉 진여법眞如法을 즐겨 생각하는 것이다. 둘째는 부처님이 헤아릴 수 없는 공덕을 지니고 있다는 믿음이다. 그리하여 언제나 가까이 하며 공양하고 공경하면서 선근善根을 일으키고 모든 지혜를 구하고자 한다. 셋째는 법에 큰 이익이 있음을 믿고 언제나 모든 바라밀행波羅密行을 닦는 데 전념하는 것이다. 넷째는 승가僧伽에 대한 믿음이다. 다시 말해, 승가는 자기를 발전시키고 남을 이롭게 하는 수행을 바르게 함을 믿는 것이다. 그리하여 언제나 보살의 무리와 가까이 하기를 즐기면서 올바른 수행을 배우고자 한다.10)

간단히 말하자면, 네 가지 신심이란 불법승佛法僧 삼보三寶에 대한 믿음에다가 진여에 대한 믿음을 더했다는 것이다. 흔히 삼보에 대한 믿음은 불교의 신행에 가장 기

---

10) 馬鳴, 『大乘起信論』(T 1666, 권32, 581쪽 하단 8~14행), "略說信心有四種. 云何爲四? 一者信根本. 所謂樂念眞如法故. 二者信佛有無量功德. 常念親近供養恭敬, 發起善根, 願求一切智故. 三者信法大利益. 常念修行諸波羅密故. 四者信僧能淨修行自利利他, 常樂親近諸菩薩衆, 求學如實行故."

초가 된다고 한다. 거기에 진여에 대한 믿음을 더했다는 것이 『대승기신론』의 독특한 점이다. 이 네 가지 믿음을 철학적으로는 어떻게 이해할 것인가? 사실상 이 네 가지 믿음은 앞에서 설명한 일심의 삼대三大를 믿는 것과 다를 바가 없다. 그런데도 일심의 믿음은 정정취의 불퇴신이고, 여기에서 말하는 네 가지 신심은 부정취의 퇴신이라 하고 있다. 그렇다면 다음과 같이 해석할 수 있을 것이다. 즉 그 네 가지 신심도 일심의 믿음과 사실상 같지만, 분별의 망념이 없는 본연의 마음으로 돌아가지 못한 이들을 위해 보다 구체적이고 상징적인 방식으로 설명하지 않았을까 하는 것이다.

『대승기신론』에서는 이렇게 네 가지 신심을 이야기한 다음, 이어서 오행에 대해 다음과 같이 말하고 있다.

> 수행에 다섯 가지 길이 있어 이 믿음을 잘 성취하게 한다. 그 다섯 가지란 보시布施, 지계持戒, 인욕忍辱, 정진精進, 지관止觀이다.[11]

그러니까 오행이란 육바라밀다六波羅密多를 다섯으로

---

11) 馬鳴, 같은 책(T 1666, 권32, 581쪽 하단 14~16행), “修行有五門, 能成此信. 云何爲五? 一者施門, 二者戒門, 三者忍門, 四者進門, 五者止觀門.”

줄인 것이다. 다섯이 된 까닭은 선정과 지혜 즉 지止
(śamatha)와 관觀(vipaśyanā)을 하나로 묶었기 때문이다.
그러면 왜 지와 관을 한데 묶었을까? 그 둘은 본질적으로
하나이며 함께 수행해야 하기 때문이다.『대승기신론』에
의하면, "지止란 대상의 겉모양을 보고 형성하는 그릇된
견해를 모두 그치는 것이요, 관觀이란 생기고 없어지는
것이 모두 인연으로 일어나는 일임을 보는 것이다. 이 두
가지를 점점 닦아 익히면 그 둘이 서로 배척하지 않고 함
께 드러나게 된다"고 한다. 그러니 "움직이거나 머물거
나 눕거나 일어나거나 어느 때든지 모두 지관을 함께 닦
아야 한다"고 말한다.12)

  그러면 대상에 대한 그릇된 견해를 그치는 것과 생기
고 없어짐이 모두가 인연으로 일어나는 일임을 보는 것
이 불교의 올바른 믿음을 완성하는 데 왜 그토록 중요한
가? 원효는『해동소』에서 그 두 가지 수행을 일심의 이문
二門과 연관시키고 있다. 진여라는 이치를 깨달으면 사마
타奢摩他(śamatha) 즉 지止를 이루며, 생멸이라는 현상적

---

12) 馬鳴, 같은 책(T 1666, 권32, 582쪽 상단 12~16행, 583쪽 상단
    3~4행), "所言止者, 謂止一切境界相…… 所言觀者, 謂分別因
    緣生滅相…… 以此二義漸漸修習, 不相捨離, 雙現前故……
    若行若住若臥若起, 皆應止觀俱行."

측면의 진상을 반야般若(prajñā)의 지혜로 '보면' 비발사나 毗鉢舍那(vipaśyanā)를 성취한다는 것이다. 이에 관해서 원효는 다음과 같이 말한다.

(일심의) 두 문을 열어 젖힘으로써 두 번째 의심을 제거한다. 가르침의 길은 여러 가지가 있지만 처음 수행에 들어가는 길은 두 가지뿐이니, 진여문에 의하여 지행止行을 닦고 생멸문에 의하여 관행觀行을 일으킴을 밝힌다. 지행과 관행을 함께 부림으로써 모든 수행이 다 이루어진다. 이 두 문에 들어가면 모든 문에 다 통한다. 이렇게 해서 의심을 버리면 능히 수행을 일으킬 수 있다.[13]

그러니까 지를 닦으면 일심의 진여문 즉 그 체를 깨닫게 되고, 관을 닦으면 생멸문 즉 용의 진상을 깨닫게 된다. 그래서 지관을 닦는 것이 곧 일심의 삼대에 대한 믿음의 완성이라고 하였으며, 그것을 상징적으로 표현해서 네 가지 믿음 즉 불법승 삼보와 진여에 대한 믿음이라고 하였다. 요약하자면, 『대승기신론』은 '나는 부처이다'라는 조신을 일심, 이문, 삼대, 네 가지 믿음, 그리고 다섯

13) 元曉, 『大乘起信論疏』(T 1844, 권44, 204쪽 중단 24~27행), "開二種門者, 遣第二疑. 明諸教門雖有衆多, 初入修行不出二門. 依眞如門修止行, 依生滅門而起觀行. 止觀雙運, 萬行斯備. 入此二門, 諸門皆達. 如是遣疑, 能起修行也."

가지 수행의 이론으로 설명하고 있는 셈이다.

마지막으로, 『대승기신론』 '수행신심분' 마지막 대목에서는 세 번째 유형의 믿음이 간략히 언급되고 있다. 그것은 아미타불에 대한 신앙으로, 위에서 말한 네 가지 신심조차도 행하기 힘든 이들을 위한 처방이다. 그런 이들을 위해서는 서방정토에 왕생하기를 기원하면서 아미타불을 부르는 이른바 염불이 가장 쉽고 간단한 수행의 방법으로 제시되었다. 정토 신앙에 대해서는 다음 장에서 논의하기로 하겠다.

11장
정토 불교의 믿음과 닦음

　불교에 관한 가장 잘못된 오해 가운데 하나는, 선禪은 고차원적 불교이고 정토 신앙은 차원이 낮은 불교라고 하는 것이다. 『대승기신론』에서도 염불은 부처님의 가르침을 처음 접하고 올바른 믿음을 일으키고는 싶으나 용기와 힘이 모자란 이들을 위해서 제시하는 수행 방법이라고 하여, 언뜻 보기에 그런 견해를 뒷받침하는 듯이 생각될 수도 있다.

　다음에, 중생이 처음 이 법을 배워서 바른 믿음을 구하고자 하나 마음이 겁약하여, 이 사바세계에 머물다 보니 부처님을 만나 친히 받들어 공양하지 못할까 스스로 두려워하는 경우도 있겠다. 이들은 신심을 성취하기가 참으로 어렵다고 걱정한

다. 그래서 의욕이 꺾이는 이들이 있다면, 여래는 훌륭한 방편으로써 신심을 거두어 보호해 준다는 점을 알아야 한다. 전심전력으로 염불하면, 그 인연으로 원하는 대로 다른 세상의 부처님 땅에 태어날 수 있다. 늘 부처님을 친히 보기 때문에 나쁜 길은 영원히 여의게 된다. 경전에도 그런 말이 나온다. 만약 오로지 서방 극락세계의 아미타불만 생각하면서 선근을 닦고, 그 공덕을 회향하여 저 세계에 나기를 간절히 바란다면 반드시 그렇게 된다. 늘 부처님을 친히 보기 때문에 물러서는 일이 결코 없기 때문이다. 그 부처님의 진여 법신을 관觀하며 늘 부지런히 닦고 익히면 필경에는 왕생한다. 그런 이들은 언제나 바른 선정에 머물기 때문이다.[1]

'처음 이 법을 배워서 바른 믿음을 구하고자 하나 마음이 겁약'하여 두려워하는 중생에게는 염불을 처방해 주고 있는데, 과연 누구에게 주는 처방인가? 아직 올바른

---

1) 馬鳴, 『大乘起信論』(T 1666, 권32, 583쪽 상단 12~21행), "復次衆生初學是法, 欲求正信, 其心怯弱, 以住於此娑婆世界, 自畏不能常値諸佛, 親承供養. 懼謂信心難可成就, 意欲退者, 當知如來有勝方便, 攝護信心. 謂以專意念佛因緣, 隨願得生他方佛土, 常見於佛, 永離惡道. 如脩多羅說, 若人專念西方極樂世界阿彌陀佛, 所修善根廻向願求生彼世界, 卽得往生. 常見佛故, 終無有退. 若觀彼佛眞如法身, 常勤修習, 畢竟得生, 住正定故."
  * 역주: 마지막 구절 '住正定故'는 "언제나 정정취이기 때문이다"라고 해독할 수도 있지만, 원문에서 인용한 요시토 하케다의 번역에 따랐다. Yoshito Hakeda, *The Awakening of Faith* (New York: Columbia University Press, 1967), 102쪽.

믿음 즉 불퇴전의 조신祖信을 증득하지 못한 탓에 부처와 하나됨을 이루지 못한 모든 중생에게 해당하는 처방이 아닐까? 『대승기신론』에서 이처럼 염불을 하나의 수행 방법으로 제시한 것은 그것을 통해서 결국 뒤로 물러서지 않는 믿음에 이른다는 목표를 전제로 한다. "늘 부처님을 친히 보기 때문에 물러서는 일이 결코 없다"는 구절이 그것을 말해 준다. 그러니까 염불을 두고 낮은 근기의 중생을 위한 처방일 뿐이고, 높은 근기의 중생에게는 해당되지 않는다고 하는 것은 억지이다. 아미타불의 이름을 부르는 것은 믿음을 보호해 주고 '올바른 선정'에 머물게 하는 '훌륭한 방편'으로서 모든 수행자들에게 해당되는 수행 방법이다.

정토 신앙이 정말로 어찌 해볼 수 없는 하열下劣한 이들을 위한 것인지 어떤지를 다시 한 번 따져 보기 위해 원효元曉(617~686)의 생애를 돌이켜 보자. 원효는 한국에서 가장 높이 평가되는 학자이자 성인의 한 사람으로 추앙 받는 인물이다. 원효는 처음에 화엄 사상에 심취했고, 다른 여러 종파의 사상들도 섭렵한 다음 말년에는 정토 신앙에 헌신하였다. 원효 덕분에 해동海東 사람들이 온통 아미타불을 부르게 되었다고 하는 기록도 있다. 이것은 무엇을 시사하는가? 불교를 깊이 공부하면 할수록 원효는 정토 신앙을 더 깊이 이해하게 된 것이다. 달리 말하자면, 원효는 불교에 대한 이해가 발전하면 할수록 자신의 경지를 낮추어 보게 된 것이다. 정토 신앙에 헌신하면서 원효는 스스로 가장 하층민보다 더 낮은 패륜아임을 자처했다고 한다. 바로 그 점이 원효의 깨달음 가운데에서도 가장 위대한 대목으로 여겨진다. 그 뒤로 원효는 염불에 전념하게 되었다.[2]

흔히 정토 신앙과 선은 정반대 된다고 여겨진다. 적어도 표면적으로 보면 정말 그렇다. 정토 신앙은 '타력' 신앙이다. 정토를 관장하는 아미타불의 공덕과 자비에 철저히 귀의할 것을 강조한다. 한편, 선은 '자력'의 길이다. 순전히 자기 자신의 마음에 의지할 것을 강조한다. 정토 신앙에서는 아미타불의 마흔 아홉 서원에 깊은 믿음을 가지는 것이 중요하다고 보는데, 선에서는 '나는 부처이다'라는 조신이 중요하다. 정토 불교에서 믿음이란 아미타불이 자비심으로 베푸는 선물이라고 여기는데, 선에서는 스스로 노력하여 확고히 견지하는 믿음을 닦는 일이 중요하다. 그러니까 선에서는 자기의 마음이 곧 부처라고 하는 인식론적 측면과 함께 결단, 확증, 확고함 등 의

---

2) 졸고, "Wŏnhyo's commentaries on *the Awakening of Faith in Mahāyāna*" (박사학위논문, University of California at Berkeley, 1979), 45~57쪽.

지의 측면을 믿음에서 강조한다. 한편, 정토 신앙에서는 정서적인 측면이 강조된다. 아미타불에 전심전력으로 공경과 봉헌을 바치면 아미타불의 가피加被로 큰복을 받는다고 한다. 수행에서는 고요히 명상하는 선을 강조하고, 정토 신앙에서는 염불이 중요하다. 바로 지금 여기에서 당장 깨치는 것이 선의 목적인데 반해, 정토 신앙의 목적은 정토에 왕생하는 데 있다.

순수한 '타력' 신앙으로서의 정토 불교를 가장 강력하게 내세운 인물이 일본의 신란(親鸞, 1173~1262)이다. 그는 『가르침, 닦음, 믿음, 깨침』이라는 저술에서 우리는 자신이 절대적으로 무력함을 깨닫고, 모든 중생을 구제하겠다고 한 아미타불의 서원에 의지해야 한다고 역설하였다.[3] 그러니까 모든 자력적인 노력을 부인한 셈이다. 구원은 오직 신앙만으로 이루어진다. 더구나 믿음은 자신의 신념이나 노력으로 얻는 것이 아니다. 그것은 아미타불의 가피와 자비로써 주어진다. 그러니까 신란의 정토 신앙 교리는 다분히 루터나 칼뱅의 신앙론과 상통하는 면이 있다. 루터와 칼뱅에 의하면, 인간이 원죄를 안고 살아가고 있음을 인정하고 그리스도만이 우리를 구속

---

3) 가네코 다이에이(金子大榮) 옮김, 『敎行信證』(東京: 岩波書店, 1958) 참조.

救贖해 줄 수 있음을 철저히 믿는 이들만이 구원받을 수 있다. 그리고 그런 믿음은 순전히 신의 전능한 은총으로 주어지는 선물이다.

지금까지 정토 신앙은 오로지 자신의 마음에 의지하는 선 불교의 자력 신앙과 정반대 되는 타력 신앙임을 살펴보았다. 그런데 구원의 문제를 놓고 볼 때 중요한 점은 타력 신앙이냐 자력 신앙이냐 하는 것이 아니라, 올바른 믿음을 가지느냐 못 가지느냐 하는 것이다. 올바른 믿음만이 올바른 수행과 올바른 깨달음과 함께 할 수 있기 때문이다. 앞에서 불교의 올바른 믿음은 조신임을 논한 바 있다. 조신은 타력 신앙일 수도 있고, 자력 신앙일 수도 있다. 조신의 기준은 자력이냐 타력이냐에 있는 것이 아니라, 불퇴신不退信이냐 퇴신退信이냐에 있다. 그리고 조신의 결실은 돈오頓悟에 있다. 그러므로 어떤 믿음이 조신이냐 교신敎信이냐 하는 판가름은 자력이냐 타력이냐에 있는 것이 아니라, 그것이 돈오의 믿음 즉 불퇴전의 믿음이냐 아니냐 하는 데 있다.

선 불교에서와 마찬가지로 정토 불교에서도 근본 관심은 불퇴전의 믿음을 이루어 정정취正定聚가 되는 데 있다.『대승기신론』에서도 말했듯이, 정토에 왕생함은 곧 정정취의 무리에 들어가는 것, 불퇴전의 경지에 들어가는 것이다. 그 이유는 아미타불의 열 한 번째 서원에 담겨 있다. 『아미타경阿彌陀經』에 보면 이런 대목이 있다.

부처님께서 아난에게 말씀하셨다. "그곳(정토)에 태어난 이들은 모두 정정취와 함께 한다. 왜냐하면 불국토에서는 어느 누구도 악한 무리나 부정취에 속하지 않기 때문이다."

또 다른 곳에서는 이렇게 말한다.

사리자여, 과거든 현재든 미래든 아미타불의 정토에 태어나고자 언제나 발원하는 이들은 모두 아뇩다라삼먁삼보리에서 불퇴전이 되고, 과거든 현재든 미래든 반드시 정토에 태어나게 된다.[4]

그러니까 『아미타경』에 의하면, 아미타불의 정토에 왕생한다는 것은 곧 불퇴전의 믿음을 갖게 되는 것이며 정정취가 되는 것을 말한다. 그러면 과연 언제 정토에 들어가는가? 이에 대해서는 설이 분분하다. 어떤 경전에 보면 왕생이란 죽은 뒤에 다시 태어나는 것을 말하는 듯하다.

---

4) 『阿彌陀經』(T 367, 권12, 348쪽 상단 13~16행), "舍利弗, 若有人已發願, 今發願當發願, 欲生阿彌陀佛國者, 是諸人等皆得不退轉於阿耨多羅三藐三菩提, 於彼國土若已生, 若今生若當生."

그러나 신란에 의하면, 아미타불의 서원에 대한 믿음을 일으킬 때 바로 그 순간에 정토에 태어나 불퇴전의 정정취가 된다고 한다.

> 아미타불의 서원을 만날 때, 그리하여 진정한 믿음을 갖게 되어 기뻐하는 우리의 마음이 확신에 찰 때, 그리고 아미타불에 안김으로써 금강석처럼 확고한 마음을 갖게 될 때, 바로 정정취가 된다.[5]

이러한 돈적頓的이고 불퇴전적인 정토 신앙이라면 그것이 곧 조신이다. 선 불교에서처럼 '나는 부처이다'라고 하든 정토 불교에서처럼 '나는 이미 아미타불의 서원에 의해 구제되었다'고 하든 그것은 상관없다. 그러므로 근기가 높은 이들의 불교는 선 불교요 근기가 낮은 이들의 불교는 정토 불교라고는 말할 수 없다. 조신에 의하면, 누구나 다 이미 완벽한 부처님이다. 선을 닦는 이들은 선문禪門으로 들어가는 완벽한 부처님들이요, 정토 신앙을 닦는 이들은 정토문淨土門으로 들어가는 완벽한 부처님들이다. 그 두 길의 일반적 특징을 굳이 구분한다면, 선

---

5) Alfred Bloom, *Shinran's Gospel of Pure Grace* (Tucson, Arizona: The University of Arizona, 1981), 61~62쪽.

문은 부처님의 대지혜의 문이요 정토문은 부처님의 대자
비의 문이라고 할 수 있다. 그러나 부처의 지혜와 자비는
언제나 함께 한다. '나는(그러니까 또한 모든 중생은) 부처
이다'라는 지혜가 없으면, '모든 중생을 다 구제한다'는
자비가 있을 수 없다. 간단히 말하자면 조신의 핵심 메시
지는 다음과 같다. 구원을 미루지 말라. 바로 지금 깨쳐
라. 그것을 자력으로 하느냐 타력으로 하느냐는 부차적
인 문제이다.

12장
자비행으로서의 믿음

일단 조신祖信을 일으켰다면, 그것을 실행해야 한다. 그 실행에는 명상과 같은 내면의 수행뿐 아니라 여러 가지 사회적 활동도 포함된다. 대승불교에서는 자비와 보시와 같은 행위를 통해 실천되지 않는 믿음은 소용이 없다고 강조한다. 이는 신약성서 「야고보서」에서 '행동과 분리된 신앙은 죽은 신앙'이라고 한 것과도 비슷하다. 마틴 루터는 라틴어 신약성서를 독일어로 번역하면서 서문에서 이 구절에 대해 이의를 제기하였다. 신앙은 신의 은총의 선물로서 그것만으로 충분하지 그것을 보충하는 다른 무엇이 필요하지는 않다고 했던 것이다. 이것은 '오직 신앙만으로'라는 그의 교리 때문이었다. 신란(親鸞)의 정토 신앙 교리가 이와 비슷하다. 아미타불의 서원으로 우리에게 일어나는 믿음은 다른 어느 군더더기도 필요 없이 오직 그것만으로 완벽한 구제救濟의 힘을 발휘한다고 하였다. 그러나 여기에서 믿음에 실행이 필요하다고 한 것은 '믿음 더하기 자비는 구원'이라는 식의 공식을 말하는 게 아니다. 그보다는 불교에서의 믿음이란 곧 연기緣起라는 존재론적 진상을 바탕으로 하며, 그런 믿음에는 그 구조상 자비慈悲의 실행이 필수 요소로 이미 들어 있다는 이야기를 하려는 것이다.

또한 믿음은 반드시 집착을 여읜 실행으로 나타나야 한다는 것이 대승불교의 강조점이다. 즉 진정 올바른 믿음은 완벽한 해탈解脫(mokṣa)을 이미 담고 있어야 한다는 뜻이다. 기독교 신학자 슈버트 오그덴(Schubert M. Ogden)도 이와 비슷한 이야기를 했다.

결론적으로…… 하나님에 대한 신앙은 곧 자유의 실존이다. 자유의 실존이란 자유 속에서의 실존과 자유를 위한 실존이라는 두 가지 의미를 다 갖는다.…… 또한 그것은 모든 것으로부터의 자유라는 소극적 의미와, 모든 것을 할 수 있기 위한 자유라는 적극적 의미를 한꺼번에 갖는다. 모든 것을 사랑하고 섬기며, 또한 그들의 요청에 응하여 말하고 행동하는 것이다. 이렇게 볼 때 신앙이란 곧 자유로운 실존이며, 그것은 곧 해방된 실존이다.[1]

대승불교에서도 믿음이란 곧 해탈 즉 자유로운 상태의 해방된 실존이다. 그런 믿음만이 진정한 조신 즉 깨친 이들의 믿음이다. 더구나 대승불교의 믿음도 무엇으로부터 자유롭다는 '소극적 자유'와 무엇이든 할 수 있기 위한 자유라는 '적극적 자유'를 다 담고 있다. 집착이 없다는 것이 그 소극적인 면이요, 자비와 보시를 행하는 것이 그 적극적인 면이다. 다만 대승불교의 믿음은 오그덴이 말하는 '~에 대한 신앙'이 아니라 일심이라는 몸에서 나오는 몸짓이라는 점이 다르다. 아무튼 대승불교의 믿음 역시 자유로운 실존을 말하는 것이라는 점에서는 상통한다.

'나는 부처'임을 확인한다면, 이는 곧 남들도 모두 부처임을 확인하는 셈이다. 그러므로 이것은 남들에 대한 윤리적 책임과 관련해서 중요한 뜻을 갖는다. 깨친 이는 모든 중생을 자기와 한 몸으로 본다. 부처는 연기적緣起的 존재 즉 자기 몸과 남이 둘이 아닌 불이不二의 존재이기 때문이다. 그러므로 부처와 조사는 모든 중생의 고통을 함께 한다. 모든 중생을 제도하겠다는 보살의 서원이 바로 여기에서 나온다.

그렇기 때문에 조신과 대비大悲는 불가분이다. 보리심

---

1) Schubert M. Ogden, *Faith and Freedom* (Nahville: Abingdon, 1979), 64쪽.

菩提心 즉 지혜의 마음으로 조신을 일으킨다 함은 곧 모든 중생에 대해 자비심을 일으킨다는 것과 다르지 않다. 역으로 보리심으로 대자비심을 일으킨다고 함은 곧 조신을 일으키는 것과 다른 게 아니다. 믿음도 자비도 모두 일심이라는 몸에서 나오는 몸짓이다. 그러므로 모든 중생을 제도하겠다는 보살의 자비심은 곧 일심의 근본적 성품과 완전히 일치하는 것이다.

『대지도론大智度論』에서는 자비에 세 가지 차원이 있음을 말하고 있다. 첫째는 인간 관계의 조건 즉 인연에 구애받는 자비로서 중생들이 가지는 자비요, 둘째는 현상계의 조건에 구애받는 자비로서 보살들이 가지는 자비이며, 셋째는 아무런 조건에도 구애받지 않는 자비로서 이것이 부처의 자비이다. 그래서 세 번째 차원을 대자대비大慈大悲라고 일컫는다.[2]

『대승기신론大乘起信論』귀명게歸命偈에는 부처를 일컬어 '세계를 구제하는 (대자)대비한 이'(救世大悲者)라고 하였다. 이에 대해 원효는 『해동소』에서 다음과 같이 해설하였다.

부처는…… 모든 중생을 그의 자식으로 여기고 불 속에서 고

---

2) 龍樹, 『大智度論』(T 1509, 권25, 350쪽 중단 25~28행).

통받는 이들을 구하기 위해 불타는 집과도 같은 이 세상에 들어온다.…… 세상을 구할 수 있는 덕목이 바로 이 대비이다. 그것은 자기와 남을 구별하지 않는 대비이며, 인연에 매이지 않는 대비로 모든 대비 가운데에서도 가장 훌륭한 것이다.…… 부처님의 경지에 갖추어져 있는 온갖 덕목 중에서도 여래는 오직 그 대비만을 자기의 힘으로 삼는다.…… 이처럼 모든 부처님은 오직 대비를 힘으로 삼는 까닭에, (논에서) 그 사람됨을 나타내어 일컫기를 '(대자)대비한 이'라고 한 것이다.[3]

여기에서 원효가 분명히 말하듯이, 대자비의 특징은 '자기와 남을 구별하지 않는' 데 있다. 그러니까 보살의 대자대비한 마음에서는 자기의 이익과 남의 이익이 한가지이다. 우리의 생활방식에서 보듯이 남에게 손해를 입혀야 내가 이익을 보고, 남에게 이익을 주려면 내가 손해를 보는 것이 아니다. 그런 대자비는 오직 분별이 없는 일심으로 돌아감으로써만 성취된다. 그러면 어떻게 해야 일심으로 돌아갈 수 있는가? 진여眞如에, 불법승佛法僧 삼보에 믿음을 일으킴으로써 일심으로 돌아갈 수 있다. 그

---

3) 元曉, 『大乘起信論疏』(T 1844, 권44, 203쪽 하단 14~26행), "佛 …… 以衆生爲子, 入三界火宅, 救諸焚燒苦.…… 救世之德, 正是大悲. 離自他悲, 無緣之悲, 諸悲中勝.…… 佛地所有萬德之中, 如來唯用大悲爲力.…… 是知諸佛偏以大悲爲力, 故將表人名大悲者."

러니까 원효에 의하면, 대승불교의 믿음을 일으키는 것은 바로 일심으로 돌아가는 것이다. 그리고 일심이란 자기와 남을 분별하지 않는 보살의 대자대비한 마음이다.

이러한 대자비는 신약성서에 나오는 예수의 유명한 가르침과 상통한다.

"네 이웃을 사랑하고 네 원수를 미워하라" 하였음을 너희가 들었으나, 나는 너희에게 이르노니 너희 원수를 사랑하며 너희를 핍박하는 자를 위하여 기도하라. 이와 같이 한즉 하늘에 계신 너희 아버지의 아들이 되리니, 이는 하나님이 그 해를 악인과 선인에게 비추게 하시며, 비를 의로운 자와 불의한 자에게 내리우심이니라. 너희가 너희를 사랑하는 자를 사랑하면 무슨 상이 있으리요? 세리稅吏도 이 같이 아니 하느냐? 또 너희가 너희 형제에게만 문안하면 남보다 더 하는 것이 무엇이냐? 이방인들도 이 같이 아니 하느냐? 그러므로 하늘에 계신 너희 아버지의 온전하심과 같이 너희도 온전하라.[4]

니시타니 게이지(西谷啓治)도 『종교란 무엇인가』라는 저서에서 바로 이 대목을 인용하여 예수의 사랑과 부처의 자비를 연결시켰다. 원수를 사랑하라는 예수의 가르침과 '적과 친구를 초월하는 차별 없는 자비'를 말하는

---

4) 「마태복음」 5:43-48.

부처님의 가르침은 서로 통한다는 것이다. 적을 미워하고 친구를 사랑하는 것-고대 희랍어에서 에로스(eros)-은 아我의 자리이며, 반면에 차별이 없는 사랑-고대 희랍어에서 아가페(agape)-은 무아無我의 자리이다. 또한 니시타니는 그런 차별 없는 사랑은 자신을 비울(空) 때에만 가능하다고 지적한다. 여기에서 니시타니는 아가페 또는 차별 없는 사랑을 통해서 '자신을 비운다'는 개념을 불교의 무아나 무사無私뿐만 아니라 기독교의 케노시스(kenōsis)와도 연관시킨다. 즉 차별 없는 무조건의 사랑은 개인의 인격적인 차원뿐만 아니라 비인격적 또는 초인격적인 측면도 내포하고 있다는 것이다.[5]

대승불교에는 두 가지 전통이 있다고 할 수 있는데, 자비를 강조하는 것과 지혜를 강조하는 전통이 그것이다. 자비는 『화엄경華嚴經』에 나오는 보현普賢과 같은 보살들이 모든 중생을 제도하겠다고 내세우는 서원으로 대변되고, 지혜는 공空의 깨달음을 강조하는 선 전통으로 대변된다. 자비에 초점을 두는 전통에서는 선을 비판하여 공을 깨치는 데 그쳐서는 안 되고 자비를 행해야 한다고 역설한다. 한편, 선의 전통에서는 전의轉依 즉 체體의 근

---

5) 니시타니 게이지(西谷啓治), 『종교란 무엇인가(宗敎とは何か)』
   (東京: 創文社, 1961), 66~70쪽.

본적인 변혁 없이는 자비행도 아무 소용없다고 반박한다. 먼저 공을 깨쳐야 한다는 것이다. 깨침 없이 자비행을 하는 것은 단지 업을 더할 뿐이라고 한다. 깨침 없이 아무리 좋은 일을 해보았자 자아를 강화하는 셈일 뿐이기 때문이다. 그러나 자비를 강조하는 전통에서는 자비와 보시의 실천을 통해 욕심과 집착을 여읨으로써 깨침을 이루고 성불할 수 있다고 반박한다.

어느 쪽이 옳은가? 자비를 강조하는 전통에서는 지혜 없이 무턱대고 자비를 행하지 말라는 선 전통의 경고를 무시할 수 없다. 그러면 자비행의 올바른 방법을 가늠할 기준은 무엇인가? 자비가 진정한 자비 즉 보현보살의 대자비이려면 믿음을 바탕으로 한 자비여야 한다고 할 수 있다. 그러나 그 믿음이 점차 공덕을 쌓아 감으로써 성불하기 위해 좋은 일을 한다는 식의 교신이어서는 안 된다. 자신과 또한 모든 중생이 이미 부처임을 확인하는 조신이어야 한다. 그러므로 진정한 자비와 보시의 기준은 그것이 조신을 바탕으로 하느냐의 여부에 있다.

제3부

깨침

13장
몰록 깨침과 점차 닦음

  지금까지 동아시아 불교의 전통에서 조신祖信과 교신
教信의 차이에 관련된 철학적인 문제들을 각각 몰록 깨
친다는 돈오頓悟의 교리와 점차 깨달아 나간다는 점오漸
悟의 교리를 바탕으로 해서 논의해 보았다. 이제 지눌知
訥(1158~1218)의 돈오점수설頓悟漸修說을 검토함으로써
그 두 입장의 통합 가능성을 모색해 보도록 하겠다.

  '돈오와 점수의 결합'이라 하면 '점수로써 돈오에 이
른다'는 식으로 이해하기 십상이다. 그러나 지눌에 의하
면, '돈오가 점수에 선행한다'고 한다! 조신에 의하면, 진
정한 수행은 깨달음을 얻은 뒤에야 가능하기 때문이다.
그래서 지눌은 조신을 일으키는 것이야말로 수행과 깨침
의 진정한 시작이라고 말한다. 이러한 지눌의 수증론修

證論은 중국의 규봉종밀圭峯宗密(780~841)의 이론을 바탕으로 하였다. 지눌은 깨달음 이전의 수행은 모두 중생과 부처를 구분하는 분별심의 오류가 연장되는 것일 뿐이므로 진정한 수행이 아니라고 하였다.

또 한편으로 지눌은 『육조단경六祖壇經』에 나오는 혜능慧能의 '돈수頓修' 사상을 반박한다. 혜능은 "자성自性을 바로 보아 단박에 깨치고 단박에 닦아야지 점차 닦는 수행 방편은 필요 없다"고 했다. 여기에서 '단박'이란 망상을 일거에 없애 버림을 말하며, '깨침'이란 모든 중생이 그대로 원래 부처임을 깨닫는 것을 말한다. 이에 대해 지눌이 부인하는 것은 '단박에 닦는다'는 대목과 그 다음 '더 이상의 수행은 필요 없다'는 대목이다. 지눌은 수행자들이 이런 말들을 오해하여 구경각을 이루기도 전에 수행을 멈추지 않을까 걱정했던 것이다.

비록 지눌이 혜능을 비판했다고 해서 그와 정면으로 대립하지는 않았다. 지눌의 돈오점수설에서는 두 가지 깨달음에 대해 이야기하고 있다. 처음 믿음을 일으키는 깨달음 즉 초발신심初發信心과, 궁극적 깨침 즉 구경각究竟覺이 그것이다. 진정한 수행은 어느 순간에 그 처음의 깨달음을 얻은 뒤에야 비로소 시작된다. '돈오점수'라는 말에서 돈오는 처음의 깨달음을 가리키고, 점수는 그 처음의 깨달음을 바탕으로 해서 점차 닦는 것을 가리킨다. 점차 닦을 필요가 없다는 것은 궁극의 깨침을 이룬 뒤에야 하는 이야기이고, 비로소 믿는 마음을 제대로 일으키는 그 처음의 깨달음 뒤에는 차근차근 부지런히 닦아 나가야 한다는 주장이다. 그러니까 지눌은 혜능의 뜻을 읽는 나름대로의 독법讀法을 제시한 셈이다. 즉 '더 이상의 수행은 필요 없다'는 말은 구경각 즉 깨침을 통해 궁극적 지혜를 이룬 뒤의 이야기라는 것이다.

그런데 지눌은 그 첫 번째 깨달음 즉 초발신심은 곧 조신을 일으키는 것이라고 하였다. 이것은 지눌이 종밀의 돈오점수론보다 한 걸음 더 나아간 대목이다. 지눌은 이것을 이통현李通玄(646~740)의 저술에서 발견하였다. 그렇다고 한다면 중요한 문제 하나가 야기된다. 조신을 일으켰으면 즉 '나는 부처'라는 것을 알게 되었다면, 그 순간에 곧 깨친 것인데 무슨 수행이 더 필요하다는 말인가? 조신의 맥락에서 보면, 닦는다는 것은 깨침을 얻기 위해서 하는 일이 아니다. 깨침을 새롭게 하기 위해서 닦는 것이다. 자기 자신이 부처임을 순간마다 재확인하는 것이 수행이다. 일단 자신의 불성佛性을 본 이상 그 통찰을 갈수록 더욱 깊이 하는 것이 수행이다. 이러한 돈오점수설은 아마도 '삼매三昧' 개념을 통해서 가장 잘 설명될 수 있을 것이다. 삼매라는 말은 참으로 여러 가지로 쓰이는데, 불교에서는 대개 몰아沒我의 깊은 집중 상태라는 뜻으로 쓰인다. 이는 차별을 일으키지 않는 상태, 이를테면 즐거움과 괴로움 또는 좋거나 싫다는 등 모든 극단을 여읜 상태를 말한다. 돈오점수론에 의하면, 첫 번째 깨달음 즉 처음 조신을 일으켰다 함은 곧 삼매에 들었다는 뜻이다. 삼매 속에서만 진정 '나는 부처'임을 확증할 수 있다. 바로 여기에서 대승불교의 조신이 갖고 있는 매우 중요한 특성을 볼 수 있다. 믿음을 일으킨다 함은 곧 삼매에 드는 것이다.

그러나 삼매에 들었다고 해서 종교 생활이 끝나지는 않는다. 오히려 시작일 뿐이다. 삼매에도 여러 수준이 있다. 그 첫 번째가 지눌이 말하는 처음 깨달음이다. 그 다음에 끊임없이 닦아 깊이를 더해 나가고, 그 마지막에 구경각에 이른다. 즉 믿음과 삼매의 본질 및 내용은 불변이지만 초보初步와 정점頂点의 차이는 엄연히 존재한다. 달리 말하자면, 누구나 부처님이라는 진상은 변함이 없지만 깨침의 사건을 실제로 겪은 이의 경지와 실력, 그리고 그렇지 못한 이의 경지와 실력은 엄연히 다르다.

종밀은 돈오점수를 설명하기 위해 어린아이의 출생과 성장을 비유로 들었다. 돈오는 새 생명의 탄생과 같다.

신생아도 분명히 온전한 인간이지만, 그 능력은 성인과는 여러 가지로 크게 차이가 난다. 그러다가 점진적인 과정을 거쳐서 완전히 성장하게 된다.[1] 믿음이 없다가 믿게 되는 것은 일종의 새로운 탄생과도 같다. 부처로서 새로 탄생하는 것이다. 그러나 이처럼 부처로서 새로이 태어남은 진정한 종교 생활의 시작일 뿐이지 그 완성은 아니다.

종밀과 지눌이 말하는 '돈오'는 선 불교 전통에서 말하는 '돈오'와 같은가, 다른가? 혹시 원래 선 불교에서 말하는 깨달음의 의미를 축소시켜 버린 셈은 아닌가? 실제로 임제종臨濟宗에서는 종밀을 혹독하게 비판해 왔다. 깨달음 뒤에도 계속해서 점차 닦을 필요가 있다면 그런 깨달음은 진정한 깨달음이 아니라는 것이다. 또 그러한 수증론은 수행자들이 진짜 깨달음이 아닌 초보의 깨달음을 얻고는 그만 그것이 궁극적인 깨달음인 줄 알고 수행을 그만두게 할 위험이 있다고 비판한다. 더 이상 아무것도 닦을 필요가 없는 완벽한 마지막 깨달음이 아니면 진정한 깨달음이라고 할 수 없다는 것이다. 종밀의 『원각경소圓覺經疏』에는 이러한 비난을 받을 소지가 실제로

---

1) 졸고, "Korean Monk Chinul's Theory of Sudden Enlightenment and Gradual Practice," *Asian Culture* 8/4 (Taiwan, 1980).

있다.『원각경』에 보면 "모든 중생은 완벽한 깨달음을 가지고 있다"는 구절이 있다.2) 이것을 종밀은 "모든 중생은 완벽한 깨달음을 이룰 가능성을 가지고 있다"라고 고쳤다. 이것을 보면 종밀은 돈오와 조신 대신 점오漸悟를 택한 듯하다. 바로 그런 점 때문에 임제종은 끊임없이 종밀을 비판해 왔다.3)

한편, 종밀의 돈오점수론에서 말하는 돈오가 진정한 깨달음이 아니라 그저 믿음에 지나지 않는다고 하는 비판에도 허점이 있다. 불교의 믿음 즉 조신의 의미를 축소해서 이해한 셈이기 때문이다. 돈오는 조신을 일으키는 것이고, 조신을 일으킴은 '나는 부처'임을 확인하는 것, 즉 자기의 불성을 확인하는 것이다. 그리고 돈오점수론은 수행자들로 하여금 완벽한 마지막 깨침을 얻기도 전에 수행을 그만두게 만든다는 비판 역시 돈오점수론의 초점을 간과하고 제기하는 비판이다. 앞에서도 말했듯이, 돈오점수론의 핵심 취지는 돈오 뒤에 반드시 점진적인 닦음이 이어져야 한다는 데 있다. 종밀과 지눌은 그저

---

2) 宗密,『大方廣圓覺修多羅了義經略疏』(T 1795, 권39, 552쪽 하단 23~25행), "善男子, 一切衆生皆證圓覺, 定知身心本來具有, 以已證知一切有情無不是覺, 譯經訛也, 應云證諸衆生皆有圓覺."
3) 中峯,「山房夜話」,『中峯廣錄』(경주: 佛國寺, 1977), 58쪽 상단~하단.

무작정 점차 닦아 나가는 데에만 몰두하는 점수의 병폐를 돈오론으로 치유하고, 돈오만 하면 된다고 하여 점차 닦아 나가는 데 소홀한 병폐를 점수론으로 치유하려 했다고 볼 수 있다. 그런 노력이 성공했느냐 못 했느냐에 대한 판단을 여기에서 내리지는 않겠다. 그런 판단을 내리기 위해서는 별도의 연구가 필요하다. 어쨌든 화엄 사상에서 말하는 수행의 쉰 두 단계들이 서로 융통하는 구조라는 점을 수증론으로 체계화해 낸 데에 종밀과 지눌이 제기한 돈오점수론의 공헌이 있다고 할 수 있다. 이에 대해서는 다음 장에서 논의하기로 한다.

14장
『화엄경』에서 말하는 믿음과 깨침

　화엄 사상의 기반은 법계法界(dharmadhātu) 개념이다. 법계의 진상은 리사무애理事無礙와 사사무애事事無礙이다. 리사무애란 원리와 현상이 융통함이고, 사사무애는 개별 현상들이 서로 융통함이다. 모든 법法(dharma) 즉 모든 개별 존재와 현상은 서로 융통한다. 모두가 연기緣起로써 일어나기 때문이다. 연기로써 일어난다고 함은 곧 자성自性(svabhāva)이 없다는 뜻이다. 다시 말해, 모든 개별 존재와 현상은 그 자체의 고유한 정체를 규정하는 불변의 본질이 없고 다른 존재 및 현상과 서로 인연으로 얽혀 있다. 모든 개별 존재와 현상은 각자 자성이 있는 것이 아니라 연기로써 일어나기 때문에 다른 것들과 융회融會한다. 그래서 연기의 법계에서는 '하나가 모든 것'(一卽一切)이요 '모든 것이 하나'(一切卽一)이다. 그러면서도 각 존재와 현상은 개별적 모습 그대로 기능하며 존재한다. 그것이 법계이다.[1]

화엄 법계는 흔히 '인드라의 그물'에 비유된다. 우주는 하나의 그물과도 같은데, 그 그물코마다 구슬이 하나씩 있다. 그 각 구슬에 우주 전체가 비치며(理事無礙), 또한 다른 모든 구슬들이 비친다(事事無礙). 이와 마찬가지로 우주의 모든 존재와 현상은 각자 우주 전체와 다른 모든 존재 및 현상을 담고 있다. 개체가 전체를 비치며, 전체가 개체를 비치는 거울이다.[2]

화엄 사상에서 연기란 법계의 삼라만상이 서로 연관되어 있으며, 서로가 서로를 반영하고 서로 융통한다는 개념이다. 연기에 입각해 보면, 사事(개별 존재와 현상)와 리理(우주 전체)는 같은 것이다. 바로 이 리사무애의 원리가 '나는 부처이다'라는 조신祖信을 뒷받침해 준다. 이치(부처)와 현상(삼라만상) 사이에 아무런 괴리가 없으므로 모든 것이 부처이다. 이 점을 강조하기 위해 화엄학자들

---

1) 사카모도 유키오(坂本幸男), 「법계연기의 역사적 형성(法界緣起の歷史的形成)」, 미야모토 쇼손(宮本正尊) 엮음, 『불교의 근본진리(佛敎の根本眞理)』(東京: 三省堂, 1957), 891~932쪽.

2) Francis H. Cook, *Hua-yen Buddhism: The Jewel Net of Indra* (The Pennsylvania State University Press, 1977), 1~19쪽.

은 성기性起라는 개념을 내세웠다. 이것은 한 마디로 법계의 모든 것이 부처의 작용이라는 개념이다. 그 개념의 어원적 뜻은 『화엄경華嚴經』의 「여래성기품如來性起品」에서 찾아볼 수 있고, 그 개념을 처음 제시한 것이 혜원慧遠(523~592)의 『대승의장大乘義章』이다. 혜원에 의하면, 성性은 불변不變을 말하고, 불변은 또 여래장如來藏을 가리키며, 여래장은 모든 것이 진여眞如 속에서 평등하고 동일한 자리를 말한다. 뒤에 화엄종 이대二代 조사 지엄智儼(602~668)은 성기의 뜻을 '불기不起'라고 풀이하였다.

> 성기性起는 일승법계一乘法界를 밝히는 것이다. 연기의 자리는 본래 궁극이며, 닦고 만들고 하는 것이 아니다.…… 비록 말은 '기起' 즉 '일어난다'고 했지만, 거기에서 일어난다고 한 것은 곧 '불기不起' 즉 '일어나지 않음'을 뜻한다. 일어나지 않는 것, 그것이 성기이다.[3]

모든 것은 작위作爲가 아니라 연기로써 생기는데, 이는 사실상 생겨나고 말고 하는 게 아니라는 이야기이다.

---

3) 智儼, 『華嚴經內章門等雜孔目章』 권4(T 1870, 권45, 580쪽 하단 5~8행), "性起者, 明一乘法界. 緣起之際, 本來究竟, 離於修造.…… 說爲起, 起卽不起. 不起者是性起."

이를 일컬어 무생법인無生法忍(anutpattika-dharma-kṣānti) 즉 생겨남이 없는 진리라고 한다. 여기에서 지엄도 체용體用의 논리를 사용한다. 연기로써 일어나는 각 존재와 현상은 부처의 몸짓 즉 용이고, 부처는 그 존재와 현상들의 몸 즉 체라고 한다. 지엄의 말을 그대로 옮기자면, '성性은 몸이요, 기起는 그 몸 즉 마음자리(心地)가 현현 또는 작용하는 몸짓'이다. 법장法藏, 징관澄觀, 종밀宗密 등 다른 화엄종 조사들이 이런 성기 개념을 더욱 발전시켰다.

그러나 모든 존재와 현상은 몸체로서의 부처가 일으키는 작용이라고 하는 성기 개념을 가지고 조신 즉 '나는 부처이다'라는 믿음의 근거로 삼기에 이른 것은 이통현과 지눌이었다. 그러니까 이 성기 개념을 통해서 우리는 조신의 중요한 의미 한 가지를 볼 수 있다. 성기란 '생겨난다는 것은 원래 생겨남이 없다는 뜻'이므로 모든 존재와 현상은 본래의 몸체인 부처로부터 나오는 몸짓이다. 그리고 그 몸체는 본래 있는 것이지 새삼 생기고 말고 하는 것이 아니다. 『화엄경』뿐만 아니라 『유마경維摩經』, 『열반경涅槃經』, 『대승기신론大乘起信論』 등 대승불교 문헌의 중요한 주제인 무생법인이 바로 그것이다. 새삼 생기거나 만들어 내고 말고 하는 것이 아닌 본래의 그 몸체를 깨치는 것이 불교의 믿음이다. 이 성기 개념에 입각해서 말하자면, 조신이란 무생법인에 대한 믿음이다. 또 달리 말하자면, 연기는 불기不起라는 믿음이다. 즉 모든 존재와 현상은 인연으로서 일어나는데, 그것이 사실은 일어남이 아니라는 믿음이 바로 조신의 내용이다.

연기와 성기의 원리로 성립되는 무애법계無礙法界가 화엄 사상의 실천적인 면과 어떻게 연관되는지 살펴보자. 『화엄경』에서는 보살(Bodhisattva)이 묘각에 이르기까지 수행하는 쉰 두 단계를 말하고 있다. 이 쉰 두 단계는 십신·십주·십행·십회향·십지 등 쉰 단계와, 다음에 등각·묘각이 뒤따라 모두 쉰 두 단계이다. 이 쉰 두 단계에 대해 주석가들은 전통적으로 신信·해解·행行·증證이라는 네 범주를 적용하여 설명하였다. 불교라는 종교가 가지고 있는 믿음·이해·실천·깨침이라는 네 측면이 이 쉰 두 단계에 들어 있다는 것이다. 이를 도표로 나타내면 다음과 같다.[4]

신信(믿음)	(1 ~ 10)	십신十信
해解(이해)	(11 ~ 20)	십주十住
행行(실천)	(21 ~ 30)	십행十行

---

4) 金呑虛, 『화엄경총강』(필사본, 오대산, 1977), 부록 1.

	(31 - 40)	십회향十回向
	(41 - 50)	십지十地
	(51)	등각等覺
증證(깨침)	(52)	묘각妙覺

그런데 법계는 묘하게 완벽히 융통무애融通無碍하기 때문에 보살이 닦아 나가는 이들 쉰 두 경지는 각자 별개이면서도 또한 서로 융통하며, 하나의 단계가 다른 모든 단계를 내포한다고 한다. 그래서 처음 믿는 마음을 내는 그 첫 번째 단계 즉 초신初信이 바로 올바른 깨달음과 마찬가지라고 하였다(初發心時方等正覺). 그럼에도 불구하고 보살은 수행의 여정에서 그 쉰 두 단계를 모두 거쳐야 한다.

종밀과 지눌은 돈오점수론으로써 이를 설명하였다. 지눌은 이통현의 통찰에 입각하여 돈오점수의 체계에서 믿음이 가장 중요하다고 보았다. 보살의 수행 길에서 첫 열 단계가 바로 믿음이기 때문이다.[5] 그 바로 첫 단계에서 이미 돈오에 이른다면, 그 믿음은 완벽하고 올바른 믿음이어야 한다. 그것은 '나는 부처가 될 수 있다'는 교신이 아니라 '나는 부처이다'라는 조신이어야 한다. 『화엄경』

---

5) 知訥, 『圓頓成佛論』(金呑虛 옮김, 『普照法語』, 서울: 法寶院, 1963, 91∼120쪽; *HPC* 권4, 724∼737쪽).

에서 말하는 믿음을 '나는 부처가 될 수 있다'는 교신으로 본다면, 『화엄경』 전체의 구조가 무너지고 만다. 그런 믿음에 입각해서 이해와 실천과 깨침의 단계들을 차례로 차근차근 밟아 나간다고 한다면, 그 쉰 두 단계가 서로 융통한다는 것이 성립할 수 없다. 처음에 믿음을 일으킬 때 이미 구경묘각究竟妙覺을 얻는다는 것도 성립할 수 없다. 그것이 성립하려면 초신初信이 조신祖信이어야만 한다. 다시 말해, 처음에 일으키는 믿음부터가 이미 모든 중생이 부처님을 확인하는 진정한 조신이어야 하는 것이다. 이통현과 지눌도 이 점을 누누이 역설하였다. 그러나 이 첫 단계에서 성취하는 부처님의 경지는 아직 불완전하므로 선정禪定과 자비행, 보시, 서원, 방편 등으로 계속 수행해야 한다고 하였다.

물론 이런 주장 그 자체가 조신이야말로 불교의 올바른 믿음이며 교신은 그렇지 않음을 자동적으로 증명해 주지는 않는다. 수행의 쉰 두 단계가 서로 융통한다는 화엄의 이론이 그릇되었을 수도 있고, 또는 그저 독단적인 주장에 불과할 수도 있다. 그러나 『화엄경』이 제시하는 이러한 구조, 즉 처음 믿음을 일으킨 단계가 곧 마지막 묘각과 같다는 구조는 바로 조신을 바탕으로 해서만이 성립할 수 있다는 점을 지적하고자 한다. 교신으로써는 선

禪에서 말하는 돈오 즉 몰록 깨침이 도대체 어떻게 가능한가를 설명할 수 없으며, 아울러 화엄의 그런 구조 또한 교신으로는 도저히 설명할 수 없다. 그러니까 내가 펴는 주장의 요지는 한 마디로 동아시아 불교 사상을 해석할 때 교신의 이론은 뚜렷한 한계를 가지고 있다는 것이다.

『화엄경』「입법계품入法界品」에 나오는 선재동자善財童子(Sudhana)의 여정旅程은 지눌이 제시한 돈오점수의 체계를 상징적으로 나타낸다. 선재동자의 여정이 가지는 의미를 이해하기 위해서는 우선 『화엄경』의 내용에 익숙할 필요가 있다. 이통현과 지눌이 이용한 『화엄경』은 80권으로 이루어진 방대한 경전이다. 『화엄경』은 거의 모든 대목에서 믿음을 핵심 주제로 거론하고 있지만, 특히 일곱 번째 「여래명호품如來名號品」, 여덟 번째 「사성제품四聖諦品」, 아홉 번째 「광명각품光明覺品」, 열 번째 「보살문명품菩薩問明品」, 열 한 번째 「정행품淨行品」, 열 두 번째 「현수품賢首品」이 가장 본격적으로 믿음의 문제를 다룬 부분으로 꼽힌다.[6] 『화엄경』의 내용은 열 곳의 장소에서 열린 열 번의 법회에서 이야기된 것을 모아 담은 것으로 되어 있는데, 이 여섯 품은 보광명전普光

---

6) 金吞虛, 『화엄경총강』(오대산, 1977), 8~10쪽.

明殿에서 열린 두 번째 법회의 이야기이다.

열 번째 「보살문명품」과 그 뒤의 「정행품」, 「현수품」은 믿음을 이해와 실천, 깨침에 비추어 이야기하고 있다. 한편, 일곱 번째 「여래명호품」과 그 뒤의 「사성제품」, 「광명각품」은 각자 부처님의 몸, 말씀, 마음에 대해 설명하고 있으며, 부처님의 깨침이 바로 믿음의 내용임을 강조하고 있다. 이 세 품에서 주제로 역설하고 있는 것은 믿음과 깨침의 불가분성이다. 그러면 부처의 깨침은 그 본질이 무엇인가? 이것은 아홉 번째 「광명각품」에서 설명된다. 여기에서는 지혜 제일이라고 하는 문수사리文殊舍利(Mañjuśrī)가 무한한 법계와 문수보살 자신을 포함하여 모든 중생을 비추어 주는 부처님의 한없고 끝없이 크고 넓은 빛을 찬양한다. 그 빛이 모든 중생에게 믿음을 일으킨다는 것이다. 즉 믿음이란 바로 부처님이 발하는 광명이다. 이통현은 『화엄경론』에서 이 「광명각품」의 첫 구절을 해설하며 다음과 같이 말하였다.

이 품의 제목을 광명각이라 한 것은, 여래가 십신十信 한가운데에서 발에 있는 둥근 모양의 상호相好로부터 빛을 발하기 때문이다.…… 부처가 발산하는 빛을 받고서 중생은 믿음을 일으키고 수행을 한다. 그래서 광명각이라 하였다. 수행자는 그 모든 빛에 따라 온 세상을 비추어 본다. 비추어 보는 주체로서의 마음까지도 사라지면 곧 법신法身과 한 몸이 되어 마침내 십주十住의 첫 단계로 들어간다.[7)]

이통현에 의하면, 부처님에게서 나오는 빛이 중생에게 믿음을 일으키며 닦음을 일으킨다고 한다. 신행을 하는 사람은 무한한 우주를 비추는 무량한 빛을 보며, 따라서 자기의 마음 그 자체가 무한하게 된다. 그 다음에 이통현은 신행과 그 내용인 부처님의 광명을 삼매에 드는 것과 연결시킨다.

십신十信에 들어가는 이는 이 빛을 좇아서 자신의 마음과 세상을 본다. 자신의 마음과 세상이 조금도 다름이 없게 되면 그는 즉각 방편삼매方便三昧에 들어가게 된다.…… 그러나 그 빛을 보지 못하면 보현보살의 큰 서원도, 신통력도, 또한 모든 부처의 커다란 작용도 전혀 성취하지 못하고 만다.[8)]

---

7) 李通玄, 『新華嚴經論』(T 1739, 권36, 818쪽 중단 7~14행), "此品名光明覺品, 爲明因如來放十信中足輪下光照燭十方.…… 以光所照覺悟信心令修行故, 以是因緣名光明覺品. 修行者, 一一隨光觀照十方. 已能觀之心亦盡, 卽與法身同體, 入十住初."

8) 李通玄, 같은 책(T 1739, 권36, 818쪽 중단 14~19행), "入信心者, 一一隨此寶色燈雲光, 觀內心及方所, 總令心境無有內外中間方可入方便三昧.…… 若作此寶色光明觀, 不成一切普賢願海, 神通力諸佛大用皆悉不成."

이통현은 믿음이란 곧 삼매의 경지에서 부처님의 광명을 경험하는 것이며, 그것이 바로 보현보살의 서원을 성취하는 필수조건이라고 본다. 『화엄경』에 등장하는 보현보살의 서원은 다음과 같다. (1) 모든 부처님께 예배하고 공경하겠다. (2) 모든 부처님을 찬양하겠다. (3) 널리 공양을 베풀겠다. (4) 모든 업장을 참회하겠다. (5) 남이 짓는 공덕을 함께 기뻐하겠다. (6) 부처님에게 가르침을 펴달라고 청원하겠다. (7) 부처님에게 이 세상에 머물러 달라고 청원하겠다. (8) 늘 부처님을 따라 배우도록 하겠다. (9) 늘 중생을 두루 돌보겠다. (10) 모든 공덕을 중생을 위해 바치겠다.[9] 보현보살은 부처님의 자비를 상징한다. 그의 이 서원들을 모두 성취하지 않으면 부처님의 깨침을 이룰 수 없다. 한편, 믿음을 확고히 붙들고 있지 않으면 이 서원들을 부단히 추구할 수 없다.

『화엄경』에서는 깨침에 대하여 세 가지 다른 설명을 제시하고 있다. 대방광불[10]의 깨침과 문수보살의 깨침,

---

9) 『大方廣佛華嚴經(40권 화엄경)』(T 293, 권10, 844쪽 중단 24~28행), "一者禮敬諸佛, 二者稱讚如來, 三者廣修供養, 四者懺悔業障, 五者隨喜功德, 六者請轉法輪, 七者請佛住世, 八者常修佛學, 九者恆順衆生, 十者普皆廻向."

10) 大放光佛 또는 大方廣佛이라고도 한다. 또한 범어 명칭 바이로차나(Vairocana)를 음사하여 비로자나(毗盧遮那)라고도 한다.

선재동자의 깨침이 그것이다. 대방광불의 깨침은 고타마 싯다르타가 깨침을 이룬 마가다(Maghada)국의 보리수 밑을 무대로 펼쳐진다. 문수보살의 깨침은 보광전이, 그리고 선재동자의 깨침은 제타바나(Jetavana)의 수도원이 무대가 된다. 어느 경우든 고타마는 그 자리에 있으면서도 침묵하고 있다. 그저 온 세상에 빛을 비추고 있을 뿐이다. 그래서 대방광불이라 불리는 것이다. 그 빛을 받고 보현보살과 문수보살은 삼매에 들어가고, 삼매 속에서 이야기를 풀어낸다. 왜 고타마는 침묵하고 있는가?『화엄경』의 부처님은 역사적인 인물도 아니고, 철학적 개념도 아니며, 체험 그 자체를 의미한다. 그 체험은 부처님 측에서는 발산하는 빛으로 나타나며, 보살 측에서는 삼매로 나타난다. 부처님의 빛과 보살의 삼매를 연결하는 것이 믿음이다. 그래서『화엄경』에서는 깨침에 관한 이야기에 반드시 믿음에 관한 이야기가 따른다. 그러니까 깨침에 관한 이 세 이야기는 모두 믿음에 관한 이야기이기도 하다. 첫 번째 대방광불의 깨침과 관련해서는 보현보살의 서원과 닦음이 믿음을 나타낸다. 두 번째 문수보살의 깨침에서는 문수보살의 지혜가 믿음을 나타내고, 세 번째 선재동자의 경우에는 선재동자가 문수보살의 인도로써 이루는 깨침이 바로 믿음을 나타낸다. 어느 경우든 믿음은 본질적으로 깨침과 같은 것이다.

『화엄경』의 마지막「입법계품」에 나오는 선재동자의 여행은 화엄의 돈오점수 사상을 시사하고 있다. 즉, 우선 조신을 일으키고 이를 바탕으로 해서 점차 닦아 나가는 구도를 보여 준다. 처음에 선재동자는 문수보살이 부처님의 빛을 찬양하는 데 인도 받아 초신初信의 단계로 입문한다. 그리고는 순례의 길을 떠나 쉰 두 명의 성인들(kalyāṇamitras)을 차례로 만난다. 화엄학자들은 그 쉰 두 명의 성인이 수행의 쉰 두 단계를 상징한다고 해석한다. 마지막으로 만나는 이가 미륵불인데, 그는 선재동자를 다시 문수보살에게 돌려보낸다. 그러니까 문수보살은 출발점이자 또한 종착역인 셈이다. 달리 말하자면, 문수보살은 선재동자가 여행을 떠나게 되는 원인이자 그 결과인 셈이다. 다시 말해, 문수보살은 초신의 단계와 구경究竟의 지혜, 그 둘을 모두 상징한다. 그래서 화엄학자들은 흔히『화엄경』의 가장 중요한 주제가 바로 믿음과 깨침의 불가분성이라고 본다.

선재동자는 바로 첫 단계에서 삼매에 들었지만, 그것은 다만 여행의 시작일 뿐이다. 쉰 두 명의 성인들을 하나하나 만나야 하고, 그 때마다 점점 더 깊은 삼매에 들어간다. 그리고는 마지막으로 쉰 두 번째 단계에서 묘각

妙覺을 이루는데, 그것은 결국 첫째 단계 즉 처음 믿음을 일으킨 단계와 같은 것이다. 처음에 만난 이가 문수보살이고, 또 마지막에 만나는 이가 역시 문수보살이라는 점이 그것을 상징한다.[11]

선재동자의 여행으로 상징되는 화엄의 돈오점수론을 어떻게 해석해야 하는가? 결국에는 믿음의 여러 가지 단계를 말하는 화엄경의 교리와 연관해서 이해해야 할 것이다. 『화엄경』에서는 믿음을 그 성숙도에 따라 열 가지로 분류한다. 법장法藏은 『섭론攝論』(Mahāyānasamgrha)을 바탕으로 해서 이를 다음과 같이 설명한다.

1. 믿음(信): 이해를 하게 되는 자리에서 순수한 믿음(śraddha)이 나타난다. 그 믿음을 성취하려는 확고한 마음이 일어난다.
2. 전념(念): 부처님과 그 가르침, 승가僧伽, 계, 보시, 천상天上의 경지에 대해 생각을 집중한다.
3. 정진精進: 대승의 가르침에 따라 부단하고 부지런히 착한 행실을 닦는다.
4. 삼매(定): 가르침을 분명히 체득해서 모든 잘못과 욕심과 망상, 분별을 여읜 확고한 마음에 들어간다.
5. 지혜(慧): 모든 현상과 존재의 자성自性이 공空함을 깨닫는다.

---

11) 지눌이나 탄허 같은 한국의 화엄학자들이 이 문제를 심각하게 논의한 바 있다. 특히 김탄허의 『신화엄경합론』(서울: 화엄학연구소, 1977) 참조

6. 계戒: 보살의 청정한 계를 지켜서 몸(身)과 입(口), 뜻(意)이 다 깨끗해진다. 그리하여 잘못을 저지르게 되는 일이 거의 없지만, 혹시 그런 일이 있더라도 참회하고 다시 또 저지르는 일이 없다.

7. 회향廻向: 모든 공덕을 중생과 함께 나눈다.

8. 호법護法: 번뇌를 일으키지 않을 뿐 아니라 침묵, 지혜, 집중, 공적空寂의 상태를 지킨다.

9. 사捨: 자신의 몸과 이익을 잊는다. 그래서 모든 집착에서 벗어난다.

10. 원願: 청정한 서원들을 부단히 실천한다.[12)]

이 화엄의 십신十信 교의에 의하면, 믿음의 체험은 정적靜的이 아니며, 그 밀도가 여러 가지이다. 부처님의 빛을 봄으로써 처음 믿음이 일어난다. 이통현이 말하듯이 초신에서 삼매에 들어가는데, 그 삼매는 십신의 단계들을 통해 차츰 심화된다. 지눌과 이통현, 그밖에 여러 화엄학자들은 십신 그 자체가 수행의 단계들 전체를 대변한다고 본다. 그러니까 십신을 다 마치고 들어가는 십주

---

12) 金呑虛, 『화엄경총강』(오대산, 1977), 부록 2.
　* 역주: 法藏의 『華嚴經探玄記』(T 1733, 권35, 176쪽 상단 8~10행) 원문에서는 순서가 이와는 달라서, 一信心, 二念心, 三精進心, 四慧心, 五定心, 六不退心, 七廻向心, 八護心, 九戒心, 十願心으로 되어 있다.

十住의 첫 단계, 초주初住의 단계가 바로 종착점 묘각과 상통한다. 『대승기신론』의 용어를 사용해서 말하자면, 그것은 신심信心이 발심發心(發菩提心) 즉 믿음의 완성으로 전환되는 단계이다. 이는 곧 초신과 초주, 묘각이 상통한다는 얘기다. 지눌은 다음과 같이 말한다.

이 논(이통현의 『신화엄경론』)을 세밀히 검토해 봤는데, 삼승三乘에서는 보살 십지十地를 다 지나야만 불과佛果가 있다고 하지만, 일승一乘에서는 십신十信의 첫 단계에 불과가 있다고 한다. 계위에 들어가는 것을 두고 말하자면, 십주의 첫 단계에 불과가 있다고도 한다. 십신의 첫 단계에 들면 저절로 십신의 첫 단계에 이르게 마련이고, 십주의 첫 단계에 들면 또한 저절로 구경각까지 이르게 마련이다. 그렇다면 온갖 번뇌에 얽매인 범부에게 가장 중요한 것은 처음에 바른 믿음을 일으키는 일이라 하겠다.[13]

그렇다면 『화엄경』에서 말하는 수행의 쉰 두 단계는 모두 초신 속에 다 들어 있는 셈이다. 믿음을 처음 일으

---

13) 知訥, 『華嚴論節要』(HPC 권4, 868쪽 상단 16~21행), "審此論所明, 三乘佛果, 在十地之後, 一乘佛果, 在十信初心, 若約入位言之, 在初發心住. 若入十信初心, 任運至十住初心, 若入住初, 任運至究竟位. 如是則具縛凡夫, 初發正信之心, 最爲要門."

키면 그 안에 수행의 쉰 두 단계가 다 포함된다. 그러나 믿음을 일으키는 것만으로 나머지 수행의 단계들이 모두 저절로 성취되지는 않는다. 그 쉰 두 단계를 실제로 점차 거쳐야 한다. 보살의 무한한 자비와 서원, 실천, 삼매의 여러 경지들을 다 거쳐야 한다. 그러나 그 모두가 실제로는 그 처음 일으킨 믿음의 여러 가지 측면들일 뿐이다. 믿음은 보살행의 출발점이고, 그 믿음의 힘으로 쉰 두 단계의 여정을 밀고 나가 묘각이라는 정점에 이른다. 그런데 묘각이란 처음에 일으킨 바로 그 믿음의 완성이다. 그러므로 화엄 불교에서는 믿음이 시작이자 중간이자 또한 마지막이다. 즉 믿음과 닦음과 깨침이 하나인 것이다. 그리고 그처럼 믿음과 닦음과 깨침이 하나일 수 있는 믿음은 바로 '나는 부처이다'라는 조신밖에 없다.

결론적으로, 화엄 사상에서 믿음의 내용은 모든 것이 하나요 하나가 모든 것인 융통무애의 법계이다. 즉 믿음은 불이, 공, 진여의 깨달음이다. 믿음을 일으킨다 함은 곧 연기법계와 자신이 한 몸임을 깨닫는 것이다. 선종의 삼대 조사 승찬僧璨이 썼다고 하는『신심명信心銘』에 나오는 유명한 시 한 수가 이와 같은 화엄의 조신 개념을 잘 표현하고 있다.

궁극의 진리는 시간 속에 짧거나 긴 것이 아니어서
한 생각의 순간이 곧 만년이요,
어디 있고 없고 하는 것이 아니되
어느 곳에서나 다 눈앞에 있다.

가장 작은 것이 가장 큰 것과 같으니
모든 경계가 다 끊어지고,
가장 큰 것이 가장 작은 것과 같으니
그 끝과 겉을 볼 수 없다······

하나가 곧 일체요
일체가 곧 하나이다.
이렇게만 된다면
(수행을) 끝내지 못할까 걱정할 일이 없다.

믿는 마음은 곧 불이不二요
불이가 곧 믿음이라.
말의 길도 끊기고
과거, 현재, 미래, 그 어느 것도 아니다.[14]

---

14) 僧璨, 『信心銘』(T 2010, 권48, 376쪽 중단~377쪽 상단), "宗非
促延, 一念萬年/ 無在不在, 十方目前/ 極小同大, 忘絶境界/
極大同小, 不見邊表/ ······ / 一卽一切, 一切卽一/ 但能如是,
何慮不畢/ 信心不二, 不二信心/ 言語道斷, 非去來今."

15장
깨침과 깨짐

    중국에서는 불교의 깨달음을 일컬어 오悟, 각覺, 견성
見性 등의 표현을 쓴다. 일본말로 사토리(悟り), 겐쇼(見
性)라는 발음도 세계적으로 널리 알려졌다. 한편, 한국의
선찰禪刹에서는 '깨침'이라는 말을 쓴다. 깨침이라는 말
은 '깨다'라는 동사의 명사형이다. '깨다'는 우선 부순다
는 뜻을 가지고 있다. '깨다'의 또 하나의 명사형 '깨짐'
은 그 부순다는 뜻을 그대로 이어받는다. 그러나 '깨다'
는 꼭 부순다는 뜻만은 아니다. 잠에서 깬다거나, 취한
상태로부터 깨어난다거나, 알에서 깨어 새로 태어난다거
나 하듯이 어떤 상태에서 벗어나 새로운 상태가 된다는
뜻을 가지고 있으며, 또한 모르던 상태에서 벗어나 무엇
인가를 알게 되었다는 뜻으로도 쓰인다. '깨침'은 그런

뜻을 이은 명사형이다. 그러나 그것도 우선은 무엇을 부수어 버린다, 무엇이 부수어진다는 뜻을 전제하고 있다. 그러니까 한국 불교에서 궁극적 종교 체험을 일컬어 깨침이란 거기에 무엇인가가 부수어지는 체험이 있다는 뜻을 담고 있다.[1]

그러면 거기에서 부수어지는 것, 깨지는 것은 과연 무엇인가? 한 마디로 분별심分別心과 아집我執이 깨지는 것이다. 그러면 그 깨짐은 어떻게 해서 일어나는가? 그것을 설명하기 위해 다시 화두 참선 이야기를 꺼낼 필요가 있다. 한국의 선 불교에서 압도적 주류를 이루는 수행이 화두 참선이다. 앞의 9장에서 설명한 화두 참선의 구조 즉 의심의 명상과 믿음의 역동성이 한국 불교에서 깨침이라고 일컫는 그 체험에 반영되어 있다.[2]

화두 참선에서 작동하는 믿음의 역동성에는 세 가지 요건이 있다고 했다. 첫째는 '나는 부처이다'라는 깊은 믿음이고, 둘째는 그 믿음을 부인하는 회의 즉 '나는 중생이다'라는 고백이다. 셋째는 끊임없는 물음 즉 그 믿음

---

1) 졸고, "On Wŏnhyo's Enlightenment," *Journal of Indian and Buddhist Studies* 29/1 (Japan, December 1980), 467~470쪽.

2) 知訥, 『看話決疑論』(金呑虛 옮김, 『普照法語』, 서울: 法寶院, 1963, 121~138쪽).

과 의심, 곧 긍정과 부정 사이의 부딪침이다.

임제선 전통의 실제 수행 현장에서는 이 역동적 부딪침이 경전이나 스승에 대한 존경과 현재 자기 자신의 경지에 대한 정직한 성찰 사이의 갈등으로 나타난다. 스승의 말씀이나 경전에 쓰인 부처님의 말씀을 존경하기에 '나는 부처'임을 굳게 믿는다. 그러나 자기의 현재 경지를 정직하게 들여다보면, '나는 무명 중생'임을 인정하지 않을 수 없다. 화두 참선에서는 이런 강렬한 실존적 갈등이 수행의 원동력이 된다. 그 갈등을 숨기지 않고 드러내버리는 것이다. 스승과 가르침에 대한 존경, '나는 부처이다'라는 굳은 믿음이 불꽃이 되고, '그래도 지금 나는 중생'이라는 인식이 연료가 된다고도 할 수 있다. 그리고 스승이 던져 주는 화두가 하나의 폭탄이 되어 폭발을 일으킨다. 화두를 들고 '이 뭣꼬' 하고 의심하는 수행이 폭발이다. 다시 말해, 화두는 깨침이라는 폭발적 깨짐을 일으키는 점화 역할을 한다.

심리적으로 보자면, '나는 부처이다'라는 긍정과 '나는 무명 중생이다'라는 부정 사이의 긴장, 또는 달리 말해 스승의 가르침에 대한 존경과 자기 자신의 현재 경지에 대한 정직한 성찰 사이의 긴장은 일종의 정체성正體性 위기를 일으킨다고 할 수 있다. 스승이 수행자에게 화두를 던지는 것은 이 위기를 다스리는 한 방법이다. 화두에는 앞에서 언급한 바 있는 무자無字 화두를 비롯해서 '마음이 뭔가?'라든가 '한 손으로만 손뼉을 치면 무슨 소리가 나는가?' 등 여러 가지가 있다. 화두가 그 긴장을 심화시켜 결국에는 수행자의 분별심과 아집을 완전히 깨뜨려버리는 것이다.

그런데 왜 깨침이 그렇게도 어려운가? '나는 부처이다'라는 믿음과 '나는 무명 중생이다'라는 회의 사이의 긴장을 그 극에까지 끌고 가지 않으면 폭발하지도 않고, 깨지지도 않기 때문이다. 스승의 가르침에 대한 백 퍼센트의 믿음과 자기 자신의 현재 처지에 대한 백 퍼센트의 정직성이 부딪쳐야 폭발한다. 조금이라도 모자라면 폭발이 일어나지 않는다. 믿음과 존경만 있는 경우에는 맹신적 근본주의에 빠진다. 반면에 회의와 정직만 있다면 부정적인 태도나 회의주의에 빠진다. 오직 전적인 존경과 온전한 정직, 다시 말해 철저한 긍정과 부정이 함께 할 때만 화두라는 폭탄에 의해 깨침의 폭발이 일어날 수 있다. 무문 선사의 표현으로는 '있다면서도 없다는 그 순간'(纔涉有無),[3] 즉 긍정과 부정을 동시에 할 때 분별심이 깨지는 것이다.

---

3) 慧開, 『無門觀』(T 2005, 권48, 293쪽 상단 13행), "全提正令. 纔涉有無." 참조

16장
전의
— 몸 바꾸기 —

.

조신의 신행信行은 곧 자신의 불성을 용감하게 긍정하는 것이다. 거기에는 의식의 근본적 변혁이 담겨 있다. 기독교에서는 신앙의 행위에 '회개'(conversio)가 담겨야 한다고 하고, 그 대표적 실제 예로는 바울과 아우구스티누스의 생애를 꼽는다. 대승불교에서 말하는 조신에도 또한 그와 비슷한 일종의 회개가 내포되어 있다. 다만 하나님의 은총을 통하여 삼위일체三位一體에 대한 신앙을 갖게 된다는 기독교의 교의와는 달리, 대승불교에서는 자기 자신의 마음의 본성을 깨닫는 것을 이야기한다는 점이 다르다. 대승불교에서 믿음을 통해 체험하는 회개는 또한 불법승 삼보에 대한 철저한 '귀의歸依'로 이해할 수도 있다. 하지만 삼보에 귀의한다는 것도, 원효元曉에

따르면, 결국 일심一心으로 돌아가는 것이다.[1]

대승불교에서 회개에 해당하는 개념을 찾아보자면, 유가瑜伽(Yogācāra) 사상에서 말하는 전의轉依(āsraya parāvṛtti)라는 것이 바로 그런 근본적인 변혁을 가리킨다. 전의는 불교에서 깨침의 체험을 논의하는 주요 개념의 하나로 사용되어 왔다. 유가 사상은 흔히 유식唯識(vijñāna mātratā) 사상이라고 불리는데, 유식의 교의에서는 의식을 분석하여 여덟 가지가 있다고 말한다. 보고, 듣고, 냄새 맡고, 맛보고, 접촉을 느끼고, 현상과 존재의 뜻을 알아차리는 감각 및 지각 작용이 표면에 떠올라 있는 여섯 가지 의식이다.[2] 이를 흔히 전육식前六識이라고 부른다. 그 아래에는 자아의 식自我意識이라고 할 수 있는 제칠식이 있고, 그 아래 최심층에 아라야식阿羅耶識(ālaya vijñāna)이라고 부르는 제팔식이 있다. 전육식이 빚어내는 온갖 분별과 집착의 습관적인 기운(習氣, vāsanā)이 이 제팔식에 축적된다. 이것을 훈습熏習이라고 한다. 그것이 다시 앞의 일곱 가지 의식에 투영되면서 주객이분법主客二分法을 바탕으로 한 자기중

---

1) 元曉,『大乘起信論疏』(T 1844, 권44, 203쪽 중단 17~19행), "從一心起, 而背自原, 馳散六塵, 今擧命總攝六情, 還歸其本一心之原, 故曰歸命, 所歸一心, 卽是三寶故也."
2) *역주: 眼耳鼻舌身意의 識을 말한다.

심적 분별이 자행된다. 이 분별이 집착과 고통, 끝없는 윤회를 낳는다.

전의란 아라야식을 일거에 근본적으로 뒤집어서 그 본래의 청정한 상태로 되돌리는 것을 말한다. 즉 주객이 분법을 바탕으로 자기중심적인 분별을 자행하는 앞의 일곱 가지 의식과 분별·집착의 훈습을 없애고 분별·집착이 없는 본래의 마음 상태인 불이不二의 일심으로 돌아간다는 것이다.[3]

우리는 흔히 주체가 있고 그 바깥에 객체가 있다는 것을 당연한 상식으로 생각하지만, 유식 사상에서는 이를 부인한다. 그렇다고 해서 주체만이 독자적으로 존재하는 것도 아니다. 유식 사상이 객체의 존재를 부인하는 목적은 우리가 보통 생각하는 주체의 존재를 부인하기 위한 것이다. 그러면 이것은 일종의 허무주의가 아니냐고 할지 모르겠다. 그러나 유식 사상에서 이야기하고자 하는 요점은 주체와 객체 사이의 진정한 관계라는 점을 잊지 말아야 한다. 그 관계를 설명하기 위해 카라나(kāraṇa)와 카리야(kārya)라는 개념이 동원된다. 카라나는 무엇인가를 만들어 내는 주체를 가리키는 말로, 한문에서는 작자

---

3) D. T. Suzuki, *Studies in the Lankāvatara Sūtra* (London, 1930), 182~199쪽.

作者나 능작能作이라고 번역된다. 실행자實行者라고 할 수 있겠다. 같은 뜻으로 카라카(kāraka)라는 말도 있다. 한편으로 카리야는 만들어지는 객체를 가리킨다. 한문에서는 작업作業이나 소작所作이라고 번역된다. 그러니까 카라나와 카리야는 만드는 자와 만들어지는 것, 행위자와 행위, 보는 자와 보이는 것, 듣는 자와 들리는 것 등의 관계이다. 여기에서는 간편하게 카라나를 주체, 카리야를 객체라고 번역하기로 한다. 주체와 객체는 보통 서로 반대되는 것으로 여겨지는데, 유식 사상에서는 이 둘이 동시에 성립한다는 점을 강조한다. 예를 들어 꽃을 본다고 할 때, 보는 자는 주체이고 꽃은 객체이다. 보는 자와 꽃은 동시에 성립하는 것이지 어느 한 쪽만 존재할 수 없다. 보는 자가 있음으로써 꽃이 있고, 꽃이 있음으로써 보는 자가 있다. 그러나 보는 자와 꽃은 같은 것이 아니고 어디까지나 별개이다.

주체와 객체의 관계에서 또 하나 중요한 점은 이들이 서로 바뀔 수 있다는 것이다. 누군가 꽃 한 송이를 보는 사건에서 보자면, 보이는 대상인 꽃이 보는 자가 되고 보는 자가 보이는 대상이 될 수도 있다. 그러니까 인간의 의식은 언제나 주체의 자리에 고정되어 있는 것이 아니고, 객체가 될 수도 있다는 이야기이다. 의식이 주체로 작동할 때에는 모든 객체가 그것의 소생所生(utpāda)이 된다. 반면에 모든 객체가 주체로 바뀌고 우리의 의식이 객체가 되면, 처음의 그 객체에 의해서 훈습된 의식이 된다고 한다. 이런 관계를 다음과 같은 도식으로 나타낼 수 있다.

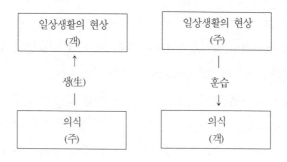

여기에서 중요한 것은 의식이 주체일 수도 있고 객체일 수도 있으며, 동시에 현상 또한 주체일 수도 있고 객체일 수도 있다는 점이다. 그러니까 주객의 관계는 동시적이며 서로 바뀔 수 있다는 것이 특징이다.

전의는 믿음을 일으킴으로써 일어나서, 주체와 객체가 서로 바뀔 수도 있다는 깨달음으로 귀결된다. 때로 주체는 '원인', 객체는 '결과'에 해당하는 것으로 설명되기도 한다. 그렇게 보면 전의란 곧 원인과 결과가 서로 바뀔 수 있음을 깨닫는 것이라고 할 수도 있다. 아무튼 중요한 것은 주체가 언제나 주체로 고정되어 있지 않으며, 객체도 언제나 객체로 고정되어 있지 않다는 점이다. 주체는 주체로서만이 아니라 객체로서도 작동한다. 어떻게 그럴 수 있을까? 그것은 바로 우리의 의식이 본래 연기법緣起法으로서 모든 것과 연관되어 있는 구조를 가지고 있기 때문이다.[4]

유식 사상의 의식 이론은 모든 것이 연기緣起의 관계임을 이야기한다. 인간이 지각하고 감각하는 것은 모두 의식의 영향을 받는다. 의식은 또한 세상 모든 것으로부터 영향을 받는다. 그러니까 내면의 의식과 외부 세계의 현상 사이에는 연기적인 관계가 있고, 그 관계는 정적靜的인 것이 아니라 매우 역동적이다. 이러한 의식의 구조는 깨친 이든 깨치지 못한 이든 간에 누구에게나 있다. 그것을 깨우치지 못하고 주관과 객관을 따로 세워 놓는 한 끊임없는 분별, 망상, 번뇌의 업을 지으며 윤회할 뿐이다. 의식이 주체 또는 원인으로서 작동하여 객체 또는 결과로 온갖 현상을 만들어 내면 끝없는 윤회의 순환이 벌어진다. 그러한 진상을 모르기 때문에, 다시 말해 무명 때문에

---

4) 유가 사상에 대한 더 자세한 설명은 나가오 가진(長尾雅人)의 『중관과 유식(中觀と唯識)』(東京: 岩波書店, 1978), 239~244쪽 참조

의식이 환상으로 현상을 지어내게 되고, 그 환상의 현상이 다시 무명의 의식을 훈습한다. 이것이 바로 윤회이다.

이것을 어떻게 부수느냐, 즉 어떻게 전의를 이루느냐 하는 문제가 제기된다. 유식 사상에서는 이른바 삼성三性(trisvabhāva) 이론을 내놓는다. 여기에서 삼성 즉 세 가지 성품이란 의타기성依他起性(paratantra-svabhāva), 변계소집성遍計所執性(parikalpita-svabhāva), 원성실성圓成實性(parinispanna-svabhāva)을 가리킨다. 이것은 세상이 이 세 가지 요소로 구성되었다고 하는 뜻이 아니다. 그보다는 존재의 세 가지 상태를 말하는 개념이다. 또한 세상을 보는 세 가지 방법을 말한다고 할 수도 있다. 의타기성은 남으로부터 일어난다는 뜻으로 곧 연기를 말한다. 변계소집성은 치우친 헤아림에 집착한다는 뜻으로 중생의 분별하는 성품을 가리키고, 원성실성은 깨침을 이룬 부처님의 완벽한 성품을 가리킨다. 의타기성 즉 연기성은 모든 존재의 기본 진상으로서 둘째 변계소집성과 셋째 원성실성의 공통되는 기반이다.

중생은 세상의 연기성을 모르고 두 번째 시각으로만 세상을 보기 때문에 모든 것을 분별·차별하고, 그 분별·차별에 집착한다. 그렇게 본 세상은 주체와 객체가 분별되는 망상의 이원론적 세계이다. 그런 분별을 완전히 여의고 만물의 연기성을 보면, 그 분별의 세상 자체가 그 대로 완벽한 것이 된다. 그것이 깨침을 이룬 부처님이 보는 세상이다. 그러니까 원성실성이란 의타기성 즉 연기법을 실제로 구현하는 것일 뿐이다. 다만 유가 사상가들이 원성실성을 거론한 것은 요가카라(yogācāra) 즉 요가 수행의 완성을 강조하기 위해서였다. 다시 말해 의타기성, 연기법은 단순히 이론적인 개념이 아니라 실제로 구현해야 할 것임을 강조하기 위해서였으며, 또한 수행자들이 궁극의 경지에 이르지 못하고도 그런 줄로 착각하지 않도록 하기 위해서였다.

그러니까 변계소집성과 원성실성은 의타기성과 별개로 있는 것이 아니다. 깨치지 못한 이들의 그릇된 분별도, 그것이 그대로 원성실성으로 바뀔 수 있는 것도 모두 의타기성 즉 연기법의 세계에서 비롯된다. 물론 변계소집성과 원성실성 사이에는 엄연히 큰 괴리가 있다. 그러나 그 괴리가 아무리 크다 해도 그것은 깨치지 못한 중생의 분별에서 만들어진 것이고, 따라서 환상일 뿐이다. 그러므로 변계소집성으로 일으키는 인위적 분별 때문에 생겨난 이 환상의 괴리를 없애면, 의타기성이 제대로 일하는 원성실성의 세계로 바뀔 수 있다.

전의란 한 마디로 의타기성을 제대로 깨치는 것이다.

다시 말해, 의타기성이라는 세상의 진상을 두고 변계소
집성으로 보던 데에서 원성실성으로 보는 자리로 전환하
는 것이 바로 전의이다. 저명한 일본 학자 나가오 가진
(長尾雅人)은 유가 사상에서 전의가 핵심임을 역설하였
다. 나가오는 전의를 다음과 같이 설명한다.

전의란 그 말 자체가 암시하듯이 자기가 의지하던 기반, 근거
가 뒤집어지고 새로운 것으로 바뀌는 것(또는 없어지는 것)을
말한다. 자기가 발 딛고 있는 땅이 뒤집히고, 새로운 세상이 새
로운 빛을 받아 나타난다. 자기가 딛고 선 기반이 근본적으로
도전을 받는다. 그것이 무너지거나 사라지려 한다는, 즉 죽음
이 닥친다는 엄청난 두려움이 일어난다. 그러나 그 죽음을 통
해서만이 자기의 기반이 새로운 빛을 받아 되살아날 가능성이
생긴다. 이것은 단순히 마음을 새롭게 하는 것이 아니다.……
실존 전체가 뒤집어지고 바뀌는 것이다. 인간의 몸에 흐르는
자기장磁氣場이 있다고 가정하면, 전의라는 것은 그 자기장이
일상적인 방향과는 정반대로 흐르는 것이라 할 수 있다.[5]

유가 철학에서는 전의와 연관된 것으로 또 식전변識轉
變(vijñāna-pariṇāma)이라는 개념도 이야기한다. 의식이 주

---

5) 나가오 가진(長尾雅人)의 『중관과 유식(中觀と唯識)』(東京: 岩波
書店, 1978), 279~280쪽; Gadjin Nagao, "On the Theory of
Buddha-Body," *The Eastern Buddhist*, 5/1 (May 1973), 44쪽.

관으로, 또 객관으로 전개되며 일하는 모양을 식전변이라고 한다. 전의든 식전변이든 핵심은 연기법에 있다. 연기법을 내면 의식과 외부 현상 사이의 관계에 적용하여 주객 사이의 상호 전환을 이야기하는 것이 식전변설이다. 한편, 연기법을 변계소집성과 원성실성 사이의 관계에 적용하여 그릇된 분별의 세계에서 연기의 세계로의 변환을 이야기하는 것이 전의 개념이다.

조신을 일으키는 것도, 돈오를 이루는 것도 모두 연기법 때문에 가능하다. 중생과 부처는 한 순간이라도 연기의 세계에서 떨어져 본 적이 없다. 다만 변계소집성으로써 일으키는 인위적 차별로 인하여 다른 것으로 여길 뿐이다. 그러나 분별에 대한 집착을 깨면 그 순간에 온 세상의 연기성을 깨닫게 된다. 그럴 때 비로소 변계소집성의 진정한 기반도 바로 연기임을 깨닫는다. 변계소집성으로부터 원성실성으로의 완벽한 전환, 그것이 전의이다. 그러면 그 전의를 일으키는 원동력은 무엇인가? 중생과 부처가 하나라는 조신이 바로 그 원동력이다. 이렇게 보면 유가 사상에서 말하는 전의, 삼성, 식전변, 여덟 가지 의식 등의 교의는 결국 모두가 조신에 관한 이야기라고 할 수 있다. 조신을 통해 우리에게 어떤 변화가 일어나며 거기에는 어떤 역동성이 작동하는지를 설명하는 것이기 때문이다. 이제 다음 장에서는 조신으로써 일어나는 이 전의와 선종에서 말하는 깨침, 깨짐의 경험이 어떻게 연관되는지 알아보도록 한다.

17장
세 개의 관문

조신祖信 즉 '나는 부처이다'라는 믿음이 불교의 올바른 믿음이라고 하였다. 그리고 조신의 기준은 뒤로 물러서지 않는 것 즉 불퇴전不退轉에 있다고 하였다.『대승기신론大乘起信論』에 의하면, 이 불퇴의 믿음은 정정취正定聚 즉 성불하도록 정해져 있는 이들이 갖는 믿음이다. 다음에, 닦음이 조신이라는 몸에서 나오는 몸짓임을 이야기하는 데에서는 응주벽관凝住壁觀이 곧 '올바른 닦음'이라는 이야기를 하였다. 응주벽관이란 '벽과 같이 불이不二의 삼매로써 믿음에 굳게 머무는 것'이라고 정의하였다. 이제 우리가 제기해야 하는 물음은 '올바른 깨침'의 기준은 무엇인가 하는 것이다. 임제종의 간화선 전통에서는 오매일여寤寐一如 즉 깨어 있을 때나 죽은 듯 잠들었을 때나 한결같은 경지를 그 기준으로 내세운다.

오매일여는 여러 선서禪書에서 언급되었다. 한국에서는 고려 때 임제종 간화선 전통의 선사 나옹懶翁(1320~1376) 화상이 제시한 삼관三關 개념이 그 대표적인 예이다. 세 가지 관문을 돌파했느냐 아니냐를 가지고 화두 공부를 하는 수행자의 경지를 가늠한다는 것이다.[1] 그 세 가지 관문이란 동정일여動靜一如, 몽중일여夢中一如 또는 몽교일여夢覺一如, 그리고 숙면일여熟眠一如 또는 오매일여寤寐一如를 말한다. 즉 무엇을 하고 있건, 심지어는 잠을 자면서 꿈꿀 때나 더 나아가 꿈조차 없이 죽은 듯 의식이 없을 때까지도, 끊임없이 생생하게 화두를 들고 있어야 한다는 것이다. 임제종에서는 수행을 하다가 어떤 굉장한 체험을 했다고 해도 그것만으로는 별로 대단하게 여기지 않는다. 언제 어디서나 조금도 흐트러짐 없이 부단하게 화두를 들고 있는 것을 더 중요하게 여긴다. 그러니까 '올바른 믿음'의 기준이 불퇴이고 '올바른 닦음'의 기준은 응주凝住이듯이, 세 관문의 돌파로 표현되는 '올바른 깨침'의 기준은 곧 일여一如이며 한결같음, 부단不斷함이다. 선종에서 화두순숙話頭純熟 즉 화두가

---

1) 李性徹,『冬安居法門』(미출판 프린트본, 해인사, 1967), 18쪽~20쪽.

잘 익었다거나, 의단독로疑團獨露 즉 의심 덩어리만 오롯이 서 있다는 등의 말로 표현하는 경지가 바로 그것이다. 그러나 결국 올바른 믿음과 닦음, 깨침은 한 덩어리이다. 그리고 그 모두의 공통된 기준은 한 마디로 불이不二인 것이다. 아무런 분별도 개입하지 못하는 불이의 상태가 불교의 올바른 믿음, 닦음, 깨침의 공통된 기준이다.[2]

첫째 관문을 통과하려면 무엇을 하든 간에, 즉 움직이고 있든 가만히 멈추어 있든 앉아 있든 누워 있든 간에 언제나 화두를 들고 있어야 한다. 그리고 꿈을 꾸고 있는 동안에도 어떤 꿈속에서든 간에 변함없이 화두를 들고 있다면 둘째 관문을 통과한 셈이다. 마지막으로 꿈조차 없는 깊은 잠에 빠져서도 오로지 화두를 들고 있다면 셋째 관문을 통과한다. 이것은 말하자면 죽어서도 화두를 들고 있는 것이라고 할 수 있다. 이렇게 세 관문을 돌파하는 것을 두고 선종에서는 흔히 제팔식 즉 아라야식으로 들어가는 것으로 설명한다. 가장 깊은 의식인 아라야식은 이를테면 훈습된 습기의 흐름 그 자체이고, 이것은 죽은 뒤에도 계속되는 흐름이다. 선사들은 그 경지의 편안함에 머무는 것을 제팔마계第八魔界라고 해서 경계한

---

2) 李性徹, 같은 책, 32쪽.

다. 그것은 모든 것이 끊어진 고요하고 편안한 상태(寂滅)로 매우 훌륭한 경지이기는 하지만, 목석木石이나 담벼락처럼 생명이 없는 상태이다. 선사들은 그 죽음과 같은 상태에 빠져 있으면 안 되고 거기에서 완전히 벗어나 크게 살아나야 한다고 역설한다. '크게 죽었다가 크게 살아난다'(大死大活)는 말이 바로 그것이다. 그러한 대활大活 즉 제팔식까지도 깨버리고 새로이 살아나는 것이 전의요 깨침이라고 한다.[3]

세 관문 돌파라는 기준을 충족시키고 그리하여 자기가 깨친 것을 스승으로부터 검증 받으려면 어떻게 해야 하는지를 가장 잘 보여 주는 이야기 가운데 하나가 임제종의 유명한 선사 대혜종고大慧宗杲(1083~1163)의 일화이다.[4] 대혜는 화두를 들고 참선하는 방법을 유행시킨 것으로 유명하고, 또한 자기 스승의 말씀을 모은 『벽암록碧巖錄』을 불태워 버린 일로도 유명하다. 선가禪家에서는 대혜가 『벽암록』을 불태워 버린 일을 두고 바로 그것이 그 책에 대한 최고의 주석註釋이었다고 평가하기도 한다. 아무튼 대혜가 한참 수행하다가 어떤 경지를 체험했다. 한국 선방禪房에서 하는 말로 이른바 '한 소식'한

---

3) 李性徹, 같은 책, 136쪽.
4) 李性徹, 같은 책, 124쪽.

것이다. 그래서 스승인 원오극근圜悟克勤(1063~1125)에게 가서 고했으나, 원오는 대혜가 진정한 깨침을 얻었다고 인정해 주지 않았다. 그래서 대혜는 다음과 같이 생각하였다. "이 노인네가 나의 경지를 알아보지 못하는 것을 보니 전혀 깨침이 없는가 보다." 그래서 스승을 떠나 혼자 갈 길을 가려고 하였다. 그러자 원오가 경고하는데, 떠나면 곧 심한 병에 걸릴 것이고 자기가 깨쳤다고 생각한 것이 틀렸음을 알게 되리라고 하였다. 그러나 대혜는 "이 늙은이가 헛소리를 하네!"라고 생각하며 떠나버렸다. 여기 저기 다니면서 설법을 하니 많은 추종자가 몰려들었다. 그러다가 어느 날 원오가 예언했듯이 대혜는 심한 병에 걸렸고 결국 거의 죽을 지경에까지 이르렀다. 그런데 의식을 잃자 화두를 놓쳐 버렸다. 의식이 돌아온 대혜는 자기가 진정 깨친 것이 아님을 알았다. 의식이 없는 상태에서는 화두가 들리지 않았던 것이다. 즉 세 관문 가운데 마지막 것은 돌파하지 못했던 것이다. 대혜는 시방十方의 모든 부처님께 병을 낫게 해달라고 기도하고, 낫게 되면 스승에게 돌아가 전심전력으로 수행에 매진하겠다고 다짐하였다. 그러자 병이 씻은 듯이 나았고, 대혜는 다짐한 대로 즉각 스승에게 돌아가 마치 처음부터 다시 시작하는 듯이 맹렬하게 수행하였다. 결국 대혜는 진정한 깨침을 이루었고, 스승은 즉각 인가를 내렸다. 그런데도 대혜는 여전히 초보자인 것처럼 맹렬히 수행하면서 부엌의 궂은 일에서부터 절의 온갖 살림을 맡아 겸손하게 매진하였다. 자기가 깨쳤느니 하는 말은 입밖에 내지를 않았다. 그러던 어느 날 스승 원오가 대혜를 숲으로 데리고 갔다. 폭포에 이르자 원오는 갑자기 대혜를 그 아래 소용돌이치고 있는 웅덩이로 밀어 넣어 버렸다. 대혜가 허우적거리다가 거의 죽을 지경에 이르자 원오는 지팡이를 내밀어 잡게 하고 겨우 입과 귀만 물위로 나올 만큼만 끌어당겼다. 그리고는 갑자기 대혜에게 공안을 던졌다. 그러나 대혜는 그 상태에서도 마치 조용한 방에서 스승과 마주 앉아 문답하듯이 태연히 대답을 하였다. 전해오는 이야기에 의하면, 원오는 한 번만이 아니라 몇 번이고 되풀이해서 대혜가 거의 죽을 지경에 이를 때까지 물 속에 처박았다가는 잠깐 숨을 돌리게 하곤 했다고 한다. 몇 번을 그렇게 시험하고 나서야 원오는 대혜의 깨침을 인정하였다고 한다. 그로써 대혜는 셋째 관문을 통과했음을 증명하였다. 즉 꿈도, 무의식의 상태도, 심지어 죽음도 넘어서 언제나 한결같은 경지임을 확인 받은 것이다.

마무리하는 말

　지금까지 닦음과 깨침이 올바르려면 올바른 믿음을 일으켜야 한다는 주장을 폈다. 현대 불교학에서는 믿음의 문제를 별로 심각하게 다루지 않고 있다. 믿음의 문제에 주목함으로써 불교학이 봉착하는 여러 가지 한계를 넘어설 수 있다는 점을 보이고자 하는 것이 이 연구의 의도이기도 했다. 교리의 이해와 실행 사이에 놓인 괴리는 올바른 믿음을 일으킴으로써 없앨 수 있다. 닦음과 깨침을 일으키는 것은 바로 믿음이기 때문이다. 그러므로 불교의 수증론修證論, 즉 닦음과 깨침의 이론에서도 믿음은 핵심적 역할을 한다. 나는 지눌과 임제종 간화선의 수증론을 바탕으로 해서 '나는 부처가 될 수 있다'는 교신敎信보다는 '나는 부처이다'라는 조신祖信이 불교의 올바른 믿음임을 밝히려 하였다. 교신은 점오漸悟 즉 점차 깨닫는 수행의 바탕이 되는 반면, 선종에서 말하는 돈오 頓悟 즉 몰록 깨침은 조신을 바탕으로 해야만 성립한다. 몰록 깨친다는 것이 정말 가능할까? 내가 찾은 답은 다음 과 같다. 몰록 깨치는 것은 중생과 부처가 하나라고 하는 조신을 바탕으로 해서만 가능하다. 논의를 전개하기 위 해 나는 '부처'를 공空, 연기緣起라는 개념으로 정의하였 다. 부처는 공, 연기이다. 그런데 모든 현상과 존재도 연 기로써 일어나는 것이며 따라서 공이다. 그렇다면 모든 현상과 존재가 곧 부처님이다. 바로 이것이 '나는 부처이 다'라는 조신을 존재론적으로 뒷받침하는 근거가 된다.

올바른 믿음의 기준은 무엇인가? 『대승기신론』 나아 가 동아시아 대승불교 전통 일반의 교의에 의하면, 물러 서지 않는 믿음 즉 불퇴신不退信이어야 올바른 믿음이 다. 그런 믿음을 가진 이들을 정정취正定聚 즉 반드시 성 불하게 정해져 있는 이들이라고 한다. 뒤로 물러서지 않 는, 다시 약해지거나 없어지는 일이 결코 없는 믿음이 과 연 가능할까? 유신론有神論 종교인 기독교에서는 믿음을 이성과 의지의 기능으로 본다. 그런데 이성은 그릇된 것 을 인정하는 실수를 저지를 수 있다. 의지도 언제나 허물 어질 가능성을 안고 있다. 그러므로 이성과 의지가 일으키는 믿음은 언제라도 뒤로 물러설 가능성이 있다. 기독교에서는 또 믿음을 두고 신의 전능한 은총이 내리는 선물이라고도 한다. 그렇다면 자기의 믿음이 과연 물러서지 않는 믿음인지 어떤지 확인할 길이 없다. 그런 믿음은 바깥에서 주어진 믿음이기 때문이다. 불교에도 의지와 이성으로 일으키는 믿음이 있다. 교신이 그것이다. 인간의 판단과 의지, 노력으로 점차 닦아 나간다는 것이 교신이다. 반면에 조신은 이성과 의지로써 일어나는 것이 아니다. '나는 부처이다'라는 조신의 내용은 공도리空道理와 연기법緣起法이라는 범우주적인 존재론적 진상을 근거로 한다. 그러니까 조신은 결코 약해지거나 없어지거나 할 수가 없다. 신의 은총으로 주어지는 믿음은 이른바 '타력' 신앙인 반면, 선 불교와 화엄 불교의 믿음은 '자력' 신앙이라는 구분도 이야기하였다. 불교의 자력 신앙은 일심一心, 즉 분별하는 망념이 없는 '진여眞如로서의 마음'에서 일어난다. 그러한 믿음은 일심이라는 몸이 일으키는 자연스러운 몸짓이므로, 퇴행할 수가 없다. 분별하는 망념을 여읜 마음에는 당연히 중생과 부처의 차별이 없으며, 따라서 어디로 퇴행하고 말고 할 것이 없다.[1]

---

1) 대승의 올바른 믿음은 불퇴전의 믿음이라는 점은 대승불교 초기부터 누누이 강조되었다. 후대에 선사들이 조신의 불퇴전을 강조

아울러 진정한 불퇴전의 믿음을 뒷받침하는 것이 전의轉依 곧 근본의 바뀜, 몸 바꿈임을 설명하였다. 조신을 일으킴은 곧 전의를 일으키는 것이다. 그것은 몰록 깨침일 뿐 아니라 돌이킬 수 없는 불퇴전의 깨침이다. 그것은 또 신심信心으로부터 발심發心으로의 전환, 즉 그저 믿는 마음으로부터 지혜(菩提)를 일으킨 마음으로 바뀜을 의미한다. 신심으로부터 발심으로 가는 길은 언제나 열려 있으나, 발심으로부터 신심으로 퇴행할 길은 영영 막혀 있다. 그러므로 깨친 부처님이 다시 중생이 될 수는 결코 없다. 그것은 마치 나비가 다시 애벌레가 되거나 개구리가 다시 올챙이가 될 수 없는 것과 마찬가지이다. 다시 말해, 조신을 일으키면 곧 근본적인 변혁이 일어난다. 의식의 구조가 완전히 변하며, 그것은 다시 되돌릴 수 없다. 불퇴전인 것이다.

교신과 조신의 관계는 이른바 이제설二諦說 즉 두 가지 진리를 구분하는 이론과 연관해서 설명하였다. 교신은 속제俗諦 즉 상대적 진리에 연관되고, 조신은 진제眞諦 즉 절대적 진리에 연관된다. 대승불교 경전이나 그 밖의 문헌 가운데에는 '나는 부처가 될 수 있다'는 교신을

한 것도 그 연장선상에 있다고 할 수 있다.

천명하고 따라서 점차 닦아 나가기를 이야기하는 것들도 있다. 그러나 그것은 방편으로 보아야 한다. 이분법적인 틀에 얽매여 자기들이 이미 부처님인 줄을 도저히 인정하지 못하는 이들을 위해 마련된 방편의 가르침이다. 교신은 그 상대적 진리, 방편의 장에서만 유효하다. 진정한 깨침을 위해서는 결국 절대진리의 장에서 불퇴전의 조신으로 바뀌어야 한다.

대승불교의 믿음이 가진 특징 가운데 하나는 그것이 반드시 닦음으로 나타나야 하는 점이라고 지적하였다. 닦음에는 명상과 내면의 정신 수련뿐만 아니라 자비와 보시 등 도덕적 실천도 포함된다. 슈버트 오그덴이 말했듯이, 믿음의 실천에는 해탈, 자재自在함, 해방이 포함된다. 그것은 집착을 떨침으로써 모든 것으로부터 해방된다는 '소극적' 해탈과, 자비를 통해 모든 것에 자재한다는 '적극적' 해탈을 모두 아우른다. 믿음의 삶은 곧 그런 해탈의 삶이다. 그러나 불교의 닦음은 교신을 바탕으로 할 수도 있고, 조신을 바탕으로 할 수도 있다. 다만 교신은 닦음과 깨침의 전제 조건으로 작용하는 반면, 조신은 그 자체가 닦음이며 깨침이다. 교신은 처음에 믿음을 일으키고, 다음에 그 내용을 이해하고, 실행에 옮기고, 마침내 깨침에 이르는 점수漸修의 과정을 담고 있다. 반면에 조신은 육조 혜능의 말을 빌리자면 '돈오돈수頓悟頓修' 즉 몰록 깨치고 단박에 닦아 마친다.

돈오돈수론자들은 깨침이란 결코 점차 닦아 얻는 것이 아니라고 역설한다. 그런 닦음은 중생과 부처를 차별하는 분별적인 사고방식의 연장일 뿐이기 때문이다. 점차 닦아 깨침을 이룰 수 있다고 믿는다면 곧 자기 자신과 부처님 사이에 간격을 두고는 점수로써 그 간격을 메우려고 하는 셈이다. 그러나 돈오돈수론에서는 그 간격이 실제로 있는 것이 아님을 강조한다. 그것은 분별하는 마음이 만들어 낸 간격일 뿐이며, 따라서 분별을 멈추면 저절로 없어진다고 한다. 다시 말해, 그 간격은 환상일 뿐이다. 실제로는 없는 환상의 간격을 없애겠다고 그 간격을 가지고 씨름하는 것은 아무 소용이 없다. 환상 그 자체를 일으키지 않아야 한다. 즉 그것이 환상임을 깨달아야 한다. 점차 닦아 깨침을 얻는다고 보는 이른바 점종漸宗에서는 흔히 마음을 거울에 비유한다. 늘 닦고 또 닦아 번뇌의 먼지가 쌓이지 않게 해야 맑게 비춘다고 한다. 그러나 몰록 깨치고 몰록 닦는다는 돈종頓宗에서는 다음과 같이 반문한다. "마음이란 것이 본래 공空이고 실체가 없거늘, 어디에 먼지가 묻는다는 말인가?" 그래서 돈종에서는 점종이 마음을 실체화하고, 즉 마음에 자성自性이 있는 듯이 여기고, 점차 닦는 체계를 정당화하기 위해 그런 비유를 동원하였다고 비난한다.

동아시아 대승불교 전통의 믿음 개념은 능소能所 구도가 아니라 체용體用의 구도를 바탕으로 한다는 점에 대해서도 이야기했다. 능소의 구도란 달리 말하자면 주객 이분법의 구도이며, 그것을 바탕으로 하는 믿음은 곧 '~에 대한 믿음'으로 표현된다. 한편, 체용 즉 몸과 몸짓의 구도를 바탕으로 하는 믿음은 외부의 어떤 대상에 대한 믿음이 아니다. 일심一心이라는 몸에서 일어나는 몸짓이 믿음이다. 그러나 '나는 부처가 될 수 있다'는 점종의 교신은 부처와 중생을 가르고 부처를 객체화한다. 일종의 주객이분법을 바탕으로 하고 있는 것이다. 그것은 동아시아 대승불교의 핵심 원칙 즉 불이不二의 원리에 위배된다.

여기에서 이야기하고자 한 핵심 가운데 하나는 화엄사상에서도 조신을 바탕으로 한다는 점이다. 보살이 닦아 나가는 수행의 쉰 두 단계는 서로 융통한다. 그러므로 그 첫 단계인 초신初信이 곧 마지막 묘각妙覺과 같다. 처음에 일으키는 믿음이면서도 마지막 묘각과 일치하는 믿음이려면 그것은 오직 조신일 수밖에 없다. 교신을 바탕으로 한다면 쉰 두 단계들이 상통한다거나 특히 처음 일으키는 믿음이 곧 묘각과 같다는 말은 성립할 수 없고, 결국 화엄 사상 전체가 허물어진다. 화엄의 수증론을 설명하기 위해서는 종밀과 지눌이 말하듯이 돈오가 점수에 선행한다고 보아야 한다.

닦음의 장에서 조신은 그저 정적靜的인 신념에 불과한 것이 아니라 강력한 역동성을 발휘한다. 그 역동성은 이를테면 긍정과 부정, 또는 믿음과 회의라는 양극 사이의 팽팽한 긴장에서 비롯된다. '나는 부처이다'라는 믿음과 '그래도 나는 무명 중생인데' 하는 회의 사이의 역동적 갈등이다. 임제종의 선사들은 이 갈등을 풀기 위해 간화선을 고안했다. 고봉 선사의 분석을 바탕으로 해서 설명하자면, 간화선은 강력한 믿음과 강력한 회의 사이의 갈등을 강력한 의심으로 풀어내는 것이다. 선 불교에서 말하는 그 강력한 의심 즉 대의大疑는 데카르트나 흄이 말하는 것과 같은 전략적인 의심이 아니다. 선 불교에서 말하는 큰 의심이란 부단한 내면의 물음이다. 바로 그 점에서 대승불교의 조신은 실존주의자 키에르케고르나 조직신학자 폴 틸리히가 말하는 역동적 신앙과 비견해서 설명할 수 있다. 그들에 따르면, 진정한 신앙은 모든 순간 순간마다 의심을 이미 내포하고 있다. 틸리히가 말하는 신앙은 '궁극적 관심'이고, 그가 말하는 의심은 심각한

'실존적' 의심이다. 그러니까 의심이 강할수록 신앙 즉 궁극적 관심이 깊어진다. 간화선에서는 '나는 부처이다'라는 긍정과 '그래도 나는 무명 중생'이라는 부정 사이의 긴장을 그 극점에까지 밀고 나가서 마침내 폭발하게 한다. 대각大覺이 바로 그 폭발이고, 그것을 한국 선 불교에서는 '깨침'이라고 부른다. 깨침은 깨짐을 내포한다. 즉 각覺과 불각不覺, 부처와 중생을 차별하는 이분법적 틀이 깨진다. 그 이분법적 틀을 제 몸으로 삼고 있다가 그 몸을 깨버리고 불이의 부처님 몸으로 바뀌는 것이다. 그런 깨짐, 깨침을 통해서 무명 중생의 차별적인 세계로부터 차별하지 않는 부처님의 세계로 자기 자신을 전환한다. 그 불이의 세계에는 깨침과 못 깨침, 부처님과 중생, 나와 너, 몸과 몸짓의 구별조차도 없다.

『대승기신론』에서 말하듯이, 올바른 믿음의 기준은 불퇴전이다. 그리고 보리달마에서 보듯이 올바른 닦음의 기준은 응주벽관凝住壁觀 즉 '마치 벽과도 같이 불이의 명상에 굳게 머무는 것'이다. 그러면 올바른 깨침의 기준은 무엇인가? 한국의 나옹 선사는 그 기준으로 삼관 돌파를 이야기하였다. 즉 깨어 있을 때나 꿈을 꿀 때나 심지어 의식이 전혀 없는 상태에서도 화두를 들고 의심하는 것을 멈추지 말아야 한다. 다시 말해, 올바른 깨침의 기준은 '부단不斷'이다.

여기에서 주로 다룬 것은 선 불교 전통의 이른바 자력 신앙이다. 그러나 정토종의 타력 신앙도 같은 맥락에서 해석을 시도해 보았다. 선의 자력 전통에서는 믿음이란 무엇보다도 자기 수행을 철저하게 하는 일종의 확신으로 이해된다. 그러나 정토종에서는 모든 중생을 제도하겠다는 아미타불 마흔 여덟 가지 서원에 의지하는 것이 믿음이다. 그 믿음만이 구원의 유일한 원천이다. 아미타불이 주는 자비의 선물이 믿음이기 때문이다. 믿음은 인간의 노력으로 얻어지는 것이 아니라, 아미타불의 이름을 부를 때 아미타불이 그 사람의 가슴에 심어 주는 것이다. 한편, 조신은 자력에만 해당하는 것이 아니다. 타력으로도 나타날 수 있다.[2] 선 불교의 자력 개념으로 보면 '나의 마음이 정토이고 나의 본성이 부처님'이라는 믿음이 조신이고, 정토종의 타력 개념으로 말하자면 '나는 아미타불의 서원으로 이미 제도 받았다'는 믿음이 조신이다. 여기에서 중요한 것은 자력으로든 타력으로든 간에 조신을 일으키는 일이다. 즉 자기 자신의 구제를 뒤로 미루지

---

2) 여기에서 말하는 조신이란 부처와 중생을 전혀 차별하지 않는 깨친 이 즉 부처의 믿음을 말한다. 그런 믿음 때문에 부처는 모든 중생에 대해 두루 자비심을 갖는 것이다.

말고 당장에 이루어야 한다는 것이다.

이미 길게 설명했듯이, 조신이라고 해서 조사들에 대한 믿음이라는 뜻이 아니다. 조사들의 믿음을 말하는 것이다. 조사란 자기 자신의 불성을 깨치고 그 깨침의 순간에 조신을 일으킨 이들이다. 그러니까 결론은 조신을 일으키는 것이 성불하고 조사가 되는 요건이라는 결론에 이른다. 이 연구에서 밝히려 한 것은 한 마디로 깨침을 이룬 부처의 믿음은 어떤 것인가 하는 문제였다고 할 수 있다. 그리고 불교인들이 지표로 삼아야 할 것은 바로 그 부처의 믿음이라는 이야기를 하고 싶었다.

앞에서도 언급했지만 이 연구를 통해서 나는 믿음의 문제를 논의함으로써 학문과 수행의 세계 사이에 가교를 놓아 보려고 하였다. 한국에서는 고려 때부터 선과 교 사이에 갈등이 있었다. 지눌은 이 갈등을 믿음의 문제를 통해서 풀어 보려고 하였다. 나 또한 지눌과 한국 대승불교 전통을 좇아서 선과 교를 잇는 열쇠를 믿음에서 찾고자 하였다. 장자의 유명한 돌쩌귀 비유를 빌리자면, 믿음은 선 쪽에도 또 교 쪽에도 속하는 돌쩌귀와도 같다.[3] 믿음은 돌쩌귀와도 같이 가운데 가만히 머물러 있으면서도

---

3) Burton Watson 옮김, *The Complete Works of Chuang Tzu* (New York: Columbia University Press, 1968), 29~49쪽.

중생의 세계와 부처의 세계 양쪽 모두에 참여한다. 믿음
이야말로 모든 양극의 분별에서 벗어난 진정한 중도中道
이다. 이 짧은 책에서 대승불교의 믿음에 대해 모든 것을
다 이야기할 수는 없었다. 다만 이로써 불교학에 새로운
탐구 분야가 열릴 수만 있다면 그것으로 이 책은 그 사명
을 충분히 한 셈일 것이다. 믿음, 특히 여기에서 조신이
라고 일컬은 그 믿음을 관념이 아니라 삶 그 자체로 보는
실존적인 관점에서 대승불교를 학문적으로 연구하는 것
이 내가 기대하는 그 새로운 분야이다.

옮긴이의 말

오래 묵은 숙제를 마치게 되어서 마음이 후련하다. 번역을 시작한 지 7, 8년이 되었고, 마음을 먹은 지는 10년이 더 되었으니 정말 오래 묵은 숙제였다. 실력이 모자라고 정성도 충분치 못한데다가 게으름까지 부렸으니, 당연히 그렇게 오래 끌 수밖에 없었다. 내내 무엇인가 명치끝에 걸린 듯한 기분이다가, 마침 1년 동안 이른바 안식년을 갖게 되어 미국에 머물면서 이 일을 마무리하게 되었다.

이 책을 처음 만난 것은 스토니부룩 뉴욕주립대학교에서 박성배 교수의 가르침을 받으며 공부를 하게 된 1987년이었다. 불교의 가장 근본 관심사인 믿음, 닦음, 깨침의 문제를 명쾌하게 풀어 낸 이 책을 통해서 석연치 않았던 많은 의문을 풀 수 있었다. 이 책을 불교에 대한 종교학적 서술의 한 전범典範으로 삼을 수 있겠다고 생각하였다.

스토니부룩 대학교에서 불교 과목 강의를 담당하게 되었을 때, 학부 하급생을 대상으로 한 개론 수준의 과목인 만큼 불교의 역사에 대한 책과 교리에 관한 책을 한 권씩 교과서로 선정했었다. 그러나 한 학기 동안 불교의 2,600년 역사를 불교가 진출한 모든 지역을 망라해서 이야기하고, 또한 다양하기 이를 데 없는 불교 사상을 모두 소개하려다 보니 자연히 나열식이 되고 피상적인 수준에 그칠 수밖에 없었다. 서양 학생들이 불교 과목을 수강하려고 할 때에는 이런 잡다한 정보 내지는 피상적인 지식 이상의 무엇인가를 기대할 텐데, 좀더 깊이 있는 이해를 도모하도록 해주어야 하겠다 싶었다. 그래서 이 책을 세 번째 교과서로 추가하여 학기 뒷부분에 이 책을 읽히기로 하였다. 학부 하급생에게는 이 책이 너무 어렵지 않을까 하여 많이 주저하다가, 과연 어떻게 되는지 두고 보자는 식으로 모험을 해본 셈이었다.

그런데 결과는 만족스러웠다. 어디 외계에서나 있을 듯한 이야기들에 생경해 하며 불교의 낯선 어휘들을 외우는데 급급해 하던 학생들이 이 책으로 공부하고 나서야 비로소 그 개념과 이야기들의 의미를 제대로 이해하게 되는 것을 보았다. 그것들이 박제된 관념이나 전설이 아니라, 또 자기네 삶과는 전혀 관계없는 먼 나라 다른 인종의 이상한 생각과 행태가 아니라, 시공時空을 넘어 인류의 보편적이고 궁극적인 고민에 대한 치열한 성찰의 표현임을 알아차리게 되는 것을 보았다.

스토니부룩에서 공부를 끝내고 귀국하여 학생들을 가르칠 때에도 이 책을 교과서로 쓰고 싶었다. 그러나 대학원생들에게는 별 무리가 없었지만 학부생들은 매우 간결하고 쉬운 영문인데도 그다지 시원스럽게 소화해 내지 못하였다. 그래서 이 책을 번역 출판하면 좋겠다는 생각을 하게 되었고, 짬짬이 손을 대어 원고를 만들었다. 본문 번역은 그다지 오래 걸리지 않았는데, 각주라든가 인용문, 참고문헌 목록 등을 한국어판에 맞게 손질하는 일들이 뒷덜미를 잡았다. 이런 일을 꼼꼼하게 챙기는 데 소질과 취향이 없어서 출판을 위한 탈고는 계속 미루어지기만 했다. 그 상태의 원고를 가지고도 학생들에게 읽히고 강의에 사용할 수 있었기 때문에 출판을 위한 작업은 자꾸만 뒷전으로 쳐지게 되었던 것이다. 박성배 교수가 간혹 어떻게 되었는지 물어 보고 학생들도 은근히 독촉을 할 때마다 마음만 조급할 뿐 성큼 일을 진행시키지 못하였다. 그러던 것을 이번에 주위의 여러분들의 도움으로 마침내 마무리를 짓게 되었으니 처음에 말했듯이 오래 묵은 숙제를 마친 후련한 심정이다.

그러나 사실 끝맺었다는 것만으로 마음이 후련한 것만은 아니다. 무엇보다도 원서의 간결 명료한 문체를 살리기 위해 많은 애를 썼지만 만족스럽지 못하기 때문이다. 군데군데 과감하게 첨삭가필도 하고 문장 순서를 임의로 바꾸기도 하였는데, 이러한 일에는 솜씨가 모자라다 보니 오히려 원저자에게 누를 끼치지나 않았는지 내심 걱정도 된다. 아울러 필요한 곳마다 해설적인 역주를 자세하게 달려고 했지만, 이는 또한 한 뭉치의 방대한 작업을 요하는 일이어서 다음 기회를 기대하는 것으로 남겨 놓을 수밖에 없었다. 아무쪼록 이런 모든 부족함에 대해서 독자 여러분의 넓은 양해를 구한다.

대학원생일 때부터 겁 없이 몇 권의 번역서를 출판했었지만, 매번 번역의 어려움을 더욱 절실하게 느끼곤 한다. 처음에 언급했듯이 마침 스토니부룩에서 1년 동안 머물게 되어, 필요할 때마다 원저자인 박성배 교수가 바로 옆에서 도움을 주었기에 다행이지 그렇지 않았더라면 아마도 이 번역 원고는 아직도 정리되지 못하고 있었을 것이다. 내가 누리는 온갖 복福 가운데 스승 복이 가장 크다는 말씀으로 절절한 감사의 마음을 전한다.

또한 예문서원 편집부의 대단한 열의와 정성이 없었더라면 이 원고는 아직도 사장되어 있었을 터이다. 일을 빨리 처리하지 못하는 습성 때문에 그이들의 속을 많이 태웠다. 말로 다 하지 못할 사과와 감사를 드린다.

그리고 마침 스토니부룩 대학교에 방문학자로 와 있는 한성자 박사, 이재봉 교수가 원고를 꼼꼼히 읽고 잘못된 부분을 지적하며 많은 귀중한 조언을 해주었다. 각자의 연구에 바쁜 와중에서도 기꺼이 귀한 시간을 할애해 정성껏 도움을 준 두 분에게 이 자리를 빌려 감사의 말씀을 드린다.

또한 서울대학교 대학원에서 공부하다가 지금은 버지니아대학교에서 공부하고 있는 이종복군은 유학길을 준비하느라 바쁜 가운데에서도 깔끔하게 원고정리를 도와주었다. 각각 다른 나라에서 서로 다른 공부를 하느라 정인情人과 기약 없이 떨어져야 하는 서러움을 딛고, 원 없이 실컷 공부하는 행복한 시절을 갖기 바라면서 감사의 마음을 전한다.

2002년 7월

윤원철

줄임말 일람

ABORI	*Annals of the Bhandarkar Oriental Research Institute*(Poona)
AO	*Acta Orientalia*, Copenhagen
BEFEO	*Bulletin de l'Ecole Francaise d'Extreme-Orient*
EB	*The Eastern Buddhist*, New Series
HPC	『韓國佛教全書』
IBK	『印度學佛教學研究』
IHQ	*Indian Historical Quarterly*
IsMEO	Institute Italiano per il Medio ed Estremo Oriente
JA	*Journal Asiatique*, Paris
JAOS	*Journal of American Oriental Society*, New Haven
JBORS	*Journal of the Bihar and Orissa Research Society*
JIBS	*Journal of Indian and Buddhist Studies*, Tokyo
JR	*Japanese Religions*
PEW	*Philosophy East and West*
PS	*Philosophical Studies*
SOR	Serie Orientale Roma (IsMEO)
SZ	『新纂大日本續藏經』
T	『大正新脩大藏經』

참고문헌

1. 불교 고전

『大方廣佛華嚴經』, *T* 278, 권9, 395~788쪽; *T* 279, 권10, 1~444쪽; *T* 293, 권10, 661~851쪽.

馬鳴, 『大乘起信論』, *T* 1666, 권32, 575~583쪽.

『妙法蓮華經』, *T* 262, 권9, 1~62쪽.

法藏, 『大乘起信論義記』, *T* 1846, 권44, 240~287쪽.

────, 『華嚴遊心法界記』, *T* 1877, 권45, 641~650쪽.

『菩提達摩大師略辨大乘入道四行觀』, *SZ* 1217, 권63, 1쪽.

『寶性論』, *T* 1611, 권31, 813~848쪽.

僧璨, 『信心銘』, *T* 2010, 권48, 376~377쪽.

『阿彌陀經』, *T* 366, 권12, 346~348쪽.

龍樹, 『大智度論』, *T* 1509, 권25, 157~756쪽.

────, 『中論』, *T* 1564, 권30, 1~39쪽.

原妙, 『高峰和尙禪要』, *SZ* 1401, 권70, 702~712쪽.

元曉, 『大乘起信論別記』, *T* 1845, 권44, 287~295쪽.

────, 『大乘起信論疏』, *T* 1844, 권44, 202~226쪽.

『六祖壇經』, *T* 2007, 권48, 337~345쪽; *T* 2008, 권48, 345~365쪽.

李通玄, 『新華嚴經論』, *T* 1739, 권36, 721~1008쪽.

一然, 『三國遺事』, *T* 2039, 권49, 953~1019쪽.

『臨濟錄』, *T* 1985, 권47, 495~506쪽.

宗密, 『大方廣圓覺修多羅了義經略疏』, *T* 1795, 권39, 523~578쪽.

『中阿含經』, *T* 26, 권1, 421~809쪽.

知訥, 『看話決疑論』, *HPC* 권4, 732~737쪽.

_____, 『勸修定慧結社文』, *HPC* 권4, 698~708쪽.

_____, 『法集別行錄節要幷入私記』, *HPC* 권4, 741~766쪽.

_____, 『眞心直說』, *HPC* 권4, 715~723쪽.

_____, 『華嚴論節要』, *HPC* 권4, 767~869쪽.

智儼, 『華嚴經內章門等雜孔目章』, *T* 1870, 권45, 536쪽 하단~589쪽 중단.

慧開, 『無門關』, *T* 2005, 권48, 292~299쪽.

慧遠, 『大乘起信論義疏』, *T* 1843, 권44, 175~201쪽.

_____, 『大乘義章』, *T* 1851, 권44, 465~875쪽.

2. 현대 중국 문헌

唐君毅, 『中國哲學原論』, 九龍馬頭痛道: 人生出版社, 1966.

湯用彤, 『漢魏兩晉南北朝佛教史』, 台北: 中華書局, 1975.

馮友蘭, 『中國哲學史』, 香港, 1975.

胡適 엮음, 『神會和尙遺集』, 台北: 胡適記念館, 1971.

_____, 『胡適禪學案』, 台北: 正中書局, 1974.

3. 현대 한국 문헌

鏡虛 엮음, 『禪門撮要』, 부산: 梵魚寺, 1968.

高翊晋, 「元曉思想의 實踐原理」, 崇山 朴吉眞博士 華甲紀念 엮음, 『韓
　　國佛教思想史』, 이리: 崇山 朴吉眞博士 華甲紀念事業會, 1975,

225~255쪽.

____, 「元曉의 起信論疏別記를 통해 본 眞俗圓融無礙觀과 그 成立理論」, 『佛教學報』 11 (1974): 287~321쪽.

金呑虛 편역, 『新華嚴經合論』 23권, 서울: 華嚴學研究所, 1977.

朴性焙, 「牧牛子의 生涯와 思想의 特徵」, 『심원』 1/1 (1964), 27~41쪽.

____, 「牧牛子의 悟와 修에 대하여」, 韓國思想研究所 엮음, 『韓國思想叢書 2: 主體意識의 흐름』, 서울: 韓國思想研究所, 1973, 79~100쪽.

____, 「普照: 定慧雙修의 具現者」, 『韓國의 人間像 3: 宗教家, 社會奉仕者篇』, 서울: 新丘文化社, 1965, 143~154쪽.

____, 「悟의 問題」, 『東國思想』 2 (1963), 23~26쪽.

____, 「元曉思想展開의 問題點」, 苔巖 金奎榮博士 華甲紀念 論文集 刊行委員會 엮음, 『東西哲學의 諸問題』, 苔巖 金奎榮博士 華甲紀念 論文集, 서울: 西江大學校 哲學科同門會, 1979.

朴鐘鴻, 『韓國思想史』, 서울: 瑞文堂, 1972.

禹貞相, 金英泰 공저, 『韓國佛教史』, 서울: 進修堂, 1970.

柳東植, 『民俗宗教와 韓國文化』, 現代思想叢書 27, 서울: 現代思想社, 1978.

尹聖範, 『基督教와 韓國思想』, 서울: 大韓基督教書會, 1964.

李箕永 옮김, 『韓國의 佛教思想』, 서울: 三省出版社, 1978.

____, 「韓國佛教의 根本思想과 새로운 意味」, 『韓國民族文化史』, 성남: 韓國精神文化研究院, 1978.

____, 『元曉思想』, 서울: 弘法院, 1967.

李能和, 『朝鮮佛教通史』, 서울, 新文館, 1918.

李鍾益, 『元曉의 根本思想』, 서울: 東方思想研究院, 1977.

李喜秀, 『土着化 過程에서 본 韓國佛教』, 서울, 佛書普及書, 1971.

趙明基, 『新羅佛教의 理念과 歷史』, 서울: 新太陽社, 1962.

知訥, 『普照法語』, 金呑虛 옮김, 서울: 法寶院, 1963.

崔南善, 「朝鮮佛教」, 『佛教』 74 (1930), 1~51쪽.

최민홍, 『韓國哲學』, 서울: 성문사, 1969.

韓基斗, 『韓國佛敎思想』, 이리: 원광대학교 출판부, 1973.

___, 『韓國禪思想研究』, 서울: 一志社, 1991.

玄相允, 『朝鮮思想史』, 1949, 서울: 彰文閣, 1978.

4. 일본 문헌

『西田幾多郎全集』, 東京: 岩波書店, 1965.

岡本素光, 「崩壊の一つの形態 ─ 起信論の眞如觀について」, 『駒澤大
學文學部研究紀要』, 19 (1961).

___, 「眞理概念の構造大乘起信論に於ける」, IBK 3/2 (1955).

___, 「眞如概念の研究: 大乘起信論の眞如觀について」, 『駒澤大學文學
部研究紀要』, 2 (1967).

江田俊雄, 「朝鮮禪の形成─普照禪の性格について」, IBK 5/2 (1957), 351~
359쪽.

結城令聞, 「中國佛敎の形成」, 『中國の佛敎』, 講座佛敎 4, 東京: 大藏出
版, 1973.

___, 「支那佛敎における末法思想の興起」, 『東方學報』 6 (1936), 205~216쪽.

鎌田茂雄 옮김, 「禪源諸詮集都序」, 『禪の語錄』 9, 東京: 筑摩書房, 1971.

___, 「中國禪思想形成の敎學的背景─大乘起信論を中心として」, 『東京
大學東洋文化研究所紀要』 49 (1969).

___, 『宗密敎學の思想史的研究』, 東京: 東京大學出版部, 1973.

___, 『中國佛敎史』 8권, 東京: 東京大學出版部, 1983.

高橋亨, 『李朝佛敎』, 東京: 寶文館, 1929.

高崎直道, 『如來藏思想の形成』, 東京: 春秋社, 1974.

高峯了州, 『起信論研究の經過』, 『華嚴思想史』, 京都: 百華苑, 1942.

___, 「華嚴經における普賢行願品の地位」, 『龍谷大學論集』 336 (1949):

    1~22쪽.

___, 『般若と念佛, 普賢行願品論考』, 京都: 永田文昌堂, 1950.

___, 『華嚴と禪との通路』, 奈良: 南都佛教研究會, 1956.

___, 『華嚴思想史』, 京都: 興教書院, 1942.

關口眞大, 「禪宗と天台宗との交涉」, 『大正大學研究紀要』 44 (1959), 39~
    75쪽.

___, 「五時八教論」, 『天台學報』, 14 (1972), 12~25쪽.

___, 『達磨大師の研究』, 東京: 岩波書店, 1969.

___, 『禪宗思想史』, 東京: 山喜房佛書林, 1964.

___, 『天台小止觀の研究: 初學坐禪止觀要門』, 東京: 理想社, 1954.

___, 『天台止觀の研究』, 東京: 岩波書店, 1969.

久保田量遠, 『支那儒道佛交涉史』, 東京: 大東出版社, 1943.

___, 『支那儒道佛三教史論』, 東京: 國書刊行會, 1931.

久松眞一, 『起信の課題』, 東京: 理想社, 1983.

宮本正尊, 『佛教の根本眞理』, 東京, 三省堂, 1974..

___, 『中道思想及びその發達』, 京都: 法藏館, 1944.

今津洪嶽, 「大乘起信論」, 『佛教大系』, 東京: 佛教大系刊行會, 1918.

吉岡義豊, 『道教と佛教』 3권, 1959, 東京: 國書刊行會, 1976, 1979.

吉田紹欽, 「圭峯宗密の研究」, 『中國佛教史學』 2/2 (1938), 83~97쪽.

金子大榮 옮김, 『教行信證』, 東京, 岩波書店文庫, 1958.

大山公淳, 「無明と覺」, 『密教文化』, 32 (1956).

___, 「衆生について」, 『日本佛教學會年譜』 20 (1954), 91~114쪽.

大野法道, 「天台と起信論」, 『宗教會』, 10/2-3, 5-6 (1914).

道端良秀, 『中國佛教史』, 京都: 法藏館, 1965.

島田虔次, 「體用の歷史によせて」, 『(塚本博士頌壽記念佛教史學論集) 佛
    教史學論集』, 京都, 1961, 416~430쪽.

望月信亨, 「起信論と占察經との類同及び關係」, 『佛教學雜誌』, 1/5 (1920).

___, 「起信論の千年阿彌陀仏説について」, 『淨土學』 13 (1938).

___,「義湘, 元曉, 義覺などの淨土論ならびに十念說」,『支那淨土教理史』, 京都: 法藏館, 1942, 210~226쪽.

___,『大乘起信論の研究』, 東京: 金尾文淵堂, 1922.

木村清孝,『初期中國華嚴思想の研究』, 東京: 春秋社, 1977.

武邑尙邦,『起信論入門』, 京都: 百華苑, 1953.

___,『大乘起信論講讀』, 京都: 百華苑, 1959.

柏木弘雄,「起信論における信成就發心について」, IBK 16/2 (1968): 58~63쪽.

服部正明,「佛性論の一考察」,『佛教史學』, 4/3-4 (1955).

富木堯廣,「諸宗の教理及教判に於ける起信論の地位」, 大崎學報 4/30 (1906, 1913): 1~5쪽.

山口益,「華嚴經唯心偈の印度的訓詁」,『大谷學報』28/3-4 (1949): 1~30쪽.

___,『般若思想史』, 京都: 法藏館, 1951.

___,『佛教における無と有との對論』, 京都: 公文堂, 1941.

山崎宏,「圭峯宗密攷」,『龍谷史談』, 56・57 (1967), 104~115쪽.

___,『隋唐佛教史の研究』, 京都: 法藏館, 1967.

___,『支那中世佛教の展開』, 東京: 清水書店, 1967.

山田亮賢,「如來藏緣起說について」, IBK 4 (1955), 245~253쪽.

___,「眞如隨緣の思想について」, IBK 2/1 (1953), 279~281쪽.

山田亮賢,『大乘佛教成立論序說』, 京都: 平樂寺書店, 1959.

三枝充悳,「龍樹における信の問題」, IBK 3/20 (1954), 297~299쪽.

三品彰英,「新羅の淨土─三國遺事所載淨土教關係記事註解」,『塚本博士頌壽記念佛教史學論集』, 京都: 塚本博士頌壽記念會, 1961, 729~745쪽.

常盤大定,『佛性の研究』, 1940, 東京: 國書刊行會, 1979.

___,『支那に於ける佛教と儒教道教』, 東京: 東洋文庫, 1930.

___,『支那佛教の研究』3卷, 東京: 春秋社, 1943.

上田義文,「妄念論」,『宇井還曆記念論叢』, 東京: 岩波書店, 1951, 99~110쪽.

___, 『佛教思想史硏究―印度の大乘佛敎』, 京都: 永田文昌堂, 1951.

西谷啓治, 『宗敎とは何か』, 東京: 創文社, 1961.

石橋眞誠, 「元曉の華嚴思想」, *IBK* 19/2 (1971), 245~247쪽.

石井敎道, 『華嚴敎學成立史』, 東京: 石井敎道博士遺稿刊行會, 1956.

小林實玄, 「『起信論』解釋の變遷―華嚴敎學展開の根底として」, *IBK*, 13/2
    (1964), 225~228쪽.

___, 「起信論における如來藏の覺・不覺の問題」, *IBK* 12/2 (1964), 162~
    166쪽.

___, 「起信論解釋の變遷: 華嚴敎學展開の根底として」, *IBK* 13/2 (1965),
    668~671쪽.

小川一條, 『如來藏・仏性の硏究―ダルマリンチェン造宝性論釋疏の解讀』,
    京都: 文榮堂書店, 1969.

松濤誠廉, 「起信論思想の体係と年代」, 『日本佛敎學會年報』 22 (1956),
    143~160쪽.

___, 『佛敎における信と行』, 京都: 平樂寺書店, 1967.

___, 「佛敎における信の地位」, 日本佛敎學會 엮음, 『佛敎における信の問
    題』, 京都: 平樂寺書店, 1963.

松林弘之, 「新羅淨土敎の一考察―願行の淨土敎思想をめぐて」, *IBK* 15/1
    (1966), 196~198쪽.

勝又俊敎, 『佛敎における心識說の硏究』, 東京: 山喜房佛書林, 1961.

矢吹慶輝, 『三階敎之硏究』, 京都: 岩波書店, 1927.

安藤俊雄, 『天台性具思想論』, 京都: 法藏館, 1973.

鈴木昭吾, 「起信論に於ける無明の意義」, *IBK*, 1/2 (1953), 122~123쪽.

鈴木宗忠, 「起信論の成立に關する材料」, 『佛敎硏究』 1・3 (1928).

___, 『原始華嚴哲學の硏究』, 東京: 大東出版社, 1934.

玉城康四郎, 『佛敎の比較思想論的硏究』, 東京: 東京大學出版會, 1980.

___, 『中國佛敎思想の形成』 1卷, 東京: 筑摩書房, 1971.

宇井伯壽 옮김, 『禪源諸詮集都序』, 東京: 岩波書店, 1939.

___, 『大乘起信論』, 東京: 岩波書店, 1936.

___, 『寶性論研究』, 東京: 岩波書店, 1955.

___, 『禪宗史研究』, 1935, 東京: 岩波書店, 1966.

___, 『攝大乘論研究』, 東京: 岩波書店, 1935.

___, 『第三禪宗史研究』, 1943, 東京: 岩波書店, 1966.

___, 『第二禪宗史研究』, 1935, 東京: 岩波書店, 1966.

柳田聖山 외 공저, 『無の探究』, 佛教の思想 7, 東京, 1969

___, 『禪思想—その原型をあらう』, 中央新書 400, 東京: 中央公論社, 1975.

___, 『初期禪宗思想の研究』, 京都: 法藏館, 1967.

二宮啓任, 「高麗の八關會に ついて」, 『朝鮮學報』 9 (天理大學校, 1956),
　　235~251쪽.

___, 「朝鮮における仁王會の開設」, 『朝鮮學報』 14 (天理大學校, 1959),
　　155~163쪽.

伊藤義賢, 『大乘起信論の檢討』, 『大乘』, 22/7-12 (1943).

日暮京雄, 「起信論における佛三身の言語を論ず」, 『宗教研究』 6/3 (1929).

日本佛教學會 엮음, 『佛教における信の問題』, 京都: 平樂寺書店, 1963.

長尾雅人, 『中觀と唯識』, 東京: 岩波書店, 1978.

田中順照, 「起信論所説の眞如」, 『日本佛教學年譜』 8 (1936), 37~58쪽.

田村芳朗, 「佛教哲學大系—大乘起信論」, 『理想』 388 (1971).

佐々木憲德, 『天台緣起論展開史』, 京都: 永田文昌堂, 1953.

中山延二, 『佛教に於ける時の研究』, 京都: 興教書院, 1969.

中川善教, 「大乘起信論に顯はれたる佛性」, 『密教研究』 73 (1940), 82~101쪽.

中村元 외, 『華嚴思想』, 京都: 法藏館, 1960.

___, 『東洋人の思惟方法』, 東京: みすず書房, 1948~1949

池田魯參, 「天台學から圓頓の觀念について」, IBK 22/1 (1973), 307~310쪽.

津田左右吉, 『支那佛教の研究』, 東京: 岩波書店, 1957.

川田熊太郎, 中村元 엮음, 『華嚴思想』, 京都: 法藏館, 1961.

村上專精, 『佛教唯心論』, 創元社, 1943.

塚本善隆 엮음,『肇論研究』, 京都: 法藏館, 1955.

___,『北朝佛教史研究』, 塚本善隆著作集 卷2, 東京: 大東出版社, 1974.

___,『中國佛教通史』, 東京: 春秋社, 1942.

___,『支那佛教史研究: 北魏篇』, 東京: 弘文堂書房, 1942.

湯次了榮,『漢和兩譯大乘起信論新釋』, 京都: 興教書院, 1914.

太田久紀,「眞諦三藏所譯論典にみられる如來藏」, *IBK* 14/1 (1965), 189〜192쪽.

坂本幸男,『華嚴教學の研究』, 東京: 平樂寺書店, 1964.

平川彰,『大乘起信論』, 東京: 大藏出版社, 1983.

布施浩岳,『涅槃宗の研究』 2권, 東京: 國書刊行會, 1973.

河野法雲,「起信論と唯識論との相違」,『密宗學報』 12 (1914).

___,「起信論所說の阿賴耶識と唯識論」,『大崎學報』 23 (1970).

河野重雄,「大乘起信論における宗生心について」, *IBK*, 21/2 (1973), 164〜165쪽.

忽滑谷快天.『朝鮮禪教史』, 東京: 春秋社, 1930.

荒木見悟 옮김,『禪の語錄 17: 大慧書』, 東京: 筑摩書房, 1969.

___,『佛教と儒教』, 京都: 平樂寺書店, 1963.

5. 서양 문헌

Abe, Masao, "Answer to Comment and Criticism," *JR* 4/2 (1966), pp. 26〜57.

___, "Buddhism and Christianity as a Problem of Today," *JR* 3/2 (1963), pp. 11〜22; 3/3 (1963), pp. 8〜31.

___, "Symposium on Christianity and Buddhism: A reply to Professor Abe," *JR* 4/1 (1964), pp. 5〜52; 4/2 (1966), pp. 3〜25; 8/4 (1975), pp. 10〜53; 9/1-2 (1976).

___, "Christianity and Buddhism-Centering around Science and Nihilism,"

　　　　　JR 5/3 (1968), pp. 36~62.

＿＿, "Christianity and the Encounter of the World Religions," *EB* 1/1
　　　　　(1965), pp. 109~122.

＿＿, "The Crucial Points: An Introduction to the Symposium on Christianity
　　　　　and Buddhism," *JR* 8/4 (1975), pp. 2~9.

＿＿, "Dōgen on Buddha Nature," *EB* 4/1 (1971), pp. 28~71.

＿＿, "God, Emptiness, and the True Self," *EB* 2/2 (1969), pp. 15~30.

＿＿, "'Life and Death' and 'Good and Evil' in Zen," *Criterion* (Autumn, 1969).

＿＿, "Mahayana Buddhism and Whitehead," *PEW* 25 (October 1975).

＿＿, "Man and Nature in Christianity and Buddhism," *JR* 7/1 (1971), pp. 1~10.

＿＿, "Non-Being and *Mu*: The Metaphysical Nature of Negativity in the
　　　　　East and the West," *Religious Studies* 2 (1967), pp. 181~192.

＿＿, "Reading Dr. Nishitani's *What is Religion?*"『哲學研究』42/1 (1962),
　　　　　pp. 83~104.

＿＿, "Zen and Compassion," *EB* 2/1 (1967), pp. 54~68.

＿＿, "Zen and Nietzsche," *EB* 4/2 (1973), pp. 14~32.

＿＿, "Zen and Western Thought," *International Philosophical Quarterly*
　　　　　10/4 (1970), pp. 501~541.

Altizer, J. J. Thomas, "Nirvana and the Kingdom of God," *Journal of
　　　　　Religion*, 43/2 (1963), pp. 105~117.

＿＿, *The Self-embodiment of God*, New York: Harper and Row, 1977.

＿＿, *Total Presence: The Language of Jesus and the Language of Today*,
　　　　　New York: The Seabury Press, 1980.

Anesaki, Masaharu, *History of Japanese Religion*, London: Kegan, Paul,
　　　　　Trench, Trubner & Co., 1930.

Ariga Tetsutarō, *The problem of Ontology in Christian Thought*, Tokyo, 1969.

Bailey, Raymond, *Thomas Merton on Mysticism, Garden City*, New York,
　　　　　Doubleday, 1975.

Banerjee, Anukul Chandra, "Pratītyasamutpāda," *IHQ* 32 (1956), pp. 261~264.

Barua, B. M., "Faith in Buddhism," in *Buddhistic Studies*, Ed. by B. C. Law, Calcutta, 1931, pp. 329~349.

Bendall, C. and L. de la Valleé Poussin, "Bodhisattva-bhūmi: A text book of the Yogācāra school" (An English summary with notes and illustrative extracts from other Buddhistic works), *Muséon* (New Series) 4 (1905), pp. 38~52; 7 (1906), pp. 213~230; 12 (1911), pp. 155~191.

Benz, Ernst, "Buddhism and Christianity," *JR* 8/4 (1975), pp. 10~18.

Bhattcharya, V., "Evolution of Vijñānavāda," *JHQ* 10/1, pp. 1~11.

Blakeney, Raymond B., *Meister Eckhart: A Modern Translation*, New York: Harper Torchbooks, 1941.

Blofeld, John, tr., *The Zen Teaching of Huang Po: On the Transmission of Mind*, New York: Grove Press, 1958.

____, tr., *The Zen Teaching of Hui Hai on Sudden Illumination*, New York: Samuel Weiser, 1972.

Bloom, Alfred, *Shinran's Gospel of Pure Grace*, Tucson, Arizona: The University of Arizona Press, 1973.

Bouquet, A. C., *Comparative Religion: A Short Outline*, Baltimore: Penguin Books, 1941.

Broughton, Jeffrey, "Kuei-feng Tsung-mi: The Convergence of Ch'an and the Teachings," Ph. D. dissertation, Columbia University, 1975.

Bruns, J. Edgar, *The Christian Buddhism of Saint John*, New York: Paulist Press, 1971.

Buber, Martin, *I and Thou*, New York: Charles Scribner's Sons, 1970.

Bucke, Richard Maurice, *Cosmic Consciousness*, New York: E. P. Dutton, 1969.

Buddhadasa, Indapanno, *Christianity and Buddhism*, Bangkok: Karn Pim Pranakorn, 1967.

Buddhaghosa, Bhadentacariya, *The Path of Purification*, 2 vols., Tr. by Nyanamoli Bhikkhu, Berkeley: Shambhala, 1976.

____, *The Path of Freedom*, Tr. by Soma Thera, Colombo: Balcombe House, 1961.

Bultman, Rudolf, *Theology of the New Testament*, Tr. by Kendrick Grobel, New York: Charles Scribner's Sons, 1955.

Burton, Naomi, et al., eds., *The Asian Journal of Thomas Merton*, New York: New Directions, 1973.

Casey, David F., "Aspects of the Śūyatā-Absolute of Nāgārjuna of Second Century A. D. Andhra," Ph. D. dissertation, Harvard University, 1960.

____, "Nāgārjuna and Candrakirti. A Study of Significant Differences," *Transactions of the International Conference or Orientalists in Japan* 9, Tokyo: Tōhō Gakkai, 1964, pp. 34~45.

Chan, Wing-Tsit, *The Platform Scripture*, New York: St. John's University Press, 1963.

____, *A Source Book in Chinese Philosophy*, Princeton: Princeton University Press, 1973.

Chang, Chung-Yuan, *Original Teachings of Ch'an Buddhism*, New York: Pantheon Books, 1969.

Chang, garma C. C., *The Buddhist Teaching of Totality: The philosophy of Hua-yen Buddhism*, University Park and London: Pennsylvania State University Press, 1971.

Chappell, David W., "Introduction to the *T'ien-t'ai ssuchiao-i*," *Eastern Buddhist*, New Series 9/1 (1976), pp. 72~86.

Ch'en, Kenneth, *Buddhism in China: A Historical Survey*, Princeton: Princeton University Press, 1972.

____, *The Chinese Transformation of Buddhism*, Princeton: Princeton

University Press, 1973.

Chuck, James, "Zen Buddhism and Paul Tillich: A Comparison of Their Views on Man's Predicament and The Means of Its Resolution," Ph. D. dissertation, Pacific School of Religion, 1962.

Clark, James M., *The Great German Mystic: Eckhart, Tauler and Suso*, Oxford: Blackwell, 1949.

＿, *Meister Eckart, An Introduction to the Study of His works, with An Anthology of His Sermons*, London: Nelson, 1957.

Cleary, Christopher, tr., *Swampland Flowers: The Lectures of Zen Master Ta Hui*. New York: Grove Press, 1977.

Cleary, Thomas and J. C. Clear, tr., *The Blue Cliff Record*, Boulder, Colorado: Shambhala, 1977.

Cleary, Thomas, tr., *Sayings and Doings of Pai-chang*. Los Angeles: Center Publications, 1978.

Cobb, John B., Jr., "Buddhist Emptiness and The Christian God," *Journal of the American Academy of Religion* 45/1 (1977), pp. 11~26.

Collins, W. J. H., "Common Ground in Christianity and Buddhism," *Japanese Religion* 7/3 (1972), pp. 29~41.

Conze, Edward, *Buddhist Meditation*, New York: Harper and Row, 1969.

＿, *Abhisamayālaṅkāra*, SOR. 6, Roma: IsMEO, 1954.

＿, *Buddhism: Its Essence and Development*, New York: Harper and Row, 1951.

＿, *Buddhist Texts Through the Ages*, Oxford: B. Cassirer, 1954.

＿, *Buddhist Thought in China*, Michigan: The University of Michigan Press, 1967.

＿, *Buddhist Thought in India: Three Phases of Buddhist Philosophy*, Ann Arbor: University of Michigan Press, 1973.

＿, *Vajracchedikā Prajñāpāramitā*. SOR. 13, Roma: IsMEO, 1957.

Cook, Francis H., "Causation in the Chinese Hua-yen Tradition: Its Structure and Some Implications" (Conference Paper), University of California, Riverside, February, 1976.

____, "Fa-tsang's Treatise on the Five Doctrines: An Annotated Translation," Ph. D. dissertation, University of Wisconsin, 1970.

____, *Hua-yen Buddhism: The Jewel Net of Indra*, University Park, Philadelphia: The Pennsylvania State University Press, 1977.

De Bary, William Theodore, ed., *The Buddhist Tradition in India, China and Japan.*, New York: Vintage Books Edition, 1972.

____, ed., *Sources in Chinese Tradition*, New York: Columbia University Press, 1967.

De Groot, J. J. M., *The Religious System of China*, 6 vols, Taipei: Ch'eng Wen Publishing Co., 1976.

De Jong, J. W., "Review of *Nyoraizō shisō no keisei* by Takasaki Jikidō," *Indo-Iranian Journal* 18 (1976), pp. 311~315.

De Krester, Bryan, *Man in Buddhism and Christianity*, Calcutta: YMCA Publishing House, 1954.

De Marquette, Jacques, *Introduction to Comparative Mysticism*, New York: Philosophical Library, 1949.

De Martino, Richard Joseph, "The Zen Understanding of Man," Ph. D. dissertation, Temple University, 1969.

Demieville, Paul, "La Penetration du Bouddhisme dans la tradition philosophique chinoise," *Cahiers d'Histoire mondiale* 3/1 (1956).

____, "Sur l'authenticite du *Ta tch'eng k'i sin louen,*" *BMFJ* 2/2 (1929); *Bibliographie Bouddhique* 11/122.

____, "La Yogācārabhūmi de Saṅgharakṣa," *BEFEO* 44/2 (1954), pp. 340~436.

Dempf, Alois, *Meister Eckhart*, Vienna, 1960.

Dewart, Lesile, *The Future of Belief. Theism in a World Come of Age,*

New York: Herder and Herder, 1966.

Dudley, Crayton Thomas, "Comparative Religions," *Wilson Library Bulletin*
43/3 (November 1968), pp. 239~247.

Dumoulin, Heinrich, ed., *Buddhism in the Modern World*, London: Collier,
1976.

___, *Christianity Meets Buddhism*, Tr. by John C. Maraldo. La Salle,
Illinois: Open Court Publishing Company, 1974.

___, *A History of Zen Buddhism*, Boston: Beacon Press, 1971.

Dutt, Nalinaksha, "The Doctrine of kāya in Hīnayāna and Mahāyāna,"
IHQ 5/3, pp. 518~546.

___, "The Place of the āryasatyas and the pratītyasamutpāda in Hīnayāna
and Mahāyāna," *ABORI* 11 (Pt. 2), pp. 101~127.

___, "Place of Faith in Buddhism," *Louis de la Vallée Poussin Memorial
Volume* 5, Ed. by Narendra Nath Law, Calcutta, 1940, pp. 421~428.

Dutt, S., *Buddhist Monks and Monasteries of India*, London: George Allen
and Unwin. Ltd., 1962.

Eliade, Mircea and Joseph M. Kitagawa, eds., *The History of Religions:
Essays in Methodology*, Chicago, 1959.

Fenton, John Y., "Buddhist Meditation and Christian Practice," *Anglican
Theological Review* 53:4 (1971), pp. 237~251.

Fernando, Antony, "Salvation and Liberation in Buddhism and in
Christianity," *Lumen Vitae* 27/2 (1972), pp. 304~317.

Fox, Douglas, *Buddhism, Christianity, and the Future of Man*, Philadelphia:
The Westminster Press, 1972.

Franck, Frederick, ed., *The Buddha Eye: An Anthology of The Kyoto
School*, New York: The Crossroad Publishing Company, 1982.

___, comp., *Zen and Zen Classics: Selections from R. H. Blyth*, New
York: Vintage Books, 1978.

Frauwallner, E., "Amalvigñānam and Ālayavijñānam: Ein Beitrag zur Erkenntnislehre des Buddhismus," *BIPA*, pp. 148~159.

Fromm, Erich, D. T. Suzuki, and Richard de Martino, *Zen Buddhism and Psychoanalysis*, New York: Harper Colophon Books, 1970.

Fung, Yu-lan, *A History of Chinese Philosophy*, Vol. 11, Tr. by Derk Bodde, Princeton: Priceton University Press, 1953.

Gard, Richard A., "The Mahdyamika in Korea," 『白性郁博士 頌壽紀念 佛教學 論文集』, Seoul, 1959.

Gimello, Robert M., "Apophatic and Kataphatic Discourse in Mahayana: A Chinese View," *Philosophy East and West* 26/2 (April 1976), pp. 117~136.

____, "Chih-yen and the Foundations of Hua-yen Buddhism," Ph. D. dissertation, Columbia University, 1976.

Gnoli, R., (Review) on J. Takasaki, *A Study on the RGV* (Roma, 1966), *RSO* 41/3, pp. 276~277.

Gokhale, V. V., A Note on Ratnagotravibhāga 1, 52—Bhagavadgītā XIII, 32, *Studies in Indology and Buddhology*, Presented in Honour of Professor Susumu Yamaguchi on the Occasion of his Sixtieth Birthday, Kyoto, 1955, pp. 90~91.

Govinda, Anagarika, *The Psychological Attitude of Early Buddhist Philosophy and Its Systematic Representation According to Abhidhamma Tradition*, New York: S. Weiser, 1969.

Graham, A. C., "Chuang Tzu's Essay on Seeing Things as Equal," *History of Religions* 9/2 & 3 (November 1969~December 1970), pp. 137~159.

____, *The Book of Lieh Tzu*, London: John Murray, 1960.

____, *Two Chinese Philosophers: Ch'eng Ming-tao and Ch'eng Yi-ch'uan*, London: Lund Humphries, 1967.

Gregory, Peter Nielson, "Tsung-mi's Inquiry into the Origin of Man: A study of Chinese Buddhist Hermeneutics," Ph. D. dissertation, Harvard University, 1981.

Hakeda, Yoshito S., *The Awakening of Faith*, attributed to Aśvaghosa, translated with commentary. New York: Columbia University Press, 1967.

Han, Ki-bum, "Zen and The Bible: A Study of D. T. Suzuki's Dialogue with Christianity," Ph. D. dissertation, Temple University, 1975.

Hare, E. M., tr., *The Book of Gradual Sayings*, 5 vols, London: Pali Text Society 1961~1972.

Hashimoto, Hideo, "The Christian Faith Jodo-Shin Buddhism," *Occasional Papers* 6 (International Missionary Council, July 1960), p. 14.

Hattori Masaaki, "Reiview of *La Theorie du Tathāgata et du Gotra* by David Seyforth Ruegg," *Journal of Indian Philosophy* 2/1 (1972), pp. 53~64.

Herrigel, Eugen, *Zen in Art of Archery*, New York: Random House, 1971.

Hirabayashi, Jay and Shotaro Iida, "Another Look at the Mādhyamika vs. Yogācāra Controversy Concerning Existence and Non-existence," Lewis Lancaster, ed., *Prajñāpāramitā and Related Systems: Studies in Honor of Edward Conze*, Berkeley: Berkeley Buddhist Studies, 1977, pp. 341~368.

Hirakawa, A., The rise of Mahāyāna Buddhism and Its Relationship to the Worship of Stūpas, *Memoirs of the Research Department of the Toyo Bunko* 22 (1963), pp. 57~106.

Hisamatsu, Shin'ichi, "The Characteristics of Oriental Nothingness," *PSJ* 2 (1960), pp. 65~97.

____, "Zen: Its Meaning for Modern Civilization," *EB* 1/1 (1965), pp. 22~47.

____, *Works*: Vol. 2, *The Way of Absolute Subjectivity*; Vol. 3. *Awakening and Creativity*; Vol. 5, *Zen and the Fine Arts*, Tokyo, 1971.

____, "Ultimate Crisis and Resurrection," *EB* 8/1 (1975), pp. 12~29; 8/2, pp. 37~65.

Hoffman, Yoel, tr., *The Sound of the One Hand*, New York: Basic Books, 1975.

Honda, Masaaki, "The Buddhist Logic of 'Soku' and Christianity," 『カトリック研究』 12/1 (1973), pp. 1~25.

Horner, I. B., *The Middle length sayings*, 3 vols, London: Pali Text Society, 1975~1977.

Humphreys, Christmas, *The Wisdom of Buddha*, New York: Random House, 1961, p. 280.

Hsüan-hua, commentary, *Flower Adornment Sutra*, Talmage, California: The Buddhist Text Translation Society, 1980.

____, *Dharma Flower Sutra*, Talmage, California: The Buddhist Text Translation Society, 1980.

Hurvitz, Leon, *Chih-i: An Introduction to the Life and Ideas of a Chinese Buddhist Monk*, Brussells: L'Institut Belge des Hautes Études Chinoises, 1962.

____ and Tsukamoto Zenryū, *Wei Shou, Treatise on Buddhism and Taoism*, Kyoto: Jimbunkagaku kenkyūsho, 1956.

Hu, Shih, "Ch'an (Zen) Buddhism in China, Its History and Method," *Philosophy East and West* 3/1 (1953), pp. 3~24.

____, "Development of Zen Buddhism in China," *Chinese Social and Political Science Review* 15 (1931).

____, "The Indianization of China: A Case Study in Cultural Borrowings," *Independence, Convergence Borrowings in Institutions, Thought and Art*, Cambridge, Mass., 1937.

Ignatius, *The Spiritual Exercises of St. Ignatius*, Tr. by Anthony Mottola, Garden City, New York: Image Books, 1964.

Inada, Kenneth K., "The Metaphysics of Buddhist Experience and the Whiteheadian Encounter," *PEW* 25 (October 1975).

____, *Nagarjuna: A translation of his Mūlamadhyamakakārika*, Tokyo: The Hokuseido Press, 1970.

Inoue, Eiji, et al., eds., *A Dialogue of Religions: Christianity and the Religions of Japan,* Tokyo, 1973.

James, E. O., *Comparative Religion*, New York: Barnes and Noble, 1961.

James, William, *Varieties of Religious Experience*, New York: Coller Books, 1970.

Jan Yün-hua, "Conflict and Harmony in Ch'an and Buddhism," *Journal of Chinese Philosophy* 4/3 (1977), pp. 287~301.

____, "Tsung-mi: His Analysis on Ch'an Buddhism," *T'oung Pao* 58 (1972), pp. 1~53.

____, "Tsung-mi's Questions Regarding the Confucian Absolute," *Philosophy East and West* 30 (1980), pp. 495~504.

Johansson, Runne, *The Psychology of Nirvana*, London: George Allen and Unwin Ltd., 1969.

Johnston, E. H. and T. Chowdhury, "The Ratnagotravibhāga Mahāyānottaratantraśāstra," *JBORS* 36 (1950), Appendix i-xvi, pp. 1~129.

Johnston, William, *Christian Zen*, New York: Harper Colophon Books, 1974.

____, ed., *The Cloud of Unknowing*, Garden City, New York: Image Books, 1973.

____, *The Still Point, Reflections on Zen and Christian Mysticism*, New York: Harper and Row, 1971.

Jordan, Louise Henry, *Comparative Religion, Its Adjuncts and Allies*, London: Oxford University Press, 1915.

Kadowaki, Kakichi, "Ways of Knowing," A Buddhist Thomist dialogue,

Japanese Missionary Bulletin 23/8 (1969), pp. 467~474; 23/9, pp. 515~530.

___, "Towards a Better Understanding of Zen Buddhism," *Japanese Missionary Bulletin* 23/10 (1969), pp. 611~619.

___, "A Review of Honda's Article on 'Soku'," Katorikku Kenkyū 12/2 (1973), pp. 153~159; a continuation of the discussion appears *ibid.*, 13/2 (1974), pp. 149~172.

___, *The Ignatian Exercises and Zen: An Attempt at Synthesis*, Jersey City, N.J., 1974.

Kalupahana, David J., *Buddhist Philosophy*, Honolulu: The University Press of Hawaii, 1970.

___, *Causality: The Central Philosophy of Buddhism*, Honolulu: The University Press of Hawaii, 1975.

Kapleau, Philip, *The Three Pillars of Zen, Teachings, Practice, Enlightenment*, Garden City, New York: Anchor Books, 1980.

Keel, Hee Sung, *Chinul, the Founder of Korean Sŏn (Zen) Tradition*, Ph. D. dissertation, Harvard University, 1977.

Kim, Hee Jin, *Dōgen Kigen—Mystical Realist*, Tucson: The University of Arizona Press, 1975.

King, Winston L., *Buddhism and Christianity: Some Bridges of Understanding*, London, 1962.

___, "East-West Religious Communication," *EB* 1/2 (1966), pp. 91~110.

___, "Śūnyatā as a Master-Symbol," *Numen* 17 (1970), pp. 95~104.

___, "The Impersonal Personalism and Subjectivism of Buddhist 'Nihilism'," *JR* 8/4 (1975), pp. 37~53.

Kitagawa, Joseph M., *Religion in Japanese History*, New York, 1966.

Kiyota, Minoru, "The Structure and Meaning of Tendai Thought," *Transactions of the International Conference of Orientalists in*

Japan 5 (1960), pp. 69~83.

Kreeft, Peter, "Zen Buddhism and Christianity: An Experiment in Comparative Religion," *Journal of Ecumenical Studies* 8/3 (1971), pp. 513~538.

Kunii, Paul, "Buddhism in Christian Perspective," *Thought* 40/158 (Autumn, 1965), pp. 390~414.

Lai, Whalen Wai-lun, "*The Awakening of Faith in Mahāyāna* (Ta-ch'eng ch'i-hsin lun): A Study of the Unfolding of Sinitic Mahāyāna Motifs," Ph. D. dissertation, Harvard University, 1975.

____, "Further Development of the Two Truths Theory in China: The Ch'eng-shih-lun Tradition and Chou Yung's San-tsung-lun," *PEW* 30 (April, 1980).

Lamotta, Étienne, tr., *L'Enseignement de Vimalakīrti* (*Vimalakīrtinirdeśa*), Louvain: Publications Universitaires and Leuven: Institut Orientaliste, 1962.

____, tr., *Saṁdhinirmocana Sūtra: L'Explication des mystères,* Louvain: Universite de Louvain, 1935.

____, *La Somme du Grand Véhicule d'Asaṅga* (*Mahāyānasaṁghraha*), Louvain: Bureau du Muséon, 1938~1939.

____, tr., *Le Traité de la Grande Virtu De Sagesse de Nāgārjuna* (*Mahāprajñāpāramitāśāstra*), Louvain: Publications Universitaires and Leuven: Institut Orientaliste, 1949.

Lassalle, H. M. Enomiya, *Zen Meditation for Christians,* La Salle, Ill.: Open Court, 1974.

Lee, Peter H., "Fa-stang and Ŭisang," *Journal of the American Oriental Society* 82/1 (1962), pp. 56~62.

____, *Lives of Eminent Korean Monks: The Haedong Kosŭng Chŏn,* Cambridge, Mass., 1969.

Lessing, F. D., "The Thirteen Visions of a Yogācāra: A preliminary study," *Ethnos* 3-4 (1950), pp. 108~130.

Lévi, Sylvain, *Asaṅga: Mahāyāna-Sūtrālaṃkāra, Exposé de la doctrine du Grand Véhicule selon le système Yogācāra*, Paris: Champion, 1907~1911.

Liebenthal, Walter, *The Book of Chao*, Peking, 1948.

___, "The Immortality of the Soul in Chinese Thought," *Monumenta Nipponica* 8 (1952), pp. 327~397.

___, "New Light on the Mahāyāna Śraddhotpāda Śāstra," *T'oung Pao* 46 (1958), pp. 155~216.

___, Notes on the "Vajrasamādhi," *TP* 44 (1956).

___, "World Conception of Chu Tao-shung," *MN* 12/1-2, 1956.

Link, Arthur, "Shyh Daw-an's Preface to Saṅgahraska's Yogācārabhūmisūtra and the Problem of Buddho-Taoist Terminology in Early Chinese Buddhism," *JAOS* 77/1 (1957), pp. 1~14.

___ and Tim Lee, "Sun Ch'o's *Yü-tao-lun: A Clarification of the Way*," *Monumenta Serica* 25 (1966), pp. 169~196.

Liu, Ming-wood, "The Teaching of Fa-tsang: An Examination of Buddhist Metaphysics," Ph. D. dissertation, University of California at Los Angeles, 1979.

Luk, Charles, tr., *The Vimalakirti Nirdesa Sutra*, Berkeley and London: Shambala, 1972.

Lu, K'uan-Yu (Charles Luk), *The Secrets of Chinese Meditation*, London, 1964.

Masson-Oursel, Paul. "Tathāgatagarbha et Ālayavijñāna," *JA* 210 (1927), pp. 295~302.

Masunaga, Reihō, *The Sōtō Approach to Zen*, Tōkyō: Laymen Buddhist Society Press, 1958.

Masutani, Fumio, *A Comparative Study of Buddhism and Christianity*, Tokyo: Bukkyo Dendo Kyokai, 1967.

Mather, Richard, "The Conflict of Buddhism with Native Chinese Ideologies," *The Review of Religion* 20 (1955), pp. 25~37.

___, "The Controversy over conformity and Naturalism during the Six Dynasties," *History of Religions* 9 (1969).

Matsunaga, Alicia, *The Buddhist Philosophy of Assimilation: The Historical Development of the Honji-Suijaku Theory*, Tokyo, 1969.

May. J., (Review) on D. Seyfort Ruegg, *La Théorie du tathāgatagarbha et du gotra, TP* 57 (1971), pp. 147~157.

Merton, Thomas, *The Ascent to Truth*, New York, 1951.

___, *Mysticisim and Zen Masters*, New York, 1967.

___, *Basic Principles of Monastic Spirituality*, Bardstown, Kentucky: Abbey of Gethsemani, 1957.

___, "Contemplation and Ecumenism," *Season* 3/3 (Fall 1965), pp. 133~142.

___, "The Contemplative and the Atheist," *Schema* 13 (January 1970), pp. 11~18.

___, *Contemplative Prayer*, New York: Image Books, 1971.

___, *Faith and Violence: Christian Teaching and Christian Practice*, Notre Dame, Indiana: University of Notre Dame Press. 1968.

___, *Gandhi on Non-violence*, Edited with an Introduction by Thomas Merton, New York: New Directions, 1965.

___, "Meditations: Action and Union," *Sponsa Regis* 31/7 (March 1960), pp. 291~298.

___, *Mystics and Zen Masters*, New York: Farrar, Straus and Giroux, 1967.

___, *No Man Is An Island*, New York: Image Books, 1967.

___, "Notes on Contemplation," *Spiritual Life* 7/3 (Fall 1961), pp. 196~202.

_____, *Opening the Bible*, Collegeville, Min.: Liturgical Press, 1970.

_____, *Original Child Bomb: Points for Meditation to be Scratched on the Wall of a Cave*, New York: New Directions, 1962.

_____, *The Tower of Babel*, Norfolk, Conn.: New Directions. 1958.

_____, *The True Solitude*, Selections from Thomas Merton's writings by Dean Walley, Kansas City, Missouri: Hallmark Productions, 1969.

_____, *The Way of Chuang Tzu*, New York: New Directions, 1965.

_____, *What Is Contemplation?* London: Burns Oates and Washbourne, 1950.

_____, *Zen and the Birds of Appetite*, New York: New Directions, 1968.

Miller, Ed. L., ed., *Classical Statements on Faith and Reason*, New York: Random House, 1970.

Miura, Isshū, et al., *The Zen Koan: Its History and Use in Rinzai Zen*, New York: Harvest Book, 1965.

Miyuki, Mokusen, "An Analysis of Buddhist Influence on the Formation of the Sung Confucian Concept of 'Li–Chi.'," Ph. D. dissertation, Claremont Graduate School, 1964.

Mohler, James A., *Dimensions of Faith*, Chicago: Loyola University Press, 1969.

Mookerjee, Satkari, *The Buddhist Philosophy of Universal Flux*, Delhi: Morilal Banaesidass, 1980.

Morgan, Kenneth, ed., *The Path of Buddha*, New York: Ronald Press, 1956, p. 432.

Müller, F. Max, ed., *Sacred Books of the East*, Vol. 21. Oxford: Clarendon Press, 1884.

Murti, T. R. V., *The Central Philosophy of Buddhism A Study of The Mādhyamika System*, London: Allen and Unwin, 1970.

Nagao, G. M., "Connotations of the word *āśraya* (basis) in the

Mahāyānasūtrālaṅkāra," Liebenthal Festschrift, May 1957, pp. 147~
155.

Nakamura, Hajime, "The Influence of Confucian Ethics on the Chinese
Translations of Buddhist Sutras," *Sino-Indian Studies* 5/3-4 (1957).

____, *Ways of Thinking of the Eastern People*, Ed. by Phillip P. Wiener,
Honolulu: An East-West Center Book, 1970.

Needham, Joseph, *Science and Civilization in China,* Vol. 2, Cambridge,
Great Britain, 1956.

Nishida, Kitarō, *Complete Works*, 18 vols., Tokyo, 1947~1953; new
edition, 1965.

Nishitani, Keiji,『宗教とは何か』, 東京: 創文社, 1961. 영역본: Ch. 1, "What
is Religion?" *PS* 2 (1960), pp. 21~64; Ch. 2, "The Personal and the
Impersonal in Religion," *EB* 3/1 (1970), pp. 1~18; 3/2, pp. 71~88; Ch.
3, "Nihilism and Śūnyatā," *EB* 4/2 (1971), pp. 30~49; 5/1 (1972), pp.
55~69; 5/2, pp. 95~106; Ch. 4, "The Standpoint of Śūnyatā," *EB* 6/1
(1973), pp. 68~91; 6/2, pp. 58~86; Ch. 5, "Emptiness and Time," *EB*
9/1 (1976), pp. 42~71; 10/2 (1977), pp. 1~30.

____, "Towards a Philosophy of Religion with the Concept of Pre-Established
Harmony as Guide," *EB* 3/1 (1970), pp. 19~46.

____, "The Problem of Time in Shinran," *EB* 11/1 (1978), pp. 13~26. 영역
본: *EB* 11/1 (1978), pp. 13~26.

____, "Science and Zen," *EB* 1/1 (1965), pp. 79~108.

____, "The Awakening of Self in Buddhism," *EB* 1/2 (1966), pp. 1~11.

____, *Lectures on Zen*, 8 vols., Tokyo, 1967~1968.

____, with R. Mutai, et al., *What is Philosophy?* Tokyo, 1967.

____, "A Buddhist Philosopher Looks at the Future of Christianity," *The
Japan Christian Yearbook* (1968), pp. 108~111.

____, "On the I-Thou Relationship in Zen Buddhism," *EB* 2/2 (1969), pp. 71~87.

Noda, Matao, "East-West Synthesis in Kitarō Nishida," *Philosophy East and West*, Hawaii, 1954~1955, pp. 345~359.

Obata, Yoshinobu, "Japanese Buddhism and Its Problems: Seen in the Light of Modern Christian Theological Methodology," *Katorikku Kenkyū* 13/2 (1974), pp. 78~102.

Obermiller, E., "The Doctrine of Prajñāpāramitā as exposed in the Abhisamyālaṃkāra of Maitreya," *Acta Orientalia* 11 (1932), pp. 1~181, 334~354.

____, *The Sublime Science of the Great Vehicle to Salvation, Being a Manual of Buddhist Monism, AO* 9/3-4 (1931), pp. 81~306. Reprint, Shanghai, 1940.

Odin, Steve, *Process Metaphysics and Hua-yen Buddhism: A Critical Study of Cumulative Penetration vs. Interpenetration*, Albany: State university of New York Press, 1982.

Ogden, Schubert M., tr., *Existence and Faith: Shorter Writings of Rudolf Bultmann*, New York: Meridian Books, 1966.

____, *Faith and Freedom: Toward a Theology of Liberation*, Nashville: Abdingdon, 1979.

Oh, Kang Nam, "A Study of Chinese Hua-yen Buddhism with Special Reference to the *Dharmadhātu (Fa-chieh)* Doctrine," Ph. D. dissertation, McMaster University, 1976.

____, "Dharmadhatu: An Introduction to Hua-yen Buddhism," *EB* 12/2 (1979), pp. 72~91.

Otto, Rudolf, *The Idea of the Holy*, London: Oxford University Press, 1971.

____, *Mysticism East and West*, New York: Macmillan Company, 1972.

Park, Sung-bae, "A Comparative Study of Wŏnhyo and Fa-tsang on the Ta'-ch'eng Ch'i-hsin lun," *Proceedings in the First International Conference of Korean Studies*, Seoul: The Academy of Korean

Studies, 1980, pp. 579~597.

___, "The Impact of Buddhism on the Axiological System Underlying Korean Culture," *Proceedings in the Symposium of Religions in Korea: Beliefs and Cultural Values*, California State University, Los Angeles, October 15~18, 1980.

___, "Korean Monk Chinul's Theory of Sudden Enlightenment and Gradual Practice," *Asian Culture* 8/4 (1980).

___, "Simile of Water and Waves in Buddhism," *Festschrift for Dr. Dong-shik Rhee*, Seoul, 1981.

___, *Wŏnhyo's Commentaries on the Awakening of Faith in Mahāyāna*, Ph. D. dissertation, University of California at Berkeley, 1979.

___, "On Wŏnhyo's Enlightenment," *Journal of Indian and Buddhist Studies* 29/1 (1980).

___, "Zen and Pure Land in Korea," *Young Buddhist* (1981).

Paul, Diana, *The Buddhist Feminine Ideal: Queen Śrīmālā and the Tathāgatagarbha*, American Academy of Religion Dissertation Series 30, Missoula, Montana: Scholars Press, 1980.

Pratt, James B., "Korean Buddhism," *The Pilgrimage of Buddhism and a Buddhist Pilgrimage*, New York, 1928.

Prebish, Charles, *Buddhist Monastic Disciple*, University Park and London: Pennsylvania State University Press, 1975.

Radhakrishnan, S., *Eastern Religions and Western Mind*, London: Oxford University Press, 1969.

___, *Recovery of Faith*, New Delhi: Orient Paperbacks, 1967.

Reischauer, E. O., and J. K. Fairbank, *East Asia: The Great Tradition*, Boston, 1960.

Rhys-Davids, T. W., and C. A. F., trs., *Dialogues of the Buddha*, 3 vols, Sacred Books of the Buddhists 2-4, London: Pali Text Society,

1977.

Rhys-Davids, T. W., and Hermann Oldenberg, trs., *Vinaya Texts*, 3 vols,
The Sacred Books of the East 13, 17, and 20, Oxford: Oxford
University Press, 1881.

Richard, Timothy, *The Awakening of Faith in the Mahāyāna Doctrine*,
Shanghai: Christian Literature Society, 1907.

_____, *The New Testament of Higher Buddhism: Being a New Translation of the
Saddharma Puṇḍarika and the Mahāyāna-śraddhotpāda śāstra*, New
York: Scribner, 1910.

Robinson, Richard H., tr., *The Awakening of Faith in Mahāyāna*, Unpublished
manuscript.

_____, *Early Mādhyamika in India and China*, Madison, Wisconsin, 1967.

Ruegg, David S., "Le Dharmadhātustava de Nāgārjuna," *Études Tibétaines*,
dédiées à la mémoire de Marcelle Lalou, Paris, 1971, pp. 448~471.

_____, "On the Knowability and Expressibility of Absolute Reality in
Buddhism," *JIBS* 20/1 (1971), pp. 489~495.

_____, *La Théorie du Tathāgatagarbha et du Gotra: Étude sur la
Sotériologie et la Gnoséologie du Bouddhisme*, Paris: École
Française d'Extrême-Orient, 1969.

_____, *Le Traité du Tathāgatagarbha de Bu ston rin chen grub,* Traduction
de De bžin gšegs pa'i sñiṅ po gsal žin mdzes par byed pa'i rgyan,
Publ. ÉFEO 88, Paris, 1973.

Ryan, John K., tr., *The Confession of St. Augustine*. Garden City, New
York: Image Books, 1960.

Sasaki, Ruth Fuller, et al., tr., *The Recorded Sayings of Layman P'ang*,
New York: Weatherhill, 1971.

Sekida, Katsuki, tr., *Two Zen Classics: Mumonkan and Hekiganroku*,
New York: Weatherhill, 1977.

Shibayama, Zenkei, *Zen Comments on the Mumonkan*, New York, 1974.

Shimomura, Toratarō, *Nishida Kitarō: The Man and His Thought*, Tokyo, 1965.

____, "Nishida Kitarō and Some Aspects of His Philosophical Thought," *Nishida: A Study of the Good*, pp. 191~217.

Shin, Ock Hee, "Man in Wŏnhyo and Karl Jaspers," *Korea Journal* 17/10 (October 1977).

Stcherbatsky, Th., "The Dharmas of the Buddhist and the 'Guṇas' of the Sāṃkhyas," *IHQ* 10/4, pp. 737~760.

Steffney, John, "Compassion in Mahāyāna Buddhism and Meister Eckhart," *Journal of Religious Thought* 31/2 (1974~1975), pp. 64~77.

Streeter, Canon B. H., *The Buddha and the Christ*, London: Macmillan, 1932.

Streng, Frederick J., *Emptiness: A Study in Religious Meaning*, New York, 1967.

____, "Metaphysics, Negative Dialectic, and the Expression of the Inexpressible," *PEW* 25 (1979).

Suh, Kyung Soo, and Chul Choon Kim, "Korean Buddhism: A Historical Perspective," in Chun Shin-yong, ed., *Buddhist Culture in Korea*, Korean Culture Series 3, Seoul: International Foundation, 1974.

Sun, George C., "Chinese Metaphysics and Whitehead," Ph. D. dissertation, Southern Illinois University, 1971.

Suzuki, D. T., *Açvaghosha's Discourse on the Awakening of Faith in the Mahāyāna (Daijōkishiron)*, Chicago: Open Court Publishing Company, 1900.

____, *Essays in Zen Buddhism*, 3 vols., New York, 1961.

____, "Zen: A Reply to Hu Shih," *PEW* 3/1 (1953), pp. 25~46.

____, *The Zen Doctrine of No Mind: The Significance of the Sūtra of Hui-neng (Wei-lang)*, New York, 1973.

_____, *Zen and Japanese Culture*, Princeton University Press, 1970.

_____, *Introduction to Zen Buddhism*, New York, 1949.

_____, "On the Hekiganroku(The Blue Cliff Record)," *EB* 1/1 (1965), pp. 5~
21; cf. 1/2 (1966), pp. 12~20.

_____, *Zenshū: Complete Works*, 31 vols., Tokyo, 1968~1970.

_____, "Self the Unattainable," *EB* 3/2 (1970), pp. 1~8.

_____, "Infinite Light," *EB* 4/2 (1971), pp. 1~29.

_____, "The Seer and the Seen," *EB* 5/1 (1972), pp. 1~25.

_____, *Mysticism: Christian and Buddhist*, New York: Harper and Row,
1957.

_____, "Zen Buddhism and a Commonsense World," *EB* 7/1 (1974), pp. 1~18

_____, "The Buddhist Conception of Reality," *EB* 7/2 (1974), pp. 1~21.
Suzuki의 전체 저술 목록은 다음 문헌들을 참조: H. Rzepkowski,
Das Menshenbild bei Daisetz Teitaro Suzuki, St. Augustine, 1971,
pp. viii-xii; *EB* 2/1 (1967), pp. 216~229; 3/2 (1970), pp. 146ff.

_____ and T. N. Callaway, "A Dialogue," *EB* 3/1 (1970), pp. 109~110.

_____, "Laṅkāvatāra Sūtra, as a Mahāyāna text in special relation to the
teaching of Zen Buddhism," *EB* 4 (October 1927~March 1928), pp.
199~298.

_____, "Notes on the Avataṃsaka Sūtra," *EB* I (1921~1922), pp. 233~236.

_____, "Philosophy of the Yogācāra. The Mādhyamika and the Yogācāra,"
Muséon (New Series) 5 (1904), pp. 370~386.

_____, *Studies in the Laṅkāvatārasūtra, one of the most important texts of
Mahāyāna Buddhism, in which all its principle tenets are presented,
including the teaching of Zen*, London: George Routledge, 1930.

Suzuki, Shunryū, *Zen Mind and Beginner's Mind*, New York: Weatherhill,
1976.

Swearer, Donald, "Three Modes of Zen in America," *Journal of Ecumenical*

    Studies 10/2 (1973), pp. 290~303.

Takakusu, Junjirō, *The Essentials of Buddhist Philosophy*, Honolulu, 1956.

Takasaki, Jikidō, "Buddhist Concept of the Spiritual Family," *Buddhist Annual* 2511-1967, Colombo, 1967, pp. 94~97.

____, "Description of the Ultimate Reality in Mahāyāna Buddhism-by Means of the Six Categories Beginning with svabhāva," *JIBS* 9/2 (March 1961), pp. 740~731.

____, Dharmatā, Dharmadhātu, Dharmakāya and Buddhadhātu-Structure of the Ultimate Value in Mahāyāna Buddhism, *JIBS* 14/2 (March 1966), pp. 919~903.

____, *A Study on the Ratnagotravibhāga (Uttaratantra) Being a Treaties on the Tathāgatagarbha Theory of Mahāyāna Buddhism*, SOR. 33, Roma: IsMEO, 1966.

____, "The Tatāgatagarbha Theory in the Mahāparinirvāṇasūtra," *JIBS* 19/2 (March 1971), pp. 1024~1015.

Takeda, Ryusei, and John B. Cobb, Jr., "Mosa-Dharma' and Prehension: Nagarjuna and Whitehead compared," *Process Studies* 4 (1974).

Takeuchi, Yoshinori, "The Basic Motivation for Speculation in the Doctrine of Pratīyasamutpāda," *A Festschrift for Dr: Yamaguchi on Indian Buddhism*, Kyoto, 1955, pp. 136~144.

____, "Buddhism and Existentialism: The Dialogue between Oriental and Occidental Thought," W. Leibrecht, ed., *Religion and Culture: Essays in Honor of Paul Tillich*, New York, 1959, pp. 291~365.

____, "Buddhism and Nihilism," *Kōzakindaibukkyō*, Vol. 3, Kyoto, 1962, pp. 72~103.

____, "The Enlightenment of the Buddha," *Chūōkōron* 89/5 (1974), pp. 300~310.

____, "Hegel and Buddhism," Il *Pensiero* 7/1-2 (1962), pp. 5~46.

____, "The Problem of Dependency in the Doctrine of Pratīyasamutpāda," A

Collection of Essays Commemorating the 50th Anniversary of the Faculty of Letters of Kyoto University, Kyoto, 1956, pp. 153~181.

____, "The Philosophy of Nishida," *JR* 3/4 (1963), pp. 1~32.

Takizawa, Katsumi, "Was hindert mich noch, mich taufenzu lassen?: Antwort," *K. Barth zum 70. Geburtstag am 10. 5. 1956*, Zollikon, 1956, pp. 911~925.

____, "Buddhism and Christianity," Kyoto, 1964.

Tamaki, Kōshirō. "The Absolute in Mahāyāna Buddhism-Possible Conditions of Our Understanding," *JIBS* 13/1 (January 1965), pp. 1~8.

____, "The Development of Thought of Tathāgatagarbha from India to China," *IBK* 9 (January 1961), pp. 386~378.

Thomas, Edward J., *The History of Buddhist Thought*, New York: Barnes and Noble, 1971.

Thurman, Robert A. F., "Buddhist Hermeneutics," *Journal of the American Academy of Religion* 49/1 (1978), pp. 19~39.

____, tr., *The Holy Teaching of Vimalakīrti*, University Park, Philadelphia: The Pennsylvania State University Press, 1976.

Tillich, Paul, *Christianity and the Encounter of the World Religions*, New York: Columbia University Press, 1963.

____, *Dynamics of Faith*, New York: Harper & Row, 1957.

Toynbee, Arnold Joseph, *Christianity Among the Religions of the World*, New York: Scribner's Sons, 1957.

Tsujimura, Kōichi, "Dialectics and Time," *Tetsugaku Kenkyū* 42/7 (1964), pp. 645~660.

____, "Bultmann and Heidegger: Belief and Thought," *Tetsugaku Kenkyū* 42/11 (1964), pp. 1031~1050.

Tucci, G., "Notes on Laṅkāvatāra," *IHQ* 4/3 (1928).

Ueda Shizuteru, *Die Gottesgeburt in der Seele und der Durchbruch zur*

Gottheit. Die mystische Anthropologie Meister Eckharts und ihre Konfrontation mit der Mystikdes Zen-Buddhismus, Gütersloh, 1965.

———, "Der Buddhismus und das Problem der Säkularisierung. Zen gegenwärtigen geistigen Situation Japans," O. Schatz, ed., *Hat die Religion Zukunft?* Cologne, 1971, pp. 255~275.

———, *Zen Buddhism*, Original Man, Tokyo, 1973.

Ueda, Yoshifumi, "Two main Streams in Yogācāra Philosophy," *PEW* 17 (1967), pp. 155~165.

Ui, Hakuju, *A Concise Dictionary of Buddhism*, Tokyo, 1953.

Unno, Taitetsu, "The Buddhatā Theory of Fa-tsang," International conference of Orientalists in Japan. Transactions 8 (1963), pp. 31~41.

———, "The Dimensions of Practice in Hua Yen Thought," *Bukkyō shisō shi ronshū*, Tokyo, 1964.

Verdu, Alfonso, *Dialectical Aspects in Buddhist Thought: Studies in Sino-Japanese Mahāyāna Idealism*, Center for East Asian Studies, University of Kansas, 1974.

Vial, Alfred, "The Identity of Saṃsāra and Nirvāṇa," *The Middle Way, Journal of the Buddhist Society*, 451/4 (February 1971), pp. 163~173.

Wach, Joachim, *The Comparative Study of Religions*, New York: Columbia University Press, 1958.

Wai-tao and Dwight Goddard, trs., "The Awakening of Faith in Mahāyāna," Dwight Goddard, ed., *A Buddhist Bible*, New York, 1952.

Wadenfels, Hans, "Absolute Nothingness. Preliminary Considerations on a Central Notion in the Philosophy of Nishida Kitarō and the Kyoto School," *MN* 21/3-4 (1966), pp. 354~391.

Watts, Alan W., *The Way of Zen*, New York: New American Library, 1959.

Wayman, Alex, "Contributions Regarding the Thirty Two Characteristics of the Great Person, Liebenthal Festschrift," *Sino-Indian Studies*

5/3 (May 1957), pp. 240~260.

___, *Analysis of the Śrāvakabhūmi Manuscript*, University of California Publications in Classical Philosophy 17, Berkeley & Los Angeles: Univerity of California Press, 1961.

___, "A Report on the Śrāvaka-Bhūmi and its Author (Asaṅga)," *JBRS* 42/3-4 (1956), pp. 316~329.

___, and Hideko, trs., *The Lion's Roar of Queen Śrīmālā: A Buddhist Scripture on the Tathāgatagarbha Theory*, New York and London: Columbia University Press, 1974.

Weber, Max, *The Religion of China*, New York, 1964.

___, *The Religion of India*, Glencoe, Ill., 1958.

Wei, Tat, tr., *Ch'eng Wei-shih Lun: The Doctrine of Mere Consciousness*, Hong Kong: The Ch'eng Wei-shih Lun Publication Committee, 1973.

Weinstein, Stanley, "The *Ālaya-vijñāna* in Early Yogācāra Buddhism," *Transactions of the International Conference of Orientalists in Japan* 3 (1958), pp. 46~58.

___, "Buddhism under the T'ang," draft chapter for Denis Twitchett, ed., *Sui and T'ag China, 589-906,* Part II (*The Cambridge History of China*, vol. 4, London, New York, and Melbourne: Cambridge University Press).

___, "The Concept of *Ālaya-vijñāna* in Pre-T'ang Chinese Buddhism," *Bukkyō shisōshi ronshū*, Tokyo: Daizō Shuppan, 1964, pp. 33~50.

___, "Imperial Patronage in the Formation of T'ang Buddhism," Denis Twitchett and Arthur F. Wright, eds., *Perspectives on the T'ang*, New Haven and London: Yale University Press, 1973, pp. 265~306.

Woodward, F. L. and E. M. Hare, trs., *The Book of Gradual Sayings*, 5 vols. London: Pali Text Society, 1961~1973.

___, "The Formation of the Sui Ideology," J. K. Fairbank, ed., *Chinese*

Thought and Institution, Chicago, 1957.

____, et al., eds., *Perspectives on the T'ang*, New Haven, 1973.

Wright, Dale, "Emptiness and Paradox in the Thought of Fa-tsang," Ph. D. dissertation, University of Iowa, 1980.

Wu, John C. H., *The Golden Age of Zen*, Taipei, Taiwan: United Publishing, 1975.

Yamada, James S., "The Tathāgata-garbha and the Collective Unconscious: A Two-Fingered Approach to Zen," *IBK* 3/6 (March 1955), pp. 765~760.

Yampolski, Philip B., *The Platform Sutra of the Sixth Patriarch,*, New York: Columbia University Press, 1971.

____, tr., *The Zen Master Hakuin: Selected Writings*, New York: Columbia University press, 1971.

Yung, Hsi, *Buddhism and the Ch'an School of China*, Tr. by Chou Hsiang-Kuang: Indo-Chinese Literature Series, Allahabad, 1956.

Zaehner, R. C., *Mysticism, Sacred and Profane*, Oxford: Clarendon Press, 1957.

____, *Zen, Drugs and Mysticism*, New York: Vintage Books, 1974.

Zeuschner, Robert, "An Analysis of the Philosophical Criticisms of Northern Ch'an Buddhsim," Ph. D. dissertation, University of Hawaii, 1977.

Zürcher, E., *The Buddhist Conquest of China*, 2 vols. Leiden: E. J. Brill, 1959.

찾아보기

저자 연보

박성배

1933년 9월 21일	전남 보성 출생
1952년	광주고등학교 졸업
1952년	광주의과대학 의예과 입학
1953~1954년	전남 보성군 벌교읍 소재 효당서원에서 효당曉堂 김문옥 선생 지도로 유학 공부
1955~1956년	전남 해남군 대흥사에서 정전강鄭田岡 스님 지도로 참선 수행
1956~1958년	동국대학교 불교대학 철학과로 전과, 학사 과정
1958~1960년	동국대학교 대학원 철학과 석사과정
	석사학위논문: 「범아일여사상梵我一如思想」
1960~1961년	서울 동덕여자중고등학교 한문 교사
1961~1964년	동국대학교 대학원 철학과 박사과정
	전공과목: 지눌연구知訥研究
1962년	동국대학교 불교대학 철학과 강사
1963년	동국대학교 대학선원大學禪院 간사 겸임
1963년	동국대학교 불교대학 철학과 전임강사
1964~1968년	동국대학교 불교대학 조교수
1966년	뚝섬 봉은사에 대학생수도원 설립, 지도교수 취임

1966~1968년	합천 해인사에서 이성철李性徹 스님 지도로 참선 수행
1968~1969년	동국대학교 불교대학 부교수
1968~1969년	동국대학교 인도철학과 학과장
1968~1969년	불교신문 편집위원
1968~1969년	동국역경원 역경위원
1969년 1월 19일	미국으로 건너감.
	텍사스 달라스 남감리교 대학 신학부 입학
1969~1971년	미국 텍사스 달라스 소재 Southern methodist University의 Perkins School of Theology에서 선학 공부
1972~1977년	University of California at Berkeley에서 불교학 박사. 박사학위논문: 「원효의 대승기신론소연구」(On Wonhyo's Commentary on the Awakening of Mahāyāna Faith)
1976~1977년	미국 캘리포니아 버클리 소재 Institute of Buddhist Studies 강사
1977~1983년	미국 스토니부룩 뉴욕주립대학교 종교학과 조교수
1980년~현재	미국 스토니부룩 뉴욕주립대학교 Studies in Korean Religious Thought 설립. '한국학운동' 전개
1980년	Associate Editor, with Dr. Lewis Lancaster, *Descriptive Catalogue of the Korean Buddhist Canon* (University of California Berkeley, 1980) 출간
1983~1989년	미국 스토니부룩 뉴욕주립대학교 종교학과 부교수
1983년	영문판 *Buddhist Faith and Sudden Enlightenment* (SUNY Press, 1983) 출간
1989년~현재	동교 정교수
1984~1985년	전남대학교 철학과 객원교수
1985~1988년	미국 뉴욕주 Albany 소재 Social Science Research Council의 Joint Committee of Korean Studies 위원
1986년~현재	미국 스토니부룩 뉴욕주립대학교의 Program in Korean

Studies 설립. 학과장 취임

1986~1988년	미국 스토니부룩 뉴욕주립대학교 Humanities and Fine Arts Research Council 위원
1987~1991년	미국 스토니부룩 뉴욕주립대학교 비교문학과 대학원 운영위원
1987년~현재	순천 조계총림 송광사 보조사상연구원 운영위원
1987~1988년	국제퇴계학회 뉴욕지부 회장
1987년~현재	스토니부룩 한국학회 상임고문
1991년	뉴욕주지사의 문화상 수상
1994년	영문판 *The Four-Seven Debate, An Annotated Translation of the Most Famous Controversy in Korean Neo-Confucian Thought.* co-author with Michael Kalton, et al.(SUNY Press, 1994) 출간
1997~1998년	서울 동국대학교 원효석좌 교수
현재	'한국학연구총서'(서울대학교와 스토니부룩 뉴욕주립대학교 공동 편찬, SUNY Press에서 발간 예정) 책임편집인. '원효전서 영역'(동국대학교와 스토니부룩 뉴욕주립대학교 공동 번역, 총 7권) 책임편집인

옮긴이 소개

윤원철尹元澈

1955년 강원도에서 태어났다. 서울대학교 인문대학 종교학과를 졸업하고 같은 대학에서 석사학위(종교학)를 받았으며, 미국 뉴욕주립대학(스토니부룩)에서 선불교 돈점논쟁 연구로 박사학위를 받았다. 현재 서울대학교 종교학과 교수로 재직 중이다. 주요 논문으로는 「『선문정로』의 수증론」, 「한국 선학에 있어서 방법론적 성찰의 부재에 대한 단상」, "The Non-Duality Doctrine of Sŏngchŏl's Radical Subitism: A Comparison with Shenhsui, Shen-hui, and Tao-i," "A Methodological Reflection on the Subitist/Gradualist Debates Regarding Sŏngchŏl's Sŏn Soteriology," 「불교와 영성」, 「사이버문화와 종교적 인식론」 등이 있고, 번역서로는 『종교학』, 『현대의 종교 변용』, 『종교학: 그 연구의 역사』, 『현대종교학담론』 등이 있다. 한국종교학회 총무, 불교학연구회 상임이사, 불교평론 편집위원, 법보신문 객원논설위원 등을 역임했으며, 국제원효학회의 원효전서 영역 사업에 번역위원으로 참여하고 있다.

강의총서

김충열교수의 노장철학강의 김충열 지음, 336쪽, 7,800원
김충열교수의 노자강의 김충열 지음, 434쪽, 20,000원
김충열교수의 중용대학강의 김충열 지음, 448쪽, 23,000원

퇴계원전총서

고경중마방古鏡重磨方 ― 퇴계 선생의 마음공부 이황 편저, 박상주 역해, 204쪽, 12,000원
활인심방活人心方 ― 퇴계 선생의 마음으로 하는 몸공부 이황 편저, 이윤희 역해, 308쪽, 16,000원

한국철학총서

조선 유학의 학파들 한국사상사연구회 편저, 688쪽, 24,000원
실학의 철학 한국사상사연구회 편저, 576쪽, 17,000원
윤사순 교수의 한국유학사상론 윤사순 지음, 528쪽, 15,000원
한국유학사 1 김충열 지음, 372쪽, 15,000원
퇴계의 생애와 학문 이상은 지음, 248쪽, 7,800원
율곡학의 선구와 후예 황의동 지음, 480쪽, 16,000원
圖說로 보는 한국 유학 한국사상사연구회 지음, 400쪽, 14,000원
다카하시 도루의 조선유학사 ― 일제 황국사관의 빛과 그림자 다카하시 도루 지음, 이형성 편역, 416쪽, 15,000원
퇴계 이황, 예 잇고 뒤를 열어 고금을 꿰뚫으셨소 ― 어느 서양철학자의 퇴계연구 30년 신귀현 지음, 328쪽, 12,000원
조선유학의 개념들 한국사상사연구회 지음, 648쪽, 26,000원
성리학자 기대승, 프로이트를 만나다 김용신 지음, 188쪽, 7,000원
유교개혁사상과 이병헌 금장태 지음, 336쪽, 17,000원
남명학파와 영남우도의 사림 박병련 외 지음, 464쪽, 23,000원
쉽게 읽는 퇴계의 성학십도 최제목 지음, 152쪽, 7,000원
홍대용의 실학과 18세기 북학사상 김문용 지음, 288쪽, 12,000원
남명 조식의 학문과 선비정신 김충열 지음, 512쪽, 26,000원
명재 윤증의 학문연원과 가학 충남대학교 유학연구소 편, 320쪽, 17,000원
조선유학의 주역사상 금장태 지음, 320쪽, 16,000원
율곡학과 한국유학 충남대학교 유학연구소 편, 464쪽, 23,000원
한국유학의 악론 금장태 지음, 240쪽, 13,000원

연구총서

논쟁으로 보는 중국철학 중국철학연구회 지음, 352쪽, 8,000원
김충열 교수의 중국철학사 1 ― 중국철학의 원류 김충열 지음, 360쪽, 9,000원
논쟁으로 보는 한국철학 한국철학사상연구회 지음, 326쪽, 10,000원
반논어(論語新探) 趙紀彬 지음, 조남호·신정근 옮김, 768쪽, 25,000원
논쟁으로 보는 불교철학 이효걸·김형준 외 지음, 320쪽, 10,000원
중국철학과 인식의 문제(中國古代哲學問題發展史) 方立天 지음, 이기훈 옮김, 208쪽, 6,000원
문제로 보는 중국철학 ― 우주, 본체의 문제(中國古代哲學問題發展史) 方立天 지음, 이기훈·황지원 옮김, 232쪽, 6,800원
중국철학과 인성의 문제(中國古代哲學問題發展史) 方立天 지음, 박경환 옮김, 191쪽, 6,800원
중국철학과 지행의 문제(中國古代哲學問題發展史) 方立天 지음, 김학재 옮김, 208쪽, 7,200원
현대의 위기 동양 철학의 모색 중국철학회 지음, 340쪽, 10,000원
역사 속의 중국철학 중국철학회 지음, 448쪽, 15,000원
일곱 주제로 만나는 동서비교철학(中西哲學比較面面觀) 陳衛平 편저, 고재욱·김철운·유성선 옮김, 320쪽, 11,000원
중국철학의 이단자들 중국철학회 지음, 240쪽, 8,200원
공자의 철학(孔孟荀哲學) 蔡仁厚 지음, 천병돈 옮김, 240쪽, 8,500원
맹자의 철학(孔孟荀哲學) 蔡仁厚 지음, 천병돈 옮김, 224쪽, 8,000원
순자의 철학(孔孟荀哲學) 蔡仁厚 지음, 천병돈 옮김, 272쪽, 10,000원

서양문학에 비친 동양의 사상 한림대학교 인문학연구소 엮음, 360쪽, 12,000원
유학은 어떻게 현실과 만났는가 — 선진 유학과 한대 경학 박원재 지음, 218쪽, 7,500원
유교와 현대의 대화 황의동 지음, 236쪽, 7,500원
동아시아의 사상 오이환 지음, 200쪽, 7,000원
역사 속에 살아있는 중국 사상(中國歷史に生きる思想) 시게자와 도시로 지음, 이혜경 옮김, 272쪽, 10,000원
덕치, 인치, 법치 — 노자, 공자, 한비자의 정치 사상 신동준 지음, 488쪽, 20,000원
육경과 공자 인학 남상호 지음, 312쪽, 15,000원
리의 철학(中國哲學範疇精髓叢書一理) 張立文 주편, 안유경 옮김, 524쪽, 25,000원
기의 철학(中國哲學範疇精髓叢書一氣) 張立文 주편, 김교빈 외 옮김, 572쪽, 27,000원
동양 천문사상, 하늘의 역사 김일권 지음, 480쪽, 24,000원
동양 천문사상, 인간의 역사 김일권 지음, 544쪽, 27,000원
공부론 임수무 외 지음, 544쪽, 27,000원

역학총서

주역철학사(周易研究史) 廖名春·康學偉·梁韋弦 지음, 심경호 옮김, 944쪽, 30,000원
주역, 유가의 사상인가 도가의 사상인가(易傳與道家思想) 陳鼓應 지음, 최진석·김갑수·이석명 옮김, 366쪽, 10,000원
송재국 교수의 주역 풀이 송재국 지음, 380쪽, 10,000원

일본사상총서

일본 신도사(神道史) 무라오카 츠네츠구 지음, 박규태 옮김, 312쪽, 10,000원
도쿠가와 시대의 철학사상(德川思想小史) 미나모토 료엔 지음, 박규태·이용수 옮김, 260쪽, 8,500원
일본인은 왜 종교가 없다고 말하는가(日本人はなぜ 無宗敎のか) 아마 도시마로 지음, 정형 옮김, 208쪽, 6,500원
일본사상이야기 40(日本がわかる思想入門) 나가오 다케시 지음, 박규태 옮김, 312쪽, 9,500원
사상으로 보는 일본문화사(日本文化の歷史) 비토 마사히데 지음, 엄석인 옮김, 252쪽, 10,000원
일본도덕사상사(日本道德思想史) 이에나가 사부로 지음, 세키네 히데유키·윤종갑 옮김, 328쪽, 13,000원
천황의 나라 일본 — 일본의 역사와 천황제(天皇制と民衆) 고토 야스시 지음, 이남희 옮김, 312쪽, 13,000원
주자학과 근세일본사회(近世日本社會と宋學) 와타나베 히로시 지음, 박홍규 옮김, 304쪽, 16,000원

예술철학총서

중국철학과 예술정신 조민환 지음, 464쪽, 17,000원
풍류정신으로 보는 중국문학사 최병규 지음, 400쪽, 15,000원
율려와 동양사상 김병훈 지음, 272쪽, 15,000원
한국 고대 음악사상 한흥섭 지음, 392쪽, 20,000원

동양문화산책

공자와 노자, 그들은 물에서 무엇을 보았는가 사라 알란 지음, 오만종 옮김, 248쪽, 8,000원
주역산책(易學漫步) 朱伯崑 외 지음, 김학권 옮김, 260쪽, 7,800원
공자의 이름으로 죽은 여인들 田汝康 지음, 이재정 옮김, 248쪽, 7,500원
동양을 위하여, 동양을 넘어서 홍원식 외 지음, 264쪽, 8,000원
서원, 한국사상의 숨결을 찾아서 안동대학교 안동문화연구소 지음, 344쪽, 10,000원
녹차문화 홍차문화 츠노야마 사가에 지음, 서은미 옮김, 232쪽, 7,000원
거북의 비밀, 중국인의 우주와 신화 사라 알란 지음, 오만종 옮김, 296쪽, 9,000원
문학과 철학으로 떠나는 중국 문화 기행 양회석 지음, 256쪽, 8,000원
류짜이푸의 얼굴 찌푸리게 하는 25가지 인간유형 류짜이푸(劉再復) 지음, 이기면·문성자 옮김, 320쪽, 10,000원
안동 금계마을 — 천년불패의 땅 안동대학교 안동문화연구소 지음, 272쪽, 8,500원
안동 풍수 기행 와혈의 땅과 인물 이완규 지음, 256쪽, 7,500원
안동 풍수 기행 돌혈의 땅과 인물 이완규 지음, 328쪽, 9,500원
영양 주실마을 안동대학교 안동문화연구소 지음, 332쪽, 9,800원

예천 금당실 · 맛질 마을 ─ 정감록이 꼽은 길지 안동대학교 안동문화연구소 지음, 284쪽, 10,000원
터를 안고 仁을 펴다 ─ 퇴계가 굽어보는 하계마을 안동대학교 안동문화연구소 지음, 360쪽, 13,000원
안동 가일 마을 ─ 풍산들가에 의연히 서다 안동대학교 안동문화연구소 지음, 344쪽, 13,000원
중국 속에 일떠서는 한민족 ─ 한겨레신문 차한필 기자의 중국 동포사회 리포트 차한필 지음, 336쪽, 15,000원
고려시대의 안동 안동시 · 안동대학교 안동문화연구소 편, 448쪽, 17,000원
신간도견문록 박진관 글 · 사진, 504쪽, 20,000원
안동 무실 마을 ─ 문헌의 향기로 남다 안동대학교 안동문화연구소 지음, 464쪽, 18,000원

민연총서 ─ 한국사상

자료와 해설, 한국의 철학사상 고려대 민족문화연구원 한국사상연구소 편, 880쪽, 34,000원
여헌 장현광의 학문 세계, 우주와 인간 고려대 민족문화연구원 한국사상연구소 편, 424쪽, 20,000원
퇴옹 성철의 깨달음과 수행 ─ 성철의 선사상과 불교사적 위치 조성택 편, 432쪽, 23,000원
여헌 장현광의 학문 세계 2, 자연과 인간 고려대 민족문화연구원 한국사상연구소 편, 432쪽, 25,000원

예문동양사상연구원총서

한국의 사상가 10人 ─ 원효 예문동양사상연구원/고영섭 편저, 572쪽, 23,000원
한국의 사상가 10人 ─ 의천 예문동양사상연구원/이병욱 편저, 464쪽, 20,000원
한국의 사상가 10人 ─ 지눌 예문동양사상연구원/이덕진 편저, 644쪽, 26,000원
한국의 사상가 10人 ─ 퇴계 이황 예문동양사상연구원/윤사순 편저, 464쪽, 20,000원
한국의 사상가 10人 ─ 남명 조식 예문동양사상연구원/오이환 편저, 576쪽, 23,000원
한국의 사상가 10人 ─ 율곡 이이 예문동양사상연구원/황의동 편저, 600쪽, 25,000원
한국의 사상가 10人 ─ 하곡 정제두 예문동양사상연구원/김교빈 편저, 432쪽, 22,000원
한국의 사상가 10人 ─ 다산 정약용 예문동양사상연구원/박홍식 편저, 572쪽, 29,000원
한국의 사상가 10人 ─ 혜강 최한기 예문동양사상연구원/김용헌 편저, 520쪽, 26,000원
한국의 사상가 10人 ─ 수운 최제우 예문동양사상연구원/오문환 편저, 464쪽, 23,000원